TRAUNER VERLAG
UNIVERSITÄT

LINZER SCHRIFTEN ZUR
FRAUENFORSCHUNG
HERAUSGEGEBEN VON
URSULA FLOSSMANN

25

ELISABETH GREIF ■ EVA SCHOBESBERGER

Einführung in die Feministische Rechtswissenschaft

Ziele, Methoden, Theorien

2. AUFLAGE

Impressum

LINZER SCHRIFTEN ZUR FRAUENFORSCHUNG
HERAUSGEGEBEN VON UNIV. PROF^{IN}. DR^{IN}. URSULA FLOSSMANN

Elisabeth Greif ■ Eva Schobesberger
Einführung in die Feministische Rechtswissenschaft
Ziele, Methoden, Theorien
2. Auflage

Die Schriftenreihe im Universitätsverlag Rudolf Trauner will frauenrelevante Untersuchungsergebnisse einem breiteren Publikum zugänglich machen, um Lücken im Wissen über Frauen zu schließen und die Sensibilität für die Benachteiligung von Frauen in den unterschiedlichsten Lebensbereichen zu fördern.

© 2009
TRAUNER Verlag + Buchservice GmbH
4020 Linz, Köglstraße 14
Österreich/Austria

Herstellung:
TRAUNER DRUCK GmbH & Co KG,
4020 Linz, Köglstraße 14
Österreich/Austria

ISBN 978-3-85499-359-9
www.trauner.at

VORWORT

Das vorliegende Buch soll den Einstieg in die Theorien, Methoden und Ziele feministischer Rechtswissenschaft erleichtern. Es wendet sich speziell an Studierende, die an der Johannes Kepler Universität Linz den Studienschwerpunkt „Frauenrecht" belegen. Neben einem Auszug aus der historischen Entwicklung des Geschlechterverhältnisses vermittelt es erste Einblicke in feministische Theorien und die Methoden der feministischen Rechtswissenschaft.

Entstanden ist dieses Buch als gemeinsames Projekt. Die Kapitel „Historischer Abriss" und „Feministische Theorien" (bis auf „Queer Theory") wurden von Eva Schobesberger erstellt. „Queer Theory" und die Kapitel „Feministische Rechtswissenschaft und ihre Methoden" sowie „Der Gleichheitssatz" wurden von Elisabeth Greif erstellt. Die Einleitung und das Schlusskapitel „Gleichstellungspolitik – Gleichstellungsrecht" sind in gemeinsamer Arbeit entstanden.

Wir danken allen, die unsere Arbeit unterstützt haben. Christina Altenstraßer, Maria Buchmayr, Michaela Riepl und Andre Zogholy haben uns mit dem Wissen ihrer jeweiligen Fachdisziplinen beraten. Maria Greif und Wolfgang Schobesberger haben Teile des Buches für uns Korrektur gelesen. Berthold Greif hat nie erlahmendes Interesse an den verschiedensten juristischen Problemen gezeigt. Darüber hinaus haben sie und viele andere während unserer Arbeit an diesem Buch viel Geduld bewiesen.

Unser besonderer Dank gilt o.Univ. Prof.[in] Dr.[in] Ursula Floßmann, die die Entstehung dieses Buches ermöglicht hat.

Linz, im November 2003   Elisabeth Greif
                                                     Eva Schobesberger

LINZER SCHRIFTEN ZUR FRAUENFORSCHUNG

HERAUSGEGEBEN VON URSULA FLOSSMANN

25

Die Zweitauflage enthält notwendig gewordene Korrekturen und Ergänzungen sowie einen Überblick über den – durch die Novellierungen des Gleichbehandlungs- und des Bundes-Gleichbehandlungsgesetzes 2004 – grundlegend neu gestalteten Bereich des Antidiskriminierungsrechts.

Linz, im August 2007   Elisabeth Greif

INHALTSVERZEICHNIS

I. Einleitung 1
II. Historischer Abriss 5
   A. Der „herrschende" Geschlechterdiskurs im 17. und 18. Jahrhundert 5
      1. Vom Ein-Geschlecht-Modell zum Zwei-Geschlechter-Modell 5
         a. Die Lehre der Geschlechtscharaktere 10
         b. Die Wissenschaft vom Menschen 12
         c. Das Ideal des vernünftigen Menschen 14
         d. Normierung der Heterosexualität 15
      2. Das Recht als Spiegel der Gesellschaft 16
         a. Das Vernunftrecht 17
         b. Der österreichische Geschlechterrechtsdiskurs 18
      3. Der „andere" Geschlechterdiskurs 25
         a. Geschlechtertheorien im Frühfeminismus 27
         b. Geschlechtertheorien der Alten Frauenbewegung .. 33
III. Feministische Theorien 40
   A. Einleitung 40
   B. Gleichheit 45
      1. Geschlechtsrollen 47
      2. Sex und gender 50
   C. Differenz 51
      1. Differenz im Recht 55
      2. Sex und gender nach Differenzansätzen 57
   D. Zweigeschlechtlichkeit als soziale Konstruktion 57
      1. Die biologische Zweigeschlechtlichkeit 58
      2. Menschen bekommen ein Geschlecht 62
      3. Konstruktionsweisen 63
         a. Die interaktive Herstellung von Geschlecht 64
         b. Geschlecht als Institution 66
         c. Sex und gender – Konstruktion 68
         d. Konstruktion – Dekonstruktion 69

- E. Queer Theory 70
  - 1. Von homosexuellen Identitäten zur Queer Theory 71
  - 2. Alles que(e)r und gar nichts mehr? 74
  - 3. Imitationen ohne Original 77
  - 4. Queere Rechtsanalysen 80
    - a. Zur Konstruktion von „Gleichheit" 82
    - b. Zwischen Anerkennung und Anpassung 86
    - c. Körper als Normenfolge 97
  - 5. Zusammenfassung und Ausblick 104

IV. **Feministische Rechtswissenschaft und ihre Methoden** **107**
  - A. Allgemeines 107
  - B. Feministische Wissenschaftskritik und feministische Rechtskritik 109
    - 1. Androzentrismuskritik 112
    - 2. Objektivitätskritik 115
    - 3. Neutralitätskritik 117
    - 4. Heterosexismuskritik 120
  - C. Methoden 124
    - 1. Wortinterpretation 128
    - 2. Systematische Interpretation 133
    - 3. Historische Interpretation 136
    - 4. Teleologische Interpretation 140
  - D. Zusammenfassung und Ausblick 143

V. **Der Gleichheitsgrundsatz** **150**
  - A. Die Verankerung des Gleichheitsgrundsatzes 150
  - B. Der Gleichheitsgrundsatz in der Judikatur des VfGH ... 151
    - 1. Grundlegende Kritikpunkte 151
    - 2. Kritik an der historischen Entwicklung der Judikatur ... 153
      - a. Erste Ansätze der Entdiskriminierung 153
      - b. Rückfall in patriarchale Rollenvorstellungen 154
      - c. Dynamisierende Vertretbarkeits- und Verhältnismäßigkeitskontrolle zugunsten von Männern 157
      - d. Arbeitsrechtlicher Schutz für Frauen unter patriarchalen Vorzeichen 162
      - e. Fortschreibung überkommener Rollenverteilungen ... 164

       f. Keine gesetzliche Verpflichtung zur sprachlichen
          Gleichbehandlung 166
   C. Gleichheit durch das Gesetz 169
     1. Von der formalen zur materiellen Gleichheit 169
     2. Die Individualbeschwerde nach dem
        Fakultativprotokoll zur CEDAW 171
   D. Zusammenfassung und Ausblick 174

VI. Gleichstellungspolitik – Gleichstellungsrecht 176
   A. Von der Frauenpolitik zum Frauenrecht 176
     1. Entdiskriminierung des Rechts 179
        a. Ausbau des Antidiskriminierungsrechts 180
        b. Strukturelle Diskriminierung 186
     2. Frauenförderung und Quotenregelung 188
        a. Affirmative-Action-Maßnahmen 189
        b. Quotenmodelle 192
        c. Vorrangregeln im Bundesdienst 195
        d. Verfassungsrechtliche Zulässigkeit von Quoten 197
   B. Von der Frauenpolitik zur Geschlechterpolitik 200
     1. Gender Mainstreaming 201
        a. Begriffsbestimmung 202
        b. Entstehungsgeschichte 203
        c. Rechtliche Verankerung 206
     2. Gender Mainstreaming – die praktische Umsetzung 208
     3. Gender Mainstreaming – Risiken 215

VII. Literaturverzeichnis 219

VIII. Abkürzungsverzeichnis 240

I. Einleitung

> Feminismus bezeichnet das wissenschaftliche und politische Interesse an der Verfasstheit von Geschlechterverhältnissen und die Kritik an allen Formen von Macht und Herrschaft, die Frauen diskriminieren und deklassieren.[1]

Diese Definition des Feminismus umreißt bereits in Grundzügen die wesentlichen **Kennzeichen und Ziele feministischer Rechtswissenschaft**. Feministische Rechtswissenschaft richtet den Blick auf geschlechtssensible Fragen im Recht. Die männliche Vorherrschaft im geltenden Recht und das Abstellen auf eine angeblich allgemeingültige Perspektive, die sich bei näherer Betrachtung als männlichen Interessen verpflichtet herausstellt, werden von der feministischen Rechtswissenschaft konsequent in Frage gestellt. **Kritik am geltenden Recht**, das die Ungleichheit von Frauen und Männern perpetuiert, indem es weibliche Lebenszusammenhänge nicht in gleichem Maße berücksichtigt wie männliche und durch die Ausgestaltung einzelner Rechtsgebiete und Rechtsnormen Frauen benachteiligt, ist daher ein Wesenszug feministischer Jurisprudenz.[2]

Der Gegenstand der herkömmlichen Jurisprudenz wird dabei in entscheidendem Maße erweitert. Das Recht wird nicht länger als autonome Sphäre oder lediglich als Spiegel der Gesellschaft verstanden, sondern es wird in seiner Eigenschaft als **gesellschaftsgestaltendes Instrument der Macht** erfasst.[3] Damit einher geht die Erkenntnis, dass sich feministische Rechtswissenschaft nicht

---

[1] Vgl *Becker-Schmidt Regina/Knapp Gudrun-Axeli*, Feministische Theorien zur Einführung² (2001) 7.

[2] Vgl *Baer Susanne*, Feministische Ansätze in der Rechtswissenschaft. Zur großen Unbekannten im deutschen rechtswissenschaftlichen Diskurs und ihrer Integration in die juristische Ausbildung, in *Rust Ursula* (hg), Juristinnen an den Hochschulen – Frauenrecht in Lehre und Forschung (1997) 170.

[3] Vgl *Baer Susanne* in *Rust Ursula* (hg), Juristinnen 170.

abgeschieden von der Wirklichkeit betreiben lässt. Feministische Juristinnen fordern daher ein verstärktes **Zusammenwirken von Theorie und Praxis** ein.

Das bedingt nicht nur die **Inter- und Transdisziplinarität**[4] feministischer Rechtswissenschaft, die auf die Erkenntnisse anderer Wissenschaftszweige angewiesen ist, um der Lebenswirklichkeit von Menschen angemessen Rechnung tragen zu können, sondern auch die Notwendigkeit, sich mit **feministischer Theoriebildung** auseinanderzusetzen (vgl Kapitel „Feministische Theorien"). Erst das theoretische Fundament ermöglicht die Lösung praktischer Fälle in einer Gesellschaft, die einem ständigen Wandel in Bezug auf ihre Vorstellungen, Normen und Werte unterworfen ist.[5]

Juristische Methoden müssen von der feministischen Rechtswissenschaft auf eigenständige Weise erarbeitet und erweitert werden (vgl Kapitel „Feministische Rechtswissenschaft und ihre Methoden"). Das normale Rüstzeug juristischer Tätigkeit erweist sich als unzulänglich, wenn es gilt, den Blick auf den blinden Fleck „Frau"[6] im Recht zu richten. Gleichzeitig ist aber die feministische Rechtswissenschaft nicht ausschließlich auf die Beschäftigung mit „Frauen" fixiert. Ihr geht es vor allem um eine **Analyse des „Geschlechts im Recht".** Der Begriff „Geschlecht"

---

[4] **Interdisziplinarität** heißt, dass Erkenntnisse ausgetauscht und abgestimmt werden, ausschlaggebend bleiben aber die Methoden und Fragestellungen einer bestimmten Disziplin. Für die feministische Rechtswissenschaft bedeutet Interdisziplinarität vor allem den Austausch zwischen den unterschiedlichen Rechtsgebieten. Unter **Transdisziplinarität** verstehen wir die Auflösung der Disziplinengrenzen, die hinter das konkrete Erkenntnisinteresse, das sich vor allem an der Lebenswirklichkeit orientiert, zurücktreten. Transdisziplinäre feministische Rechtswissenschaft macht sich die Methoden und Erkenntnisse anderer Wissenschaftsdisziplinen zunutze.

[5] Vgl *Baer Susanne*, Feministische Rechtswissenschaft und juristische Ausbildung, in *Floßmann Ursula* (hg), Feministische Jurisprudenz. Blicke und Skizzen (1995) 4f.

[6] *Platt Sabine*, Feministische Rechtswissenschaft zwischen Gleichheit vor dem Gesetz und Differenz der Geschlechter, STREIT 2/94, 57.

definiert in diesem Zusammenhang eindeutiger als „Frauen" das umfassende Potential feministischer Rechtswissenschaft[7]: Rechtswissenschaftliche Auseinandersetzungen mit „der Frau" im Recht gingen von einem biologisch bestimmbaren, zumindest aber von einem Subjekt, das sich sozial eindeutig zuordnen ließ, aus. So unverzichtbar derartige Untersuchungen für das Verständnis des Geschlechterverhältnisses in der historisch gewachsenen Rechtsordnung sind (vgl Kapitel „Historischer Abriss"), sahen sie sich jedoch bald mit der Erkenntnis konfrontiert, dass „die Frau" nicht existiert. Der Versuch, „Frauen im Recht" in ihrer Vielfalt und ihren unterschiedlichen Positionen wahrzunehmen und die Begriffe „Frauen" und „Männer" zu hinterfragen, führte zur Beschäftigung mit dem Geschlecht im Recht und einer Analyse seiner Konstruktion durch die Rechtsordnung.[8] Leitfragen einer feministisch orientierten Rechtswissenschaft beschäftigen sich daher zum einen damit, wie das Recht an der Konstruktion von „Geschlecht" beteiligt ist, zum anderen untersuchen sie, wie unsere Alltagsvorstellungen von „Geschlecht(ern)" auf die Ausgestaltung von Recht(snormen) zurückwirken.

Der neutral gefasste Begriff „Geschlecht" darf allerdings nicht dazu führen, das eigentliche Anliegen feministischer Jurisprudenz zu verschleiern: Hauptbezugsgruppe des Interesses feministischer Rechtswissenschaft sind Frauen und ihre Benachteiligung durch das Recht. Das Bewusstsein um die soziale Konstruiertheit von Frauen und Männern ist der Hintergrund, vor dem sich die feministische Kritik an der mangelnden Berücksichtigung weiblicher Lebensverhältnisse im Recht entwickelt. Das Ziel feministischer Juristinnen ist nicht nur die formale Gleichberechtigung von Frauen und Männern, wie sie über weite Strecken bereits verwirklicht ist, sondern darüber hinaus die faktische Gleichstellung

---

[7] Vgl *Baer Susanne* in *Rust Ursula* (hg), Juristinnen 170.

[8] Vgl *Baer Susanne*, Inklusion und Exklusion. Perspektiven der Geschlechterforschung in der Rechtswissenschaft, in *Verein Pro FRI* (hg), Recht Richtung Frauen. Beiträge zur feministischen Rechtswissenschaft (2001) 45ff.

von Frauen und Männern (zur diesbezüglichen Entwicklung auf verfassungsrechtlicher Ebene vgl Kapitel „Der Gleichheitssatz").

Feministische Rechtswissenschaft – und das unterscheidet sie von tendenziell eher dem akademischen Diskurs verpflichteten Strömungen – weist einen starken **Praxis- und Politikbezug** auf. Es geht nicht nur um die **Erforschung des Geschlechterverhältnisses,** sondern vor allem auch um die **Entwicklung von Lösungsansätzen und -konzepten** (vgl Kapitel „Gleichstellungspolitik – Gleichstellungsrecht"). Feministische Jurisprudenz ist daher ohne feministische Praxis und ohne feministische Rechtspolitik nicht denkbar.

II. Historischer Abriss

A. Der „herrschende" Geschlechterdiskurs im 17. und 18. Jahrhundert

Um die Geschlechterverhältnisse und vor allem den theoretischen Geschlechterdiskurs in der aktuellen Ausprägung zu verstehen, ist es notwendig zu wissen, dass das heute vorherrschende Verhältnis der Polarität weder „gottgewollt" noch ein Abbild der „natürlichen Ordnung der Dinge", sondern historisch gewachsen ist. Deshalb sollen in diesem Abschnitt einige für die Entwicklung der **Geschlechterdichotomie** besonders **relevante geschichtliche Eckdaten** dargestellt werden, denn – um es mit den Worten von *Gerda Lerner* auszudrücken – „Es ist die Geschichte, die deutend geordnete Vergangenheit, die uns in die Lage versetzt, Ziele und Visionen für die Zukunft der Gemeinschaft aufzuzeigen."[9]

1. Vom Ein-Geschlecht-Modell zum Zwei-Geschlechter-Modell

Nach heutigem westlichem Denken werden Frauen und Männer körperlich als so verschieden erachtet, „dass sie mitunter wie zwei verschiedene Spezies erscheinen."[10] In unserer Gesellschaft sind viele Bereiche des Lebens von der strikten Aufteilung der Menschen in zwei Geschlechter, in Frauen und Männer geprägt. Wenn wir eine Person sehen, ordnen wir sie sofort entweder dem einen oder dem anderen Geschlecht zu. Es handelt sich dabei um einen so selbstverständlichen Vorgang, dass er uns überhaupt erst bewusst wird, wenn es einmal nicht gelingt, festzustellen ob wir

---

[9] *Lerner Gerda*, Zukunft braucht Vergangenheit. Warum Geschichte uns angeht (2002) 188.
[10] *Lorber Judith*, Gender-Paradoxien (1999) 85.

es mit einer Frau oder mit einem Mann zu tun haben. Wir gehen davon aus, dass Frauen und Männer unterschiedlich und damit unterscheidbar sind und das, wie es scheint, seit jeher und von Natur aus. Wie ethnomethodologische Studien[11] herausgearbeitet haben, werden unsere alltagsweltlichen Vorstellungen von der Grundannahme beherrscht, „dass alle Menschen *unverlierbar* (Konstanzannahme) und aus *körperlichen* Gründen (Naturhaftigkeit) entweder das eine *oder* das andere Geschlecht sind (Dichotomizität)."[12] Tatsächlich aber sind diese uns so selbstverständlich und natürlich erscheinenden Vorstellungen einer grundsätzlichen und **biologischen Verschiedenheit von Frau und Mann** ein **historisch relativ junges Phänomen**.[13]

Bis ins 18. Jahrhundert waren sich westliche Philosophen und Wissenschafter einig, dass es **nur ein körperliches Geschlecht** gibt.[14] Dem Begriff „Geschlecht" selbst wurde eine völlig andere Bedeutung beigemessen. Im frühen 18. Jahrhundert war „Geschlecht", wie die Historikerin *Ute Frevert* detailliert nachweist[15],

---

[11] Ethnomethodologische Arbeiten untersuchen, mit welchen alltagspraktischen Handlungen soziale Wirklichkeit hergestellt wird.

[12] *Hirschauer Stefan*, Wie sind Frauen, wie sind Männer? Zweigeschlechtlichkeit als Wissenssystem, in *Eifert Christiane/Epple Angelika* et al (hg), Was sind Frauen? Was sind Männer? Geschlechterkonstruktionen im historischen Wandel (1996) 240 (243, Hervorhebungen im Original). Grundlegend dazu *Garfinkel Harold*, Studies in Ethnomethodology (1967); *Kessler Suzanne J./McKenna Wendy*, Gender. An Ethnomethodological Approach (1978).

[13] Vgl ua: *Spannbauer Christa*, Das verqueere Begehren. Sind zwei Geschlechter genug? (1999) 13ff; *Laqueur Thomas*, Auf den Leib geschrieben. Die Inszenierung der Geschlechter von der Antike bis Freud (1992); *Herzog Dagmar*, Wo liegt der Unterschied? Aufklärung und Frauenrechte in Deutschland, in *Schissler Hanna* (hg), Geschlechterverhältnisse im historischen Wandel (1993) 80ff; *Alder Doris*, Die Wurzel der Polaritäten. Geschlechtertheorie zwischen Naturrecht und Natur der Frau (1992); *Honegger Claudia*, Die Ordnung der Geschlechter. Die Wissenschaften vom Menschen und das Weib. 1750-1850 (1991).

[14] Vgl *Lorber Judith*, Gender-Paradoxien 85.

[15] Vgl *Frevert Ute*, „Mann und Weib, und Weib und Mann". Geschlechter-Differenzen in der Moderne (1995) 13ff; vgl dazu auch *Fleischer Eva*, Zentrale Begriffe und ihre theoretische Verortung, in *Baur Christine/Fleischer*

noch ausschließlich in seiner genealogischen Bedeutung, also im Sinne von Herkunft, Abstammung, Familie etc präsent. Im Laufe des Jahrhunderts setzte sich dann allmählich die biologische Bedeutung des Begriffs immer mehr durch, bis unter „Geschlecht" schließlich nur mehr das verstanden wurde, was Frauen und Männer voneinander unterscheidet.[16]

So galt es gar als „Allerweltsweisheit", dass Frauen und Männer über dieselben Genitalien verfügen, wobei die der Frau innerhalb und die des Mannes außerhalb des Körpers liegen. Die Vagina wurde als innerer Penis, die Schamlippen als Vorhaut, der Uterus als Hodensack und die Eierstöcke als Hoden gedacht.[17] Diese Überzeugung ging so weit, dass es bis ins 18. Jahrhundert für Vagina, Uterus und Eierstöcke im wissenschaftlichen Diskurs nicht einmal eigene Begriffe gab.[18] Überhaupt galt vieles von dem, was wir heute eindeutig als Geschlechtsmerkmale wahrnehmen im 17./18. Jahrhundert nicht als eindeutiges Identifikationsmerkmal von Frau oder Mann.[19] Selbst körperliche Vorgänge wie Menstruation oder Samenerguss, die wir heute in westlichen Gesellschaften eindeutig dem weiblichen bzw dem männlichen Geschlecht zuordnen, wurden nicht immer als „geschlechtseigentümlich" verstanden.[20]

Insbesondere *Thomas Laqueur* hat in seiner Untersuchung der Darstellung und wissenschaftlichen Beschreibung der weiblichen und männlichen Sexualorgane versucht nachzuweisen, dass man auch den wissenschaftlichen Beweis für die Lehre vom einen Geschlecht nicht schuldig blieb. Durch öffentliches Sezieren und

---

Eva/Schober Paul, Gender Mainstreaming in der Arbeitswelt. Grundlagenwissen für Projekte, Unternehmen und Politik (2005) 25.

[16] Vgl *Frevert Ute*, Mann 24.

[17] Vgl *Laqueur Thomas*, Leib 16f.

[18] Vgl *Laqueur Thomas*, Leib insb 17 u 172.

[19] Vgl *Duden Barbara*, Geschichte unter der Haut. Ein Eisenacher Arzt und seine Patientinnen um 1730 (1987) 133.

[20] Vgl *Duden Barbara*, Geschichte 138; *Laqueur Thomas*, Leib insb 49ff.

bildliche Darstellungen des Leibesinneren sollte deren Wahrheitsgehalt veranschaulicht und belegt werden, denn „der geöffnete Leib sei Quelle und Prüfstein allen anatomischen Wissens"[21]. Frauen wurden demnach als Männer gesehen, als Männer „bei denen ein Mangel an vitaler Hitze – an Perfektion – zum Zurückbleiben von Strukturen im Inneren des Leibes geführt hat, die bei Männern äußerlich sichtbar sind"[22]. Freilich waren auch nach diesem Konzept, das *Laqueur* als **„Ein-Geschlecht-Modell"**[23] bezeichnet, Frauen den Männern nicht als gleichwertig gedacht: Schließlich hätte es ebenso gut sein können, dass Männer Frauen wären, bei denen ein Mangel an Perfektion zum Austritt der an sich weiblichen Geschlechtsorgane führte. Die körperlichen Verschiedenheiten der Geschlechter wurden lediglich als graduelle Variationen und Abstufungen eines prinzipiell gleichen Leibes gesehen und dienten nicht der Begründung unüberwindbarer biologischer Geschlechterdifferenzen.[24] Frausein oder Mannsein bedeutete eine – durch äußere Umstände bestimmte – soziale Position innezuhaben, eine kulturelle Rolle wahrzunehmen, nicht aber das eine oder andere von zwei – durch die eigene Biologie eindeutig determinierten – unvergleichlichen Geschlechtern zu sein.[25] Die untergeordnete Stellung der Frau gründete nicht in ihrer besonderen „weiblichen Natur", sondern in ihrem Stand. So waren zu dieser Zeit getroffene Aussagen über Frau und Mann ausschließlich „Aussagen über soziale Positionen und die diesen Positionen entsprechenden Tugenden"[26].

---

[21] *Laqueur Thomas*, Leib 88.
[22] *Laqueur Thomas*, Leib 16.
[23] *Laqueur Thomas*, Leib.
[24] Vgl *Schmersahl Katrin*, Medizin und Geschlecht. Zur Konstruktion der Kategorie Geschlecht im medizinischen Diskurs des 19. Jahrhunderts (1998) 10.
[25] Vgl *Laqueur Thomas*, Leib insb 20f u 164.
[26] *Hausen Karin*, Die Polarisierung der „Geschlechtscharaktere" – Eine Spiegelung der Dissoziation von Erwerbs- und Familienleben, in *Conze Werner* (hg), Sozialgeschichte der Familie in der Neuzeit Europas (1976) 370.

Im Laufe des 18. Jahrhunderts änderte sich schließlich das Bild der Geschlechter und die graduelle Verschiedenheit von Frau und Mann wurde zu einem grund- und gegensätzlichen, fest in der Natur verankerten Unterschied.[27] Erst im Rahmen dieses **„Zwei-Geschlechter-Modells"**[28] wird Geschlecht als biologische Grundlage dessen gesehen, was es heißt Frau oder Mann zu sein[29]. „Man erfand zwei biologische Geschlechter, um den sozialen eine neue Grundlage zu geben."[30] Die Notwendigkeit dazu ergab sich aus dem allgemeinen gesellschaftlichen Umschwung. Die Abkehr vom Ständedenken, die Ideale der Aufklärung, der Glaube an das „prinzipiell Gute im Menschen und seine Erziehungsfähigkeit zum vernünftig denkenden Wesen"[31], die Proklamation der Freiheit und Gleichheit aller Menschen schlossen Frauen prinzipiell nicht aus. Für viele Frauen und auch Männer schien im Einklang mit diesen neuen Werten auch die Gleichheit der Geschlechter fraglos.[32] Die Neubegründung bzw das Festhalten an der Unterordnung der Frau bedurfte daher besonderer Erklärung und Rechtfertigung. Dieser Kunstgriff gelang mit Hilfe des „Natur-Arguments". Die **„Natur der Frau"**[33] wurde ins Treffen geführt, um ihren Ausschluss aus Politik, Gesellschaft und Bildung – aus dem öffentlichen Leben überhaupt – zu begründen. Geschlecht wurde von gesellschaftlichen Bezügen abgelöst und mithilfe „natürlicher Geschlechtseigentümlichkeiten"

---

[27] Vgl *Laqueur Thomas*, Leib 17ff.

[28] *Laqueur Thomas*, Leib.

[29] Vgl *Laqueur Thomas*, Leib 24.

[30] *Laqueur Thomas*, Leib 173.

[31] *Floßmann Ursula/Kalb Herbert*, Geschichte des öffentlichen Rechts II² (2003) 141.

[32] Vgl *Honegger Claudia*, Aufklärerische Anthropologie und die Neubestimmung der Geschlechter, in *Hessische Landeszentrale für politische Bildung* (hg), Freiheit – Gleichheit – Schwesterlichkeit. Männer und Frauen zur Zeit der Französischen Revolution (1989) 218.

[33] Diese folgenreiche Debatte über die „Natur der Frau", die in weiterer Folge ganz Europa eroberte, trat ihren Siegeszug im 18. Jahrhundert in Frankreich an. Vgl *Honegger Claudia* in *Hessische Landeszentrale für politische Bildung* (hg), Freiheit 214.

fest in den Körper, in die menschliche Biologie eingeschrieben. Das führte zu einer allgemein verbindlichen Definition von Frausein und Mannsein, die keine Variationen offen ließ. Was die Natur vorgibt, ist schließlich unveränderlich, (natur)wissenschaftlich beschreibbar, aber nicht zu hinterfragen. Diese neu gegründete Geschlechterdifferenz wurde „auf allen Ebenen der psychischen, geistigen und sozialen Organisation nachgezeichnet"[34] und der Geschlechterordnung so der Glanz verliehen, ein Abbild der natürlichen Ordnung der Dinge zu sein.[35]

Laqueurs Studie hat aufgrund der Tatsache, dass sie den wissenschaftlichen und den politischen Diskurs als Einheit ansieht und ihrer verkürzten Darstellungsweise einiges an Kritik erfahren. Sowohl der Diskurs als auch der Wandel in den Erklärungsmustern und wissenschaftlichen Kontexten sind vielschichtiger zu sehen, dennoch bleibt ihr der Verdienst, nachdrücklich auf die Geschichtlichkeit der Vorstellung einer natürlichen Zweigeschlechtlichkeit hingewiesen zu haben.[36]

a. Die Lehre der Geschlechtscharaktere

Im Zeichen der Diskussion um Historizität und Wandelbarkeit von Weiblichkeits- und Männlichkeitsidealen steht auch *Karin Hausens* Studie über die **Lehre der „Geschlechtscharaktere"**, die sich im späten 18. Jahrhundert herausbildete und ab dem frühen 19. Jahrhundert den Geschlechterdiskurs dominierte. Die

---

[34] *Frevert Ute*, Mann 52.
[35] *Honegger Claudia*, Die Ordnung der Geschlechter. Die Wissenschaften vom Menschen und das Weib. 1750-1850 (1991) IX.
[36] Vgl dazu *Opitz Claudia*, Um-Ordnungen der Geschlechter. Einführung in die Geschlechtergeschichte (2005) 106ff mit weiteren Nachweisen; kritische Anmerkungen zu *Laqueur* insb auch bei *Duden Barbara*, Vom „biologischen Geschlecht" zur „statistischen Differenz" – Was sind Frauen? Was sind Männer? Thesen zur Geschichte der Verkörperung des Unterschieds, in *Greif Elisabeth* (hg), Körper que(e)r denken. Tagungsband des 11. AbsolventInnentages der Johannes Kepler Universität Linz (2006) 7 (19ff).

„Geschlechtscharaktere" dienten der Beschreibung der „Natur", dem „Wesen" von Frau und Mann.[37] Es handelte sich dabei um ein Gemisch aus Biologie und Bestimmung.[38] Ein festes Bündel aus Eigenschaftsgruppen wurde definiert, durch die für den privaten, häuslichen Bereich die Frau und für den öffentlichen Raum der Mann „von Natur aus" prädestiniert schien. *Hausen* arbeitete aus diversen Lexika, medizinischen, pädagogischen, psychologischen und literarischen Schriften der Zeit ebendiese im 18. Jahrhundert entwickelten geschlechtsspezifischen Eigenschaftsbündel heraus:[39]

Mann	Frau
Bestimmung für	*Bestimmung für*
Außen	Innen
Weite	Nähe
Öffentliches Leben	Häusliches Leben
Aktivität	*Passivität*
Energie, Kraft, Willenskraft	Schwäche, Ergebung, Hingebung
Festigkeit	Wankelmut
Tapferkeit, Kühnheit	Bescheidenheit
Tun	*Sein*
Selbständig	Abhängig
Strebend, zielgerichtet, wirksam	Betriebsam, emsig
Erwerbend	Bewahrend
Gebend	Empfangend
Durchsetzungsvermögen	Selbstverleugnung, Anpassung
Gewalt	Liebe, Güte
Antagonismus	Sympathie

---

[37] Vgl *Hausen Karin* in *Conze Werner* (hg), Sozialgeschichte 363. Zu der – erst relativ spät formulierten – Kritik an *Hausens* Studie vgl *Opitz Claudia*, Um-Ordnungen 105f mit weiteren Nachweisen.

[38] Vgl *Hausen Karin* in *Conze Werner* (hg), Sozialgeschichte 367.

[39] *Hausen Karin* in *Conze Werner* (hg), Sozialgeschichte 368 (Hervorhebungen im Original).

Rationalität	Emotionalität
Geist	Gefühl, Gemüt
Vernunft	Empfindung
Verstand	Empfänglichkeit
Denken	Rezeptivität
Wissen	Religiosität
Abstrahieren, Urteilen	Verstehen
Tugend	*Tugenden*
	Schamhaftigkeit, Keuschheit
	Schicklichkeit
	Liebenswürdigkeit
	Taktgefühl
	Verschönerungsgabe
Würde	Anmut, Schönheit

b. Die Wissenschaft vom Menschen

Diese bipolaren, einander gegensätzlichen Schemata der „natürlichen Geschlechtscharaktere", die den Eindruck vermitteln, Frauen und Männer wären völlig verschiedene Menschen, wurden im Verlauf des 19. Jahrhunderts[40] vor allem durch die **„Wissenschaft vom Menschen"**, die Anthropologie, zunehmend „fundiert".[41] Erklärtes Ziel dieser „Universalwissenschaft", deren Grundlage eine **Kombination aus Medizin und Philosophie** darstellte, war es, ein Gesamtbild des Menschen zu zeichnen, die Einheit von Physis und Psyche darzulegen. Als Basiswissenschaft diente dabei die vergleichende Anatomie, die zusammen mit Psychologie, Ethik und Ästhetik zur „Erkenntnis des ganzen Menschen" führen sollte.[42] Besonderes Augenmerk wurde dabei auf die Unterschiede zwischen Frauen und Männern gelegt, was zur Entwicklung einer weiblichen Sonderanthropologie und in weite-

---

[40] Vgl *Hausen Karin* in *Conze Werner* (hg), Sozialgeschichte 369.
[41] Vgl *Frevert Ute*, Mann 50.
[42] Vgl *Honegger Claudia*, Ordnung 111.

rer Folge zur Entwicklung der Gynäkologie führte. Diese neuen „Wissenschaftsdisziplinen" entwarfen einen Wust an Argumenten, der die **strukturelle Inferiorität der Frau** beweisen und damit ihren Ausschluss aus der sich gerade entwickelnden bürgerlichen Öffentlichkeit rechtfertigen sollte.[43] Die Basis der „Erforschung" der Geschlechterdifferenzen bildete dabei der Körper. So wurde etwa festgestellt, dass die Knochen von Frauen kleiner und weicher, Nerven, Gefäße, Muskeln und Bänder dünner seien. „Dieser organische Unterschied nun, auf dem der Unterschied der Geschlechter aufruht, bestimmt die Art zu denken, zu urteilen und zu fühlen."[44] Der körperliche Unterschied von Frauen und Männern, der „die Art zu denken, urteilen und fühlen" bestimmt, wurde also nicht nur in den Geschlechtsorganen, sondern in allen „Theilen des ganzen Körpers" verortet.[45] Daraus wurde geschlossen, dass es „zwischen den Geschlechtern eine angeborene und radikale Differenz, die bei allen Völkern und zu allen Zeiten anzutreffen sei"[46], gäbe. Der Anteil, den Frauen und Männer an der Fortpflanzung haben, nahm bei diesen Erklärungen eine besonders gewichtige Rolle ein[47] – der Mann als aktiver, starker Part, die Frau als passive, schwache, empfangende Beteiligte. *Jean-Jacques Rousseau*, einer der Hauptvertreter der Aufklärungsphilosophie, führte in seinem folgenreichen Werk „Emil oder über die Erziehung" in den 60er Jahren des 18. Jahrhunderts dazu folgendes aus:

> „In der Vereinigung der Geschlechter tragen beide gleichmäßig zum gemeinsamen Zweck bei, aber nicht auf die glei-

---

[43] Vgl *Schmersahl Katrin*, Medizin 191f.

[44] *Honegger Claudia* in *Hessische Landeszentrale für politische Bildung* (hg), Freiheit 223.

[45] *Roussel Pierre*, Physiologie des weiblichen Geschlechts (1786) 14, zit nach *Honegger Claudia* in *Hessische Landeszentrale für politische Bildung* (hg), Freiheit 222.

[46] *Honegger Claudia* in *Hessische Landeszentrale für politische Bildung* (hg), Freiheit 223.

[47] Vgl *Frevert Ute*, Mann 58.

che Weise. Daraus gibt sich der erste Unterschied in ihren gegenseitigen moralischen Beziehungen. **Der eine muss aktiv und stark sein, der andere passiv und schwach**: notwendigerweise muß der eine wollen und können; es genügt wenn der andere wenig Widerstand leistet."[48]

Er folgerte daraus, dass „die Frau eigens geschaffen ist, um dem Mann zu gefallen", während es „weniger zwingend notwendig" ist, dass ihr der Mann gefällt, weil „er gefällt allein dadurch, dass er stark ist" und das „ist das **Gesetz der Natur**".[49]

c. Das Ideal des vernünftigen Menschen

Die aus diesen biologistischen[50] und sexistischen[51] Ansätzen abgeleiteten, oben dargestellten Eigenschaftspaare stellen die Grundlage des in der Aufklärung entworfenen bürgerlichen Idealbildes der vernünftigen Persönlichkeit dar. Sie stehen in einem komplementären Verhältnis zueinander, sie ergänzen einander wechselseitig. „Erst die Ergänzung der in der Frau zur Vollkommenheit entwickelten Weiblichkeit mit der im Mann zur Vollkommenheit entwickelten Männlichkeit soll die Annäherung an das Ideal der Menschheit ermöglichen."[52] Das führte unweigerlich zur Zementierung der untergeordneten Stellung der Frau. Aufgrund ihrer „Passivität", ihrer „Schwäche", ihrer „Wankelmütigkeit", ihrer „Emotionalität", ihrer „Selbstverleugnung" – auf-

---

[48] *Rousseau Jean-Jacques*, Emil oder über die Erziehung (1762, neue dt. Fassung 1971) 386 (Hervorhebung durch die Verf).

[49] Vgl *Rousseau Jean-Jacques*, Emil 386 (Hervorhebung durch die Verf).

[50] Diese Ansätze sind biologistisch, weil sie gesellschaftlich geprägte Eigenschaften und Verhaltensweisen in die menschliche Biologie einschreiben und damit den Eindruck vermitteln, die hierarchischen Unterschiede in Geschlechterverhältnissen hätten eine unaufhebbare biologische Grundlage.

[51] Diese Ansätze sind sexistisch, weil sie das Sexualverhalten der Frau als Grundlage ihrer Theorie der Ungleichheit normieren. Vgl *Gerhard Ute*, Gleichheit ohne Angleichung. Frauen im Recht (1990) 48.

[52] *Hausen Karin* in *Conze Werner* (hg), Sozialgeschichte 373.

grund ihres „natürlichen Geschlechtscharakters" eben – wird sie ausschließlich dem häuslichen Leben zugewiesen und in allen Lebenslagen von der Leitung eines Mannes abhängig gemacht. Der Mann ist dagegen aufgrund seines Geschlechtscharakters ausnahmslos für das öffentliche Leben bestimmt; er wird zum Träger von Geschichte, Fortschritt und Verstand. Diese Einteilung wird unumstößlich, wenn Weiblichkeit und Männlichkeit und die ihnen inhärenten Eigenschaften und Tätigkeiten erst in ihrer wechselseitigen Ergänzung zu einer „naturbestimmten Ganzheitlichkeit" verschmelzen[53], oder wie es *Mary Wollstonecraft* vor über 120 Jahren ausdrückte: „Die starke Eiche, und der Epheu, der sie umschlingt, müßten demnach ein harmonisches Ganze an Schönheit und Kraft bilden."[54]

d. Normierung der Heterosexualität

Ein weiterer Effekt dieser – zur Absicherung männlicher Vorherrschaft entwickelten – „natürlichen Ordnung der Geschlechter", ist die **Normierung der Heterosexualität**. Nach diesen Ansichten ist es die Natur, die bestimmt, dass erst die Verschmelzung von Weiblichkeit und Männlichkeit zur Annäherung an das menschliche Ideal führt. Demzufolge wäre Homosexualität als unnatürlich abzulehnen. Bis ins 18. Jahrhundert wurde Homosexualität als eine nicht der Fortpflanzung dienende Form der Sexualität begriffen und in die allgemeine Kategorie der Lasterhaftigkeit eingeordnet. Das Ende 18. und Anfang 19. Jahrhunderts verstärkt auftretende wissenschaftliche Interesse für Sexualität mündete im 19. Jahrhundert darin, dass Mediziner jede Art nichtehelicher Sexualität als medizinisches Wissensgebiet festlegten und in weiterer Folge als Krankheit definierten. Homosexuelle wurden insbesondere von der damals aufstrebenden Psychiatrie

---

[53] Vgl *Hausen Karin* in *Conze Werner* (hg), Sozialgeschichte 377ff; *Schmersahl Katrin*, Medizin 37.

[54] *Wollstonecraft Mary*, Eine Verteidigung der Rechte der Frau mit kritischen Bemerkungen über politische und moralische Gegenstände (1899) 23.

als „vermännlichte Frauen" oder als „verweiblichte Männer" konstruiert. Begehren und Sexualität wurden dabei zur bestimmenden Determinante der Geschlechtsidentität erhoben. Homosexualität wurde dann mit dem Verlust der – im Rahmen der Geschlechtscharaktere eindeutig ausgebildeten – Geschlechtsidentität gleichgesetzt und damit als Abweichung von einer durch die Natur vorgegebenen Norm definiert.[55] Dabei ging es weniger um eine Abweichung des sexuellen Verhaltens als um die Überschreitung der Geschlechtergrenzen. **Homosexualität wurde als Verkehrung der „natürlichen" Geschlechtscharaktere** wahrgenommen und als Überschreitung der von der Natur „eindeutigen festgelegten" Grenzen zwischen Weiblichkeit und Männlichkeit pervertiert. Die Konstruktion der Homosexualität als Krankheit hatte einen ganz bedeutenden „Nebeneffekt": „Mithilfe der als krank erklärten Homosexualität konnten eine heterosexuelle, geschlechtsspezifisch gefasste Sexualität und die durch sie maßgeblich legitimierten Geschlechtscharaktere naturwissenschaftlich begründet zur ‚Normalität' erhoben werden."[56] Die teilweise bis heute anhaltende Pathologisierung und damit einhergehende Kriminalisierung vor allem der männlichen Homosexualität ist logische Konsequenz dieser Lehren (Zur Heterosexismuskritik ausführlich die Kapitel „Feministische Theorien" und „Feministische Rechtswissenschaft und ihre Methoden").

2. Das Recht als Spiegel der Gesellschaft

Der oben dargelegte Diskurs der Geschlechterdifferenz, der sämtliche Zweige der Wissenschaft erfasste, schlug sich auch in den Rechtswissenschaften und damit in der Rechtsentwicklung nieder, denn wie es *Ute Gerhard* formuliert: „Recht ist ein prägnanter Ausdruck sozialer Wirklichkeit; die Rechtspraxis unterliegt zwar kulturellen Verspätungen, enthält Vergröberungen, aber sie

---

[55] Vgl *Schmersahl Katrin*, Medizin 118ff.
[56] *Schmersahl Katrin*, Medizin 121.

ist doch Gradmesser für das Machtverhältnis, ja, Gewaltverhältnis der Geschlechter."[57] So bemühten auch oder gerade Juristen das im 18. Jahrhundert entwickelte „Natur-Argument", um den Ausschluss von Frauen aus Bildung, Politik, Staat und Gesellschaft – aus dem öffentlichen Leben überhaupt – und das gleichzeitige Festschreiben ihrer ausschließlichen Zuständigkeit für den häuslichen Bereich schlüssig zu begründen.[58]

a. Das Vernunftrecht

Mit dem Gedankengut der Aufklärung änderte sich auch das Rechtsverständnis. Die Idee eines moraltheologischen Naturrechts, wonach die Menschheit einem göttlichen Schöpfungsplan zu folgen hätte, wurde abgelöst von der Lehre des Vernunftrechts. Es handelt sich dabei um Recht, das ausschließlich durch die menschliche Vernunft begründet und gerechtfertigt ist.[59] Dem liegt der Gedanke zu Grunde, der Mensch sei als vernunftbegabtes Wesen in der Lage, die natürliche Rechtsordnung zu erkennen und als geschlossenes Rechtssystem darzustellen. Nach diesem Rechtsverständnis dient als Maßstab der Gerechtigkeit ausschließlich die Natur – die Natur des Menschen oder die natürliche Ordnung der Dinge. Dieser Rückgriff auf eine „natürliche Ordnung" als überstaatliches Recht, der die Verbesserung der konkreten gesellschaftlichen Verhältnisse begründen sollte, entstammte der „Wissenschaft vom Menschen".[60] Die Anthropologie „erklärte" nicht nur – wie oben dargelegt – die Ordnung der Geschlechter, sondern die Ordnung der gesamten Gesellschaft durch das „Naturgesetz". Das Denkmodell, mit dem das „Naturgesetz" der Gesellschaft beschrieben wurde, ist der Gesellschaftsvertrag. Im „Naturzustand" seien alle Menschen von Geburt aus frei und gleich. Durch die menschliche Natur aber würden Ungleichhei-

---

[57] *Gerhard Ute*, Gleichheit 35.
[58] Vgl *Frevert Ute*, Mann 43.
[59] Vgl *Floßmann Ursula/Kalb Herbert*, Geschichte 144.
[60] Vgl *Gerhard Ute*, Gleichheit 28.

ten, Unsicherheiten und Ungerechtigkeiten in der Gesellschaft entstehen, die es zu beseitigen gelte. Um Verstöße gegen die „natürliche Ordnung" sanktionieren zu können, schließen sich die Menschen nach dieser Konstruktion mittels Gesellschaftsvertrag zu einem Verhältnis der Über- und Unterordnung – zu einem Staat zusammen, der den BürgerInnen neben Ordnung und Sicherheit Schutz ihres Lebens, ihrer Freiheit und ihres Eigentums bieten soll.[61] Gesellschaftliche Verhältnisse der Über- und Unterordnung der ursprünglich freien und gleichen Menschen werden also ausschließlich durch „freiwillige", vertragliche Unterwerfung begründet und gerechtfertigt.[62]

b. Der österreichische Geschlechterrechtsdiskurs

Die in Österreich vorherrschende konservative staatstheoretische Sichtweise des Gesellschaftsvertrages sah die Hauptaufgabe des Staates darin, dem Menschen Sicherheit zu geben, wofür ein absoluter Herrscher der beste Garant zu sein schien. Deshalb kam es vorerst nicht zu einer Verankerung von Grund- und Menschenrechten auf Verfassungsebene. Dennoch führte das vernunftrechtlich-aufgeklärte Denken, „das den Anspruch erhob, ein System von Rechtsregeln zu entwerfen, das den neuen Gerechtigkeitsvorstellungen, insbesondere dem Gleichheitspostulat"[63] entsprach, auch in Österreich zu einer Grundrechtsdiskussion. Im Reformzeitalter des „aufgeklärten Absolutismus" sollte die Rechtsquellenvielfalt in den habsburgischen Ländern im Rahmen der Kodi-

---

[61] Zur „aufgeklärten" Grundrechtsdebatte in Österreich insbesondere zum Gleichheitspostulat vgl den Überblick bei *Floßmann Ursula/Kalb Herbert*, Geschichte 145ff; *Gerhard Ute*, Gleichheit 28ff.

[62] Vgl *Vogel Ursula*, Gleichheit und Herrschaft in der ehelichen Vertragsgesellschaft - Widersprüche der Aufklärung, in *Gerhard Ute* (hg), Frauen in der Geschichte des Rechts. Von der Frühen Neuzeit bis zur Gegenwart (1997) 269.

[63] Zum Folgenden *Floßmann Ursula*, Die beschränkte Grundrechtssubjektivität der Frau. Ein Beitrag zum österreichischen Gleichheitsdiskurs, in *Gerhard Ute* (hg), Frauen 293.

fizierung des bürgerlichen Rechts vereinheitlicht und damit für alle Bürger gleiches Recht geschaffen werden. Im kodifizierten Privatrecht sollten die Grundwerte der bürgerlichen Gesellschaft verankert und unter dem Vorzeichen der Menschenrechte eine von staatlichen Eingriffen freie Privatsphäre geschaffen werden. In Österreich wurde im 18. Jahrhundert die Diskussion der Grundrechte und damit die der Gleichheit also vor allem auf Ebene des Privatrechts geführt. In diesem ersten großen Gleichheitsdiskurs, der ausschließlich von Männern bestritten wurde, spielten vor allem *Karl Anton von Martini* und sein Schüler *Franz von Zeiller* tragende Rollen.[64]

Martini, der 1790 von *Kaiser Leopold II.* zum Vorsitzenden der Hofkommission in Gesetzessachen ernannt wurde, wollte mit seinen Lehren den „aufgeklärten" Monarchen zu einer Reformpolitik bewegen, in deren Zentrum die angeborenen Rechte eines jeden Menschen stehen sollten.[65] Die Orientierung der Reformpolitik an den Menschenrechten war für *Martini* eine „Naturnotwendigkeit", und zwar unabhängig davon, ob eine Verfassung erlassen werde.[66] Dementsprechend verknüpfte er in seinem 1769 verfassten Lehrbuch „De lege naturali positiones" (Lehrbegriff des Naturrechts) grundrechtliche und privatrechtliche Reformideen zu einem neuen Rechtsmodell. Wesentliches Element seines Gleichheitsverständnisses war die Geschlechtergleichheit. So trat er für ein auf Vertrag beruhendes partnerschaftliches Ehe- und Familienmodell ein, wozu er etwa ausführte:

„Aus der Natur und aus dem Endzwecke der ehelichen Gesellschaft fliessen **beyden Ehegatten die nähmlichen** gesellschaftlichen **Rechte** zu. Keiner kann also die Handlungen

---

[64] *Floßmann Ursula* in *Gerhard Ute* (hg), Frauen 294f.
[65] *Floßmann Ursula/Kalb Herbert*, Geschichte 147.
[66] Vgl *Floßmann Ursula* in *Gerhard Ute* (hg), Frauen 298.

des anderen willkührlich bestimmen, und die **Ehe ist eine gleiche Gesellschaft** ..."[67]

Martini räumte in diesem Zusammenhang sogar mit bestehenden Vorurteilen auf:

„Es ist nicht immer wahr, was einige behaupten, dass der Mann der geschicktere und klügere Theil sey; ..."[68]

Auch im Eltern-Kind-Verhältnis sowie gegenüber den Dienstboten sollten nach *Martinis* Lehrbuch die Rechte von Frau und Mann – die als „Hausmutter" und „Hausvater" die „Häupter" und „Beherrscher" der Familie seien – gleich sein.[69]

„Der Hausvater und die Hausmutter sind die Häupter und Beherrscher der Familie. Sie haben die Gewalt sowohl über die Kinder als auch über die Dienstpersonen, welche sie mit beyderseitiger Einwilligung aufnehmen, unter sich gemein. Sie sind sich also **nach dem Naturrechte einander gleich**, ..."

Diese überaus fortschrittlichen Ansichten zum Geschlechterverhältnis, die *Martini* mit vielen anderen TheoretikerInnen[70] vor allem der frühen Aufklärung teilte, konnte er allerdings in die Kodifikationsarbeiten zu einem allgemeinen bürgerlichen Ge-

---

[67] *Martini Karl Anton von*, Lehrbegriff des Naturrechts. Neue, vom Verfasser selbst veranstaltete Übersetzung seines Werkes „De lege naturali positiones" (1799) (Neudr. 1970) § 700, 275 (Hervorhebung durch die Verf).

[68] *Martini Karl Anton von*, Lehrbegriff § 700, 275 (Hervorhebung durch die Verf).

[69] Vgl *Martini Karl Anton von*, Lehrbegriff § 776, 303 (Hervorhebung durch die Verf).

[70] Zu den feministischen VordenkerInnen der Aufklärung zählten ua: *Dorothea Erxleben, Mary Wollstonecraft, Catharine Macauly, Olympe de Gouges* oder *Theodor Gottlieb von Hippel*. Zu diesen Persönlichkeiten und ihren Werken ausführlich *Floßmann Ursula*, Frauenrechtsgeschichte. Ein Leitfaden für den Rechtsunterricht² (2006) 56ff.

setzbuch nicht einbringen. Das Josephinische Gesetzbuch von 1786 hatte bereits das Ehe- und Familienrecht nach patriarchalem Vorbild kodifiziert. *Martinis* Entwurf sollte im Wesentlichen die josephinische „Teil"-Kodifikation zu einer „Gesamt"-Kodifikation des Privatrechts erweitern. Er hatte sich daher von seinem (theoretischen) Grundsatz des partnerschaftlichen Ehe- und Familienmodells zu entfernen. So lautete § 62 seines Entwurfs zum Allgemeinen Bürgerlichen Gesetzbuch:

> „Der **Mann** ist das **Haupt der ehelichen Gesellschaft**: Aus diesem Grunde steht es ihm besonders zu die häuslichen Geschäfte zu leiten und zu besorgen. Es ist aber auch seine Pflicht dem Weibe nach seinem Vermögen standesmässigen Unterhalt zu verschaffen, und dasselbe in allen vorkommenden Fällen zu vertreten."[71]

Immerhin enthielt sein „Ur-Entwurf" neben dem zivilrechtlichen Kern auch Grundsätze über Wesen und Zweck des Staates sowie über die staatsbürgerlichen Rechte. An den Beginn seines Entwurfs stellte er ein Bekenntnis zur Freiheit und Gleichheit aller Menschen und führte in § 3 zu dem, was „Recht" bedeuten solle, aus:

> „… man versteht darunter sowohl die Regel selbst, welche, was Rechtens ist, vorschreibt, als auch die **natürliche Freyheit**, oder das Befugnis zu handeln, welche **jeder Mensch** hat, wenn er seine Handlungen nach diesen Regeln einrichtet."[72]

Den Zweck des Staates sah *Martini* in der „allgemeinen Wohlfahrt", die in der „Sicherheit der Personen, des Eigenthums und

---

[71] *Ofner Julius*, Der Ur-Entwurf und die Berathungs-Protokolle des Österreichischen Allgemeinen Bürgerlichen Gesetzbuches I (1976) VIII (Hervorhebung durch die Verf).

[72] *Ofner Julius*, Ur-Entwurf III (Hervorhebung durch die Verf).

aller übrigen Rechte seiner Mitglieder" bestehe.[73] Darüber hinaus betonte *Martini*, dass **jeder Mensch angeborene Rechte** habe, die er in § 29 **konkret** erläuterte:

> „Zu den angebohrnen Rechten der Menschen gehören vorzüglich das Recht sein Leben zu erhalten, das Recht die dazu nöthigen Dinge sich zu verschaffen, das Recht seine Leibes und Geisteskräfte zu veredeln, das Recht sich das Seinige zu vertheidigen, das Recht seinen guten Leumund zu behaupten, endlich das Recht mit dem, was ihm ganz eigen ist, frey zu schalten und zu walten."[74]

Letztlich blieb *Martini* nur die Hoffnung, mit diesen Bekenntnissen zur Freiheit und Gleichheit aller Menschen am Beginn seines Entwurfs und der Betonung der Vertragsnatur der Ehe[75], die Sondervereinbarungen der Eheleute[76] zuließ, die Rechtsposition der (Ehe)Frau zu verbessern.

Diese Hoffnungen zerschlugen sich alsbald. *Zeiller*, der 1801 die Kodifikationsarbeiten am ABGB übernahm, unterschied sich sowohl in seinen rechtlichen als auch in seinen gesellschaftlichen Ansichten – insbesondere bezüglich der Gleichheit der Geschlechter – ganz gravierend von *Martini*. So war *Zeiller* der Ansicht, dass Privatrecht – als unpolitisches Recht – und öffentliches Recht strikt voneinander zu trennen seien. Auch von Standesrechten sah er das Privatrecht abgekoppelt, da es sich „seiner Natur nach" auf Rechte beschränke, die auf gleiche Weise allen

---

[73] Vgl § 7 Entwurf Martini, *Ofner Julius*, Ur-Entwurf III.
[74] *Ofner Julius*, Ur-Entwurf V.
[75] „... diese Gesellschaft (eheliche, Anm) wird errichtet, wenn eine Manns, und eine Weibsperson einen giltigen Ehevertrag schlüssen ..." (§ 58). *Ofner Julius*, Ur-Entwurf VIII.
[76] Die Rechte und Pflichten der Eheleute werden neben dem „Endzweck ihrer Vereinigung" und „positiven Gesetzen" durch die „geschlossenen Verabredungen" bestimmt (§ 61). *Ofner Julius*, Ur-Entwurf VIII.

offen stehen können und sollen.⁷⁷ Dementsprechend wenig hielt er von der Niederschrift von Grund- und Freiheitsrechten im ABGB:

„Die übrigen … Rechte (wie das Recht der Selbsterhaltung, der Vervollkommnung, der Unbescholtenheit, das Recht der Vertheidigung, der Nothwehre, das Recht Sachen zu erwerben uma) lassen sich kaum vollständig, und mit der gehörigen Beschränkung allgemein faßlich darstellen; **abstract und unbestimmt**, wie in einer **Metaphysik der Rechte**, vorgetragen, geben sie, was die Erfahrung bewährte, **zu den gefährlichsten Mißdeutungen Anlaß**."⁷⁸

Zeiller gelang es trotz seiner deutlichen Ablehnung von Grund- und Freiheitsrechten, die den Staat an die Beachtung der Menschenwürde aller binden würden, den „Rechtsschein einer freiheitlich-gleichen Gesellschaft zu wahren". Auch bezüglich des Geschlechterverhältnisses schaffte er es, sein „Bekenntnis zur rechtlichen Unterordnung der Frau" hinter einer Fassade abstrakter Formulierungen und scheinbarer Rechtsgleichheit zu verbergen.⁷⁹ Zentraler Ort für die Unterordnung der Frau im bürgerlichen Recht war das Ehe- und Familienrecht. Unter Rückgriff auf die oben dargelegten Argumente, Theorien und „Erkenntnisse" über die „Natur der Frau" und ihren Geschlechtscharakter, der sie – ganz im Sinne der bürgerlich-patriarchalen Ideologie – für die häusliche Reproduktionsarbeit bestimmt, vertrat *Zeiller* die Auffassung, dass sich Frauen und Männer aufgrund verschiedenartiger Naturbegabungen zwangsläufig unterschiedlich entwi-

---

[77] *Zeiller Franz von*, Jährlicher Beytrag zur Gesetzeskunde und Rechtswissenschaft in den Oesterreichischen Erbstaaten I (1806) 41.

[78] *Zeiller Franz von*, Commentar über das allgemeine bürgerliche Gesetzbuch für die gesamten Deutschen Erbländer der Oesterreichischen Monarchie I (1811) 106 (Hervorhebung durch die Verf).

[79] Vgl *Floßmann Ursula*, Das Geschlechterverhältnis in der Rechtslehre Franz von Zeillers, in *Ogris Werner/Rechberger Walter* (hg), GS Herbert Hofmeister (1996) 185f.

ckeln würden, was sich in einer naturrechtlichen Kodifikation niederzuschlagen hätte.[80] So lautet § 91 ABGB 1811 – ganz ähnlich dem § 62 des Ur-Entwurfs:

> „Der **Mann** ist das **Haupt der Familie**. In dieser Eigenschaft steht ihm vorzüglich das Recht zu, das Hauswesen zu leiten; es liegt ihm aber auch die Verbindlichkeit ob, der Ehegattin nach seinem Vermögen den anständigen Unterhalt zu verschaffen, und sie in allen Vorfällen zu vertreten."

So ähnlich die beiden Paragraphen sind, so sehr unterscheidet sich das, was *Zeiller* in seinem Kommentar zum ABGB 1811 dazu ausführt, von der Geschlechterlehre *Martinis*. Seine Kommentierung des § 91 ABGB ist ein Glanzbeispiel dafür, wie es aussieht, wenn die neue Lehre von der „natürlichen Geschlechterdifferenz" Eingang in die Rechtswissenschaften findet. Sehr anschaulich führt er etwa aus:

> „Nach der **Verschiedenheit der Geschlechtseigenschaften** … werden einige der im Hauswesen zu besorgenden Geschäfte besser von der Frau, andere zweckmäßiger von dem Manne geführt, und, diesem **Winke der Natur** gemäß, nach der Vernunft und Gewohnheit, zwischen den Ehegatten vertheilt."[81]

Weiter heißt es dann:

> „Da das an Stärke, gründlicher Beurtheilung und wissenschaftlicher Bildung **überlegene männliche Geschlecht** überhaupt **von Natur zum Schutze des schwächeren Geschlechts bestimmt** ist, so liegt um so mehr dem Ehemanne die Pflicht ob, den Schutz der Person seiner Frau, und die

---

[80] Vgl *Floßmann Ursula* in *Ogris Werner/Rechberger Walter* (hg), GS Hofmeister 187.
[81] *Zeiller Franz von*, Commentar § 91, 249 (Hervorhebung durch die Verf).

Vertheidigung ihrer Rechte, oder ihre Vertretung zu übernehmen.[82]

Zeiller schrieb also die „natürliche Ordnung" der Geschlechter, wie sie sich schon in früheren Gesetzeswerken gefunden hatte, im ABGB 1811 weiter fort und bediente sich in seinem Kommentar der wissenschaftlichen „Erkenntnisse" der Anthropologie, um die Unterordnung der Frau schlüssig zu begründen. Damit machte er die Diskriminierung der (verheirateten) Frau zu einem allgemein verbindlichen Rechtsprinzip menschlichen Zusammenlebens.[83] Wie schwerwiegend und nachhaltig diese (rechts)wissenschaftliche Zementierung gesellschaftlicher Vorurteile war, wird unter anderem ersichtlich, wenn der österreichische Verfassungsgerichtshof (VfGH) auch im 20. Jahrhundert noch das „Natur der Frau"-Argument zur Begründung seiner Erkenntnisse bemüht (dazu ausführlich Kapitel „Der Gleichheitssatz"), oder aus der Tatsache, dass es viele Jahrzehnte ebenso harten wie engagierten Kampfes von Feministinnen und ihren männlichen Mitstreitern bedurfte, bis die familienrechtliche Unterordnung der Frau in den 1970er Jahren im Zuge der so genannten Großen Familienrechtsreform beseitigt wurde.[84]

3. Der „andere" Geschlechterdiskurs

Die oben dargelegten Theorien zum Geschlechterverhältnis sind, wie wir wissen die, die sich durchgesetzt haben. Das wird besonders deutlich, wenn auch heute noch die Rede vom „starken" oder vom „schwachen Geschlecht" ist und niemand überlegen muss, wer oder was damit gemeint ist. Dieses Modell von Weiblichkeit und Männlichkeit, das die bürgerliche Gesellschaft „ihren Be-

---

[82] *Zeiller Franz von*, Commentar § 91, 252 (Hervorhebung durch die Verf).
[83] Vgl *Floßmann Ursula* in *Ogris Werner/Rechberger Walter* (hg), GS Hofmeister 187.
[84] Zur Reformära der 1970er Jahre und dem Einfluss der Neuen Frauenbewegung vgl *Floßmann Ursula*, Frauenrechtsgeschichte 238.

dürfnissen gemäß entworfen und produziert hat"[85], entsprach dem Lebenshintergrund einer Minderheit: Während der gesetzlichen Aufteilung der Rechte und Pflichten in der Ehe die Annahme zugrunde lag, dass die Ehefrau Haushalt und Kindererziehung übernahm, während der Ehemann außer Haus Geld verdiente, gehörten im beginnenden 19. Jahrhundert fast drei Viertel der österreichischen Bevölkerung dem Bauernstand an, in dem seit jeher alle Arbeitsfähigen mitarbeiten mussten und eine geschlechtsspezifische Teilung der Tätigkeiten kaum stattfand. Auch in der neu entstandenen Arbeiterklasse war ein Großteil der Frauen zu außerhäuslicher Arbeit gezwungen.[86] Dennoch wurde die „Hausfrauenehe" zum allgemein gültigen Ideal, das auch im österreichischen ABGB 1811 Eingang in die Rechtsordnung fand.

Diese „Modellentwürfe" männlicher, bürgerlicher „Meisterdenker" blieben aber von Anfang an nicht unwidersprochen. Auch wenn die traditionelle Geschichtsschreibung den Mantel des Schweigens über die „anderen" Theorien breitete, gab es sie – die TheoretikerInnen der ersten Stunde – „Frauen, die trotz aller ihrem Geschlecht auferlegten Einschränkungen in den Bezirken des geistigen Schaffens Leistungen vollbrachten, die ihren Namen in die Geschichte eingehen ließen"[87]. Sie wurden hauptsächlich zwei Lagern zugeschrieben. Die einen, die die Gleichheit der Geschlechter betonten, und die anderen, die ihre Argumentation auf Geschlechterunterschiede aufbauten. Die Ursprünge sowohl der Gleichheits- als auch der Differenzargumentation liegen in der oben dargelegten Aufklärungsphilosophie. Das im Zuge der bürgerlichen Gesellschaften entwickelte Geschlechterverhältnis war immer schon äußerst widersprüchlich. Männern wurden poli-

---

[85] *Mahzohl-Wallnig Brigitte*, „… und bin doch nur ein einfältig Mädchen, deren Bestimmung ganz anders ist …". Mädchenerziehung und Weiblichkeitsideologie in der bürgerlichen Gesellschaft, L'Homme – Zeitschrift für feministische Geschichtswissenschaft. Intellektuelle, 2/1991, 9.
[86] Vgl *Floßmann*, Frauenrechtsgeschichte 100ff.
[87] *Motzko Alma*, Weg der Frauen zu Recht und Geltung (1959) 33.

tische und soziale Rechte zuerkannt, Frauen blieben sie ausdrücklich und nachhaltig verwehrt. Gleichzeitig versah man diese Rechte mit einem universalistischen Geltungsanspruch für alle Menschen,[88] ohne den Widerspruch erkennen zu wollen, diese scheinbare Freiheit und Gleichheit aller Menschen Frauen mit dem Argument der Geschlechterdifferenz, mit dem Hinweis auf ihre „natürliche Andersartigkeit" zu verwehren. Die damals grundgelegte Philosophie der Gleichheit aller Männer unter gleichzeitiger Betonung der „naturgegebenen" Unterschiede zwischen den Geschlechtern legte auch für diejenigen, die sich für Frauenrechte einsetzten, zwei Argumentationsstränge nahe: Einerseits die Ausdehnung der allgemeinen Freiheit und Gleichheit auch auf Frauen oder anknüpfend am Gedanken der Geschlechterdifferenz die Hervorhebung der besonderen Eigenschaften und Fähigkeiten von Frauen.[89]

a. Geschlechtertheorien im Frühfeminismus

Theoretische Ansätze und Argumentationen, die dem **Postulat der Geschlechtergleichheit** folgten, waren besonders in den Anfängen feministischer Theoriebildung von gewichtiger Bedeutung und dominierten weite Strecken der feministischen Diskussion im 19. und 20. Jahrhundert.[90] Die Ideale der Freiheit und Gleichheit aller Menschen, die sich gegen ständische Privilegien, gegen die Macht von Klerus und Adel, gegen die Gutsbesitzer richtete, wurden in Europa erstmals im Zuge der Französischen Revolution durch die Erklärung der Menschen- und Bürgerrechte

---

[88] Vgl *Schissler Hanna*, Natur oder soziales Konstrukt? Zum Verhältnis der Geschlechter zwischen bürgerlichen Emanzipationsbewegungen und industrieller Gesellschaft, in *Christadler Marieluise* (hg), Freiheit, Gleichheit, Weiblichkeit. Aufklärung, Revolution und die Frauen in Europa (1990) 155.

[89] Vgl *Herzog Dagmar* in *Schissler Hanna* (hg), Geschlechterverhältnisse 83.

[90] *Young Iris Marion*, Humanismus, Gynozentrismus und feministische Politik, in *List Elisabeth/Studer Herlinde* (hg), Denkverhältnisse – Feminismus und Kritik (1989) 39.

1789 praktisch wirksam.[91] Aus dem Lehrsatz der Gleichheit aller Menschen war ein Rechtsbegriff geworden, aus dem konkrete Forderungen und ein politisches Programm sozialer Gerechtigkeit abgeleitet wurden.[92] Bürgerliche Ideale wie Rechtsgleichheit, Rechtsstaatlichkeit, Öffentlichkeit, Marktfreiheit oder Autonomie eroberten die (Rechts-)Ordnungen Europas. Ein wichtiger Eckpfeiler der bürgerlichen Gesellschaftsordnungen, wie sie von Philosophen des 18. und 19. Jahrhunderts entwickelt wurden, war die Geschlechterordnung, die den Männern den öffentlichen Raum garantierte und Frauen daraus ausschloss. Die Begründung für die „in der bürgerlichen Gesellschaft durch allgemeines Gesetz fest installierte Ungleichheit der Geschlechter"[93] lieferten eben jene Philosophen, die im Brustton der Überzeugung über die universelle Freiheit und Gleichheit aller Menschen reden konnten und – wie insb *Rousseau* – im selben Atemzug den Ausschluss von Frauen aus dem Kreis der Rechtspersonen aus ihrer „besonderen Natur" und aus ihrem Sexualverhalten ableiteten.[94] Frauen und Männer wären unterschiedlich, hätten komplementär aufeinander abgestimmte Fähigkeiten und Eigenschaften und würden sich dadurch gegenseitig zu einer harmonischen Einheit ergänzen, lauteten die Kernaussagen. Um Kritik an dieser Theorie gar nicht erst aufkommen zu lassen, stellte *Rousseau* klar, dass es – eben weil es sich um ein „Naturgesetz" handeln würde – sinnlos, ja „töricht" wäre, dieses Geschlechterverhältnis in Frage zu stellen:

„Diese Ähnlichkeiten und diese Verschiedenheiten müssen auch die Moral beeinflussen. Diese Folgerung ist einleuchtend und entspricht der Erfahrung. Sie zeigt zugleich, wie **töricht** es ist, **über** den **Vorrang** oder die **Gleichberechti-**

---

[91] *Gerhard Ute*, Gleichheit 50f.
[92] *Gerhard Ute*, Gleichheit 49.
[93] *Frevert Ute*, Bürgerliche Meisterdenker und das Geschlechterverhältnis. Konzepte, Erfahrungen, Visionen an der Wende vom 18. zum 19. Jahrhundert, in *Frevert Ute* (hg), Bürgerinnen und Bürger. Geschlechterverhältnisse im 19. Jahrhundert (1988) 23.
[94] *Gerhard Ute*, Gleichheit 48.

gung der Geschlechter zu streiten. Als ob nicht jedes von beiden, wenn es nach seiner Sonderveranlagung die naturbedingten Ziele anstrebt, vollkommener wäre, als wenn es dem anderen ähnlicher zu sein trachtete!"[95]

Feministische Vordenkerinnen wie *Olympe de Gouges* oder *Mary Wollstonecraft* stellten nicht nur den „Vorrang" des männlichen Geschlechts in Frage, sondern forderten darüber hinaus die Gleichberechtigung der Geschlechter, indem sie unmittelbar an die Philosophie der Gleichheit aller Menschen anknüpften und deren universellen Anspruch auch für Frauen einmahnten.

Exemplarisch für diese frühen feministischen Ansätze der Geschlechtergleichheit soll hier *Mary Wollstonecraft* zu Wort kommen, die sich explizit gegen die von *Rousseau* betriebene Ab- und Entwertung von Frauen verwehrte. *Mary Wollstonecraft*, eine der bedeutendsten Vordenkerinnen der Alten Frauenbewegung, schrieb mit ihrem Werk „Eine Verteidigung der Rechte der Frau" (The Vindication of the Rights of Woman) bereits 1791 nicht nur gegen *Rousseau*, sondern **gegen den herrschenden Geschlechterdiskurs** – gegen „die herrschende Meinung eines Geschlechtscharakters"[96] – an. „Der heiß umstrittene Bestseller"[97] erschien 1792 in London und Paris und wurde bereits ein Jahr später ins Deutsche übersetzt.[98] Es handelt sich dabei um ein beeindruckendes Plädoyer für die Anerkennung der Rechte der Frau:

---

[95] *Rousseau Jean-Jacques*, Emil 386 (Hervorhebungen durch die Verf.).

[96] *Wollstonecraft Mary*, Verteidigung 19.

[97] *Rosenberg Ingrid von*, Hoffnung und Horror: Die Französische Revolution in der Sicht Mary Wollstonecrafts und Mary Shelleys, in *Christadler Marieluise* (hg), Freiheit 64.

[98] Vgl *Bäumer Gertrud*, Die Geschichte der englischen Frauenbewegung, in *Lange Helene/Bäumer Gertrud* (hg), Handbuch der Frauenbewegung. Die Geschichte der Frauenbewegung in den Kulturländern I (1901) 232; *Frevert Ute* in *Frevert Ute* (hg), Bürgerinnen 37.

„Die Vernunft verlangt, daß die **Rechte der Frau** geachtet werden und schreit um Gerechtigkeit für die Hälfte des Menschengeschlechtes."[99]

Für *Mary Wollstonecraft* waren Frauen und Männer grundsätzlich gleich. In einer scharfsinnigen Analyse legte sie dar, dass bestehende Unterschiede zwischen Frauen und Männern des (wohlhabenden und gebildeten) Bürgertums[100] aus ihrer unterschiedlichen Erziehung – der ihr Hauptaugenmerk galt – hervorgingen:

„In dem jetzigen Stand der Gesellschaft verlangt man von dem ‚Gentleman' etwas Bildung, und **für den Knaben** einige Jahre **strengen Unterrichtes**. In der Erziehung der **Frauen** wird die geistige Ausbildung immer einer **äußerlichen Formvollendung** hintangesetzt. ... Da es für die Frauen keine ernsten wissenschaftlichen Studien giebt, so wendet sich ihr natürlicher Scharfsinn alsbald äußerlichen Dingen zu. Komplizierte Anstandsregeln nehmen bei ihnen die Stelle einfacher Grundsätze ein. **Diese Art der Erziehung ist schuld an der Schwäche der Frauen.** Sie verwechseln äußere Manier mit wahrer Geistes- und Herzensbildung. Dieselbe Erscheinung oberflächlichen Wissens ist bei den Soldaten zu beobachten, auch sie achten die Formen der Höflichkeit höher als Geiseseigenschaften. Wo ist da der Unterschied für das Geschlecht zu finden, wenn die **gleiche oberflächliche Erziehung den gleichen Erfolg** bringt?"[101]

„**Man gestatte uns nur in der Jugend dieselbe** körperliche und geistige Erziehung wie den Knaben, **damit wir erfah-**

---

[99] *Wollstonecraft Mary*, Verteidigung VII (Hervorhebung durch die Verf).

[100] Vgl *Frevert Ute* in Frevert Ute (hg), Bürgerinnen 31. Für Frauen und Männer aus anderen gesellschaftlichen Schichten (ArbeiterInnen, BäuerInnen, …) war das von den Philosophen entworfene Bild der Geschlechterdichotomie (privat – öffentlich; schwach – stark; etc) nie real, aber dennoch als zu erreichendes Ideal anerkannt.

[101] *Wollstonecraft Mary*, Verteidigung 24f (Hervorhebung durch die Verf).

ren, wie groß die Ueberlegenheit des Mannes eigentlich ist."[102]

Sie kritisierte das gängige Frauenbild, das Frauen als schwach, geistlos, schön, etc[103] zeichnete und jene, die es zum Ideal der bürgerlichen Gesellschaft erhoben haben. So wirft sie denen, „die bisher über weibliche Erziehung" und „weibliches Wesen" geschrieben haben vor, „nur dazu beigetragen (zu) haben, die Frauen noch unnatürlicher und schwächer von Charakter zu machen, und dadurch noch unbrauchbarer für die Gemeinschaft"[104]:

„Mein Hauptvorwurf gilt aber dem Gesamtinhalt jener Bücher, deren Tendenz es ist, die Hälfte des Menschengeschlechtes zu erniedrigen, da sie die Frau zu Gefallsucht ... erziehen wollen."[105]

In beeindruckender Deutlichkeit stellte sie dabei klar, dass es nicht die Natur ist, die Frauen zu „geistlosen Wesen" macht, sondern eben diese gesellschaftlichen Zuschreibungen, die als Ideale verfolgt, gelehrt und anerzogen werden:

„Um **schwach** zu sein, was manche **schön** nennen, werden die jungen **Mädchen gezwungen**, still zu sitzen, mit Puppen zu spielen und sinnlose Gespräche mit anzuhören, – die **Wirkung der Gewohnheit** wird dann **als unzweifelhafter Wink der Natur bezeichnet**."[106]

„Fast von ihrer Geburt an wurden die Mädchen wie Frauen behandelt, und **statt tüchtiger Belehrung** mußten sie **nur leere Komplimente** hören. **Und dann sollte es die Natur**

---

[102] *Wollstonecraft Mary*, Verteidigung 84 (Hervorhebung durch die Verf).
[103] Vgl Tabelle S 11.
[104] *Wollstonecraft Mary*, Verteidigung 22f.
[105] *Wollstonecraft Mary*, Verteidigung 23.
[106] *Wollstonecraft Mary*, Verteidigung 77 (Hervorhebung durch die Verf).

gewesen sein, die so stiefmütterlich an ihnen gehandelt hatte!"[107]

Mary Wollstonecraft stellt die propagierte und gelebte Geschlechterhierarchie, „die Ueberlegenheit des Mannes" und die damit einhergehende Unterordnung der Frau in allen erdenklichen Bereichen in Frage. Der **Ausgangspunkt** ihres Werkes war die **Gleichheit der Geschlechter**. Sie analysierte die bipolaren, bürgerlichen Geschlechterideale und die aus ihnen hervorgehenden gegensätzlichen Erziehungsideale und widerlegte die „Natur der Frau"-Argumentation ebenso, wie sie die tatsächliche Ursache der Ausformung des Geschlechterverhältnisses in gesellschaftlichen Gegebenheiten nachwies. *Mary Wollstonecraft* forderte für Frauen daher nicht nur die „Befreiung von allen Schranken" sondern auch „die Teilnahme an den angeborenen Menschenrechten"[108] auf Basis:

- der **gleichen und gemeinsamen Ausbildung** von Mädchen und Jungen **in öffentlichen Schulen**[109],
- der **Erwerbstätigkeit von Frauen** und damit ihrer wirtschaftlichen Unabhängigkeit durch Studium der „Arzneikunde", oder der „Staatswissenschaften" oder durch das Betreiben „verschiedener Gewerbe und Geschäfte", damit die Frau sich nicht genötigt sieht „des Unterhalts willen zu heiraten"[110],
- der **rechtlichen Gleichstellung** und zwar sowohl in privatrechtlicher als auch – die Bürgerrechte betreffend – in öffentlichrechtlicher Hinsicht[111], damit die Frau „nicht länger von ihres Ehegatten Güte abhängig"[112] sei und sich nicht

---

[107] *Wollstonecraft Mary*, Verteidigung 78 (Hervorhebung durch die Verf).
[108] *Wollstonecraft Mary*, Verteidigung 199.
[109] *Wollstonecraft Mary*, Verteidigung 190ff.
[110] *Wollstonecraft Mary*, Verteidigung 162.
[111] *Wollstonecraft Mary*, Verteidigung 159ff (Hervorhebung durch die Verf).
[112] *Wollstonecraft Mary*, Verteidigung 160.

länger „willkürlich regieren lassen (müsse), ohne an den Verhandlungen der Regierung direkten Anteil zu nehmen"[113].

Diese Forderungen, die *Mary Wollstonecraft* bereits 1791 formulierte, sollten die Frauenbewegungen Europas und der USA bis ins 20. Jahrhundert und teilweise darüber hinaus begleiten. Auch ihre theoretische Auseinandersetzung mit dem Geschlechterverhältnis hat bis heute nicht an Bedeutung verloren.

b. Geschlechtertheorien der Alten Frauenbewegung

Die erste Welle der organisierten Frauenbewegung – die so genannte Alte Frauenbewegung[114] – hat sich im 19. und beginnenden 20. Jahrhundert in zahlreichen Ländern Europas und in den USA herausgebildet.[115]

„Sie ist ihrem eigentlichen Wesen nach revolutionär. Sie revoltiert gegen die soziale Regelung, die die Frau in einer Zwangslage hält, denn sie bezweifelt die Allgemeingültigkeit der für die Frau aufgestellten Normen und verlangt – im

---

[113] *Wollstonecraft Mary*, Verteidigung 161.

[114] Die Alte Frauenbewegung war eine breite Bewegung. Frauen verschiedener gesellschaftlicher Schichten mit unterschiedlichen politischen Ansichten formierten sich, um ihre Interessen durchzusetzen: „Sie wollen die sozialen Konsequenzen ihrer Wesensbeschaffenheit ziehen und streben nach einer Umwandlung der herrschenden (Geschlechter-, Anm) Normen zugunsten all derer, die anders geartet sind, als es diese Normen voraussetzen. Darin liegt die große Bedeutung der Frauenbewegung, ihr Charakter als soziale Reformation." *Mayreder Rosa*, Zur Kritik der der Weiblichkeit (1998, erstmals erschienen 1905) 79.

[115] Vgl *Lange Helene*, Vorwort, in *Lange Helene/Bäumer Gertrud* (hg), Handbuch Vff.

Interesse der Frau, aber auch im Interesse der Gesellschaft – deren Revision."[116]

Auch wenn sich die Kämpferinnen der Alten Frauenbewegung in der Ablehnung der für Frauen bisher gültigen Normen einig waren, so kristallisierten sich zwei frauenpolitische Konzepte heraus, die sich in ihren Inhalten, ihren Zielen und vor allem in ihren theoretischen Begründungen unterschieden.[117] Neben dem **Konzept der Geschlechtergleichheit**, „nach dem die **Frauen rein als Menschen** zur Geltung gelangen"[118] sollten, bildete sich ein **Konzept der Geschlechterdifferenz** heraus, das die „Frage nach dem **Wesen der Frau** in den Mittelpunkt"[119] stellte.[120] Es handelte sich um zwei Emanzipationskonzepte, die auf der Basis völlig unterschiedlicher theoretischer Fundamente „diametral entgegengesetzt auf das Geschlechterverhältnis und den weiblichen Lebensentwurf im Bürgertum reagierten"[121]. *Rosa Mayreder*[122], die mit ihren Werken „immer wieder die aus der Aufklärungszeit stammende Geschlechtermetaphysik mit ihren weiblichen und männlichen Tugendkatalogen"[123] kritisierte, beschrieb in ihrem

---

[116] *Oekinghaus Emma*, Die gesellschaftliche und rechtliche Stellung der deutschen Frau (1925) 30.

[117] Im Hinblick auf den politischen bzw sozialen Hintergrund der Alten Frauenbewegung lassen sich in Österreich drei grundlegende Hauptrichtungen unterscheiden: die **christlich-soziale (katholische) Frauenbewegung**, die **sozialdemokratische Frauenbewegung** (Arbeiterinnenbewegung) und die **bürgerlich-liberale Frauenbewegung**. Während die ersten beiden vor allem bemüht waren, ihre Anliegen innerhalb politischer Parteien zu verwirklichen, verfolgte die letzte keine einheitliche politische Linie. Vgl dazu im Detail *Floßmann Ursula*, Frauenrechtsgeschichte 131ff.

[118] *Oekinghaus Emma*, Stellung 31 (Hervorhebungen im Original).

[119] *Oekinghaus Emma*, Stellung 31 (Hervorhebungen im Original).

[120] Vgl *Gerhard Ute*, Gleichheit 92f.

[121] *Bussemer Herrad U.*, Bürgerliche Frauenbewegung und männliches Bildungsbürgertum 1860-1880, in *Frevert Ute* (hg), Bürgerinnen 190.

[122] *Rosa Mayreder* war eine wichtige Vertreterin des bürgerlichen Flügels der Alten Frauenbewegung.

[123] *Kubes-Hofmann Ursula*, Wer war Rosa Mayreder? http://www.rmc.ac.at/rmwar.html [16.10.2003].

Essay „Mutterschaft und Kultur" aus dem Jahre 1905 sehr anschaulich, wie konträr die beiden Strömungen der Alten Frauenbewegung etwa bestehende Unterschiede zwischen den Geschlechtern erklärten:

> „Über die Ursachen dieser Erscheinung (dass der weibliche Mehrzahltypus[124] dem männlichen nicht gleich ist, Anm) weichen die Meinungen erheblich voneinander ab. Während die **einen das Milieu, die Erziehung,** alle **Einflüsse einer Jahrtausende langen Unterdrückung** zur Erklärung heranziehen, suchen sie die **anderen** in der ursprünglichen **Anlage und Bestimmung** des Weibes, in seiner **Gebundenheit durch die Mutterschaft.**"[125]

Während *Hedwig Dohm*, deren Schriften das frühfeministische Gleichheitskonzept vorbildlich weiterentwickelten, noch in den 70er Jahren des 19. Jahrhunderts formulierte:

> „Meine Seele erglüht gleich der des Mannes vom holden und erhabenen Zauber der Naturschönheit, ich fühle wie er den Schmerz um das Vaterland, wenn es bedroht wird, mein Herz schlägt wie das seine, wo es sich um die höchsten Güter der Menschheit handelt: um Liebe, Schönheit und Freiheit, um Fortschritt im Staat und in der Wissenschaft. Und darum **bin ich seinesgleichen** ..."[126],

---

[124] Mit dem Begriff „Mehrzahltypus" drückt *Rosa Mayreder* aus, dass die Kategorien „weiblich" und „männlich" immer Verallgemeinerungen sind, die von einem Durchschnittswert ausgehen. Sie meint damit, dass die Gruppe „Frau" eine inhomogene Gruppe ist, die sich aus sehr unterschiedlichen Einzelpersonen zusammensetzt. Verallgemeinerungen wie „das Wesen der Frau", die unterstellen, alle Frauen wären gleich, würden immer einen „Missbrauch" dem einzelnen Individuum gegenüber darstellen, weil sie der Vielfältigkeit dessen, wie Frauen sein können, oder was sie leisten können, nie gerecht werden.

[125] *Mayreder Rosa*, Weiblichkeit 48 (Hervorhebung durch die Verf).

[126] *Dohm Hedwig*, Der Frauen Natur und Recht. Zur Frauenfrage zwei Abhandlungen über Eigenschaften und Stimmrecht der Frau (1876) 181 (Hervorhebungen durch die Verf).

beschrieb *Helene Lange*[127] 1899 mit ihrem Satz:

> „**Das Weib ist zur Mutterschaft bestimmt**; diese Bestimmung bedingt ihre physische und psychische Eigenart."[128]

den Kern des im ausgehenden 19. Jahrhunderts entwickelten „Mütterlichkeitskonzepts". Es basierte – gleich der herrschenden Lehre – auf dem „Wesen der Frau", das durch Mütterlichkeit als „Verbindung von Kraft und Liebe"[129] definiert wurde.

> „Anstatt die Mutterschaft als eine Qualität des Weibes anzusehen, die sein Wesen bedingt, eigenartig färbt, in seinen Bestrebungen bestimmt und der Menschheit einen durch keinen anderen zu ersetzenden Kulturfaktor sichert, sah man die physische Mutterschaft als alleinigen Endzweck des Weibes an, auf den sie zu harren, dem sie ausschließlich zu leben habe, ohne dessen Erfüllung ihr Leben verfehlt sei ..."[130]

Dieser „Neuentwurf des weiblichen Geschlechtscharakters"[131] wurde dem männlichen als ergänzender Part gegenübergestellt:

> „Sie (die Mütterlichkeit, Anm) bringt in die weibliche Eigenart jenen bekannten Zug zum Persönlichen, Konkreten, jene schnellere und tiefere Fühlung mit menschlicher Eigenart ... Sie stellt sie in Gegensatz zu der abstrakteren, spekulativen,

---

[127] *Helene Lange* war eine wichtige Vertreterin des sog „gemäßigten" bürgerlichen Flügels der Alten Frauenbewegung in Deutschland.
[128] *Lange Helene*, Intellektuelle Grenzlinien zwischen Mann und Frau, in *Filser Franz*, Die Frau in der Gesellschaft (1977) 49 (Hervorhebung durch die Verf).
[129] *Stoehr Irene*, „Organisierte Mütterlichkeit". Zur Politik der deutschen Frauenbewegung um 1900, in *Hausen Karin* (hg), Frauen suchen ihre Geschichte. Historische Studien zum 19. und 20. Jahrhundert (1983) 227.
[130] *Lange Helene* in *Filser Franz*, Frau 49.
[131] *Stoehr Irene* in *Hausen Karin* (hg), Frauen 225.

auf das Systematische, Unpersönliche gerichteten Veranlagung des Mannes."[132]

Vertreterinnen des „Mütterlichkeitskonzeptes" hielten auch an der mit der bürgerlichen Gesellschaft entstandenen Arbeitsteilung fest. Sie wollten sie nicht aufheben, sondern ebenso wie den „weiblichen Geschlechtscharakter" umwerten.

„Wir müssen von dem Gedanken loskommen, daß Arbeitsteilung und räumliche Teilung, Arbeitsteilung und Berufs- und Gebietsteilung sich deckende Begriffe sind. Richtig verstandene Arbeitsteilung läßt auf dasselbe Objekt die verschiedensten Kräfte aus der ihnen eigenen Richtung und nach Maßgabe der in ihnen liegenden Energie wirken, solange diese Kräfte imstande sind, einander zu ergänzen."[133]

Ein weiterer Bestandteil dieses Konzepts der „Mütterlichkeit", das nicht an konkrete Mutterschaft anknüpfte, sondern quasi als „Eigenschaftsbündel", als allen Frauen gemeinsame Identität verstanden wurde[134], war die „organisierte Mütterlichkeit". Hier ging es darum, die spezifischen „mütterlichen" Eigenschaften und Fähigkeiten von Frauen mittels organisierter Mädchen- und Frauengruppen im Sozialbereich für die Gesellschaft einzusetzen.[135] Am Beispiel der Sozialarbeit sollte gezeigt werden, dass zwischen der „Mütterlichkeit", der damit einhergehenden Zuständigkeit von Frauen für Haushalt und Familie, und der Berufsarbeit von Frauen kein Widerspruch bestehe.[136] *Gabriella Hauch* wies darauf hin, dass sich eben diese „organisierte Mütterlichkeit", die bereits im Engagement von Frauen im bürgerlichen Vereinswesen des habsburgischen Vormärz zu Tage trat, die

---

[132] *Lange Helene* in *Filser Franz*, Frau 50.
[133] *Lange Helene* in *Filser Franz*, Frau 51f.
[134] Vgl *Stoehr Irene* in *Hausen Karin* (hg), Frauen 231.
[135] *Stoehr Irene* in *Hausen Karin* (hg), Frauen 237.
[136] Vgl *Stoehr Irene* in *Hausen Karin* (hg), Frauen 237.

„Grundlinien für öffentliches Frauenengagement heraus(bildeten)", da Frauen auf diese Weise in die Öffentlichkeit treten konnten, ohne ihre „natürlichen" Aufgaben in Frage zu stellen.[137]

Dieses Konzept der „Mütterlichkeit" stützte sich auf dieselben Konstrukte von Weiblichkeit, mit denen die „bürgerliche Gesellschaft" den Ausschluss von Frauen rechtfertigte. Es basierte auf der Stilisierung der Frauen zum „anderen Geschlecht", das aufgrund seiner „Wesensbestimmtheit" für spezifisch weibliche Aufgaben prädestiniert sei. Dennoch stellten die Vertreterinnen des „Mütterlichkeitskonzepts" dieselben politischen Forderungen wie Vertreterinnen des Gleichheitskonzepts. Völlig konträr waren diese beiden Strömungen allerdings, was die Begründung und den verfolgten Zweck dieser Forderungen betraf. Das soll an den folgenden Beispielen verdeutlicht werden:

Dem Gleichheitskonzept entsprechende Forderungen:	Dem Mütterlichkeitskonzept entsprechende konträre Begründungen:
Bessere Bildung für Frauen:	aber unter dem Aspekt der Ausbildung zur besseren „Mütterlichkeit", weil die „zukünftigen Mutterpflichten der Schülerinnen ... deren Bildung zur autonomen Persönlichkeit"[138] voraussetzten.

---

[137] Vgl *Hauch Gabriella*, Frau Biedermeier auf den Barrikaden. Frauenleben in der Wiener Revolution 1848 (1990) 55.
[138] *Stoehr Irene* in *Hausen Karin* (hg), Frauen 234.

Möglichkeit der Erwerbstätigkeit:	aber nicht freie Berufswahl, sondern nur der „Mütterlichkeit" entsprechende, „soziale und pädagogische Berufe in Übereinstimmung mit der familialen Definition der Frau"[139].
Wahlrecht:	aber aufgrund der „höheren weiblichen Moral, die in der ‚Weiblichkeit' und ‚Mütterlichkeit' der Frau begründet liege"[140], um den Einfluss der mütterlichen Werte in der Gesellschaft zu vergrößern.

Die Auseinandersetzungen mit diesen beiden unterschiedlichen theoretischen Richtungen, die im Rahmen der Alten Frauenbewegung ihren Anfang fanden, haben in verschiedenen Abwandlungen bis ins 20. Jahrhundert eine gewichtige Rolle – nicht nur in der Frauenbewegung – gespielt und sind, zumindest was ihre Anwendung in der Praxis betrifft, bis heute nicht abgeschlossen.

---

[139] *Bussemer Herrad U.* in *Frevert Ute* (hg), Bürgerinnen 201.

[140] *Zaar Brigitta*, „Weise Mäßigung" und „ungetrübter Blick" – Die bürgerlich-liberale Frauenbewegung im Streben nach politischer Gleichberechtigung, in *Mazohl-Wallnig Brigitte* (hg), Bürgerliche Frauenkultur im 19. Jahrhundert (1995) 252.

III. Feministische Theorien

A. Einleitung

„Eine Theorie ist ein Instrumentarium: sie hat nicht zu bedeuten, sie hat zu funktionieren."[141]

Die Entwicklung feministischer Theorien im heutigen Verständnis beginnt im Zusammenhang mit der zweiten Welle der Frauenbewegung, der sog Neuen Frauenbewegung[142] in den 1960er und 1970er Jahren. **Feministische Theorien**, die maßgeblich durch eine wechselseitige Verknüpfung mit Frauenbewegung und Frauenpolitik geprägt sind, können als Instrumentarium, als **Werkzeug feministischer Politik** verstanden werden. So standen feministische Theorien stets im Zeichen der Begründung[143] und Untermauerung, aber auch der Beeinflussung und Veränderung feministischer Politik[144]. Seit ihren Anfängen sind sie durch einen vielstimmigen, transdisziplinären und oft sehr kontroversen Diskurs geprägt. Dennoch gibt es ein verbindendes Element: „das wissenschaftlich-politische Interesse an der Verfasstheit von Geschlechterverhältnissen und die Kritik an allen Formen von Macht und Herrschaft, die Frauen diskriminieren und deklassieren."[145] Feministische Theorien sind also immer mit einem

---

[141] *Deleuze Gilles*, Die Intellektuellen und die Macht. Gespräch zwischen Michel Foucault und Gilles Deleuze, in *Foucault Michel* (hg), Von der Subversion des Wissens (1987) 108.

[142] Vgl zur Neuen Frauenbewegung ausführlich Kapitel „Gleichstellungspolitik – Gleichstellungsrecht".

[143] Vgl *Frey Regina*, Gender im Mainstreaming. Geschlechtertheorie und -praxis im internationalen Diskurs (2003) 21; *Becker-Schmidt Regina*, Einheit – Zweiheit – Vielheit. Identitätslogische Implikationen in feministischen Emanzipationsprojekten, Zeitschrift für Frauenforschung und Geschlechterstudien, Heft 1+2/96, 5.

[144] Vgl *Spannbauer Christa*, Begehren 55; *Becker-Schmidt Regina/Knapp Gudrun-Axeli*, Feministische Theorien 7ff.

[145] *Becker-Schmidt Regina/Knapp Gudrun-Axeli*, Feministische Theorien 7.

gesellschaftsanalytischen, einem gesellschaftskritischen und einem gesellschaftsverändernden Anspruch insbesondere in Bezug auf das Geschlechterverhältnis verknüpft. Dem Verständnis von Theorie als Werkzeug folgend, lässt sich feststellen, dass der Inhalt der feministischen „Werkzeugkiste" nicht nur an Umfang, sondern auch an Vielfalt beständig zunimmt. Feministische Theorien stellen zum einen die Vorannahmen wissenschaftlicher Erkenntnisproduktion in Frage – dann handelt es sich um so genannte **feministische Epistemologien**[146], zum anderen betrachten die so genannten **Gender-Theorien** Geschlecht bzw die Geschlechterverhältnisse unter verschiedenen Perspektiven.[147] Letztere werden im Folgenden näher erörtert. Eine exakte, allumfassende und abschließende Einteilung der einzelnen theoretischen Ansätze ist dabei weder sinnvoll noch möglich. Um dennoch einen Überblick zu verschaffen, sollen hier für die Praxis besonders bedeutsame theoretische Ansätze, der zeitlichen Abfolge ihrer Entwicklung entsprechend, in **drei vieldiskutierte theoretische Strömungen** zusammengefasst werden: **Gleichheit**, **Differenz** und **Konstruktion bzw Dekonstruktion**.[148]

Am Beginn der modernen europäischen, insbesondere deutschsprachigen Frauenbewegung in den späten 1960er Jahren stand eine „Revolte von Frauen gegen traditionelle Vorstellungen von Weiblichkeit"[149], die Frauen eine untergeordnete, reproduktive Stellung in der Gesellschaft zuschrieb, im Zentrum. Damit einher

---

[146] Zu wichtigen Ansatzpunkten feministischer Epistemologien vgl Kapitel „Feministische Rechtswissenschaft und ihre Methoden".

[147] Vgl *Hofmann Roswitha*, Grundlagen der Gender- und Diversitätstheorien, in *Bendl Regine/Hanappi-Egger Edeltraud/Hofman Roswitha*, Interdisziplinäres Gender- und Diversitätsmanagement. Einführung in Theorie und Praxis (2004) 159 (162).

[148] Vgl *Spannbauer Christa*, Begehren 55ff; *Becker-Schmidt Regina/Knapp Gudrun-Axeli*, Feministische Theorien 7ff; *Ostner Ilona*, Einleitung: Differenzen – unendlich ungleiche? in *Ostner Ilona/Lichtblau Klaus* (hg), Feministische Vernunftkritik. Ansätze und Traditionen (1992) 8.

[149] Vgl *Young Iris Marion* in *List Elisabeth/Studer Herlinde* (hg), Denkverhältnisse 38f.

gingen Forderungen nach gleichen Rechten und gleichen Zugangschancen zu politischer und ökonomischer Macht, um eine Gleichstellung der Geschlechter zu erreichen.[150] Theoretisch begründet wurden diese **Forderungen des humanistischen Feminismus**[151] durch die sog **Gleichheitsansätze**.

Ende der 1970er Jahre erfuhren diese Strömungen zunehmend Kritik. Den Gleichheitsansätzen wurde vorgeworfen, „eine unkritische Angleichung der Frauen an männliche Werte und an das patriarchale Herrschaftssystem herbeizuführen"[152]. Begründet wurde diese Kritik durch sog differenztheoretische Ansätze. Die **Differenzansätze** bemühten sich bei gleichzeitiger Ablehnung typisch männlicher Eigenschaften, die Vorzüge und Besonderheiten der traditionell weiblichen Werte wie Mütterlichkeit, Fürsorglichkeit usw herauszustreichen. Frauen und Männer wurden als gänzlich unterschiedliche Wesen betrachtet. Als ursächlich für diese Verschiedenheit der Geschlechter wurde vielfach der **Körper** erachtet. Durch die Erfahrung der Menstruation, Geburt usw würden sich Frauen (und zwar alle Frauen!) zu anderen Menschen entwickeln.[153] Die Differenzansätze trugen zwar dazu bei, weibliche Eigenschaften und Lebenswirklichkeiten aufzuwerten, gleichzeitig wurde aber die im 18. Jahrhundert entwickelte streng polare Geschlechterordnung erneut bestätigt.

Ende der 1980er Jahre mischten sich in die (heftige) theoretische Debatte der Vertreterinnen der Gleichheitsansätze und der Differenzansätze neue, kritische Stimmen – die **Konstruktions- und Dekonstruktionskonzepte**. Im Zentrum dieser Ansätze steht die

---

[150] Vgl *Spannbauer Christa*, Begehren 56; *Young Iris Marion* in *List Elisabeth/ Studer Herlinde* (hg), Denkverhältnisse 38f.
[151] *Gerhard Ute*, Frauenforschung zu Recht. Dimensionen feministischer Rechtskritik, in *Rust Ursula* (hg), Juristinnen 147.
[152] *Spannbauer Christa*, Begehren 56.
[153] Vgl *Giese Cornelia*, Gleichheit und Differenz. Vom dualistischen Denken zur polaren Weltsicht (1990) 71.

Ablehnung der bipolaren Geschlechterordnung[154] und die Kritik am Kollektivsubjekt „Frau". Fragen nach einer feministischen Identität und gemeinsamen Repräsentationsmöglichkeiten werden in den Mittelpunkt der Analyse gerückt, die akademische Frauenforschung erfährt eine Erweiterung um die Geschlechterforschung bzw die **Gender Studies** sowie neue Schwerpunktsetzungen wie etwa die **Queer Studies**.[155]

Die Notwendigkeit einer genaueren Darstellung dieser Strömungen ergibt sich nicht zuletzt aus ihrer Praxisrelevanz. Theorie und Praxis sind keinesfalls einander fremde, oder gar widersprechende Bereiche, sondern sehr eng miteinander verwoben. So beschreibt *Gudrun-Axeli Knapp* die „weit verbreitete Entgegensetzung von (abstrakter) Theorie und (konkreter) Praxis" als „irreführend und falsch":

> „Falsch ist die Entgegensetzung deshalb, weil jede Praxis auf bestimmten Vorannahmen beruht, also theoriehaltig ist, auch wenn sie es sich selber nicht eingesteht."[156]

Auf den ersten Blick erscheinen die Gleichheits-, Differenz-, Konstruktions- und Dekonstruktionsansätze widersprüchlich, wenn nicht sogar einander ausschließend. Bei genauerer Betrachtung stellt sich allerdings heraus, dass sie – was ihre Praxisrelevanz betrifft – einander ergänzen, einander voraussetzen und ein wichtiges gegenseitiges Korrektiv darstellen.[157]

---

[154] Vgl *Spannbauer Christa*, Begehren 58.

[155] Vgl *Künzel Annegret*, Feministische Theorien und Debatten, in *Foljanty Lena/Lembke Ulrike* (hg), Feministische Rechtswissenschaft. Ein Studienbuch (2006) 44f.

[156] *Knapp Gudrun-Axeli*, Gleichheit, Differenz, Dekonstruktion: Vom Nutzen theoretischer Ansätze der Frauen- und Geschlechterforschung für die Praxis, in *Krell Gertraude* (hg), Chancengleichheit durch Personalpolitik³. Gleichstellung von Frauen und Männern in Unternehmungen und Verwaltungen. Rechtliche Regelungen – Problemanalysen – Lösungen (2001) 98.

[157] *Knapp Gudrun-Axeli*, Dezentriert und viel riskiert: Anmerkungen zur These vom Bedeutungsverlust der Kategorie Geschlecht, in *Knapp Gudrun-*

Es handelt sich um unterschiedliche Konzeptionen, die an völlig unterschiedlichen Stellen ansetzen und einsetzbar sind. Jede für sich genommen kann, je nach dem, was erreicht werden soll, ein sinnvolles Instrumentarium darstellen, aber keine der drei Strömungen funktioniert als „Universalwerkzeug", das geeignet ist, alle Probleme zu lösen. Diese theoretischen Richtungen zusammengenommen bilden sozusagen den Inhalt der Werkzeugkiste, die der feministischen Politik zur Verfügung steht, um das Ziel Gleichstellung der Geschlechter und in weiterer Folge die Auflösung der (hierarchischen) Geschlechterordnung zu erreichen.

Die Anzahl und Vielfältigkeit der Argumente, die aus Gleichheits-, Differenz-, Konstruktions- und Dekonstruktionskonzeptionen hervorgehen ist enorm, was zu Verwirrung und kontraproduktiver Vermischung führen kann. *Ursula Floßmann* meint dazu: „Die Mannigfaltigkeit der Argumente ist eine Chance, wir sollten uns aber auch ihrer Gefährlichkeit bewusst sein und sie zielgerichtet einsetzen."[158] Damit die Mannigfaltigkeit der Argumente eine Chance darstellen kann, ist es notwendig zu wissen, welcher theoretischen Konzeption sie entstammen, was dieses Konzept in seiner Gesamtheit beschreibt und was es bezweckt. Nur dann können Argumente zielgerichtet eingesetzt werden. Und nur so kann die Gefahr der Wahl des „falschen", für das konkrete Ziel unbrauchbaren, oder sogar kontraproduktiven „Werkzeuges" gebannt werden.

---

[158] *Axeli/Wetterer Angelika* (hg), Soziale Verortung der Geschlechter. Gesellschaftstheorie und feministische Kritik² (2002) 44.
Floßmann Ursula, Vom formalen zum feministischen Gleichheitsverständnis, in *Deixler-Hübner Astrid* (hg), Die rechtliche Stellung der Frau (1998) 216.

B. Gleichheit

„Gleichheit der Geschlechter ist das politische Bekenntnis, die Ungleichheit ist die Realität"[159]

Genauso wie im Rahmen der Alten Frauenbewegung waren es auch im Rahmen der Neuen Frauenbewegung gleichheitstheoretische Ansätze, die Hand in Hand gingen mit dem Entstehen der Bewegung. Der Grund dafür lag allerdings nicht in der Anknüpfung an theoretische Werke früherer Feministinnen – *Ute Gerhard* spricht hier sogar von einem „Geschichtsverlust und völligen Neubeginn der Frauenbewegung"[160] –, sondern in nach wie vor bestehenden massiven gesellschaftlichen Benachteiligungen und rechtlichen Diskriminierungen von Frauen und deren theoretischer Rechtfertigung. In dieser Zeit begründete der „herrschende" geschlechtertheoretische Diskurs die gesellschaftliche Benachteiligung und rechtliche Diskriminierung von Frauen immer noch mit dem „Natur der Frau"-Argument, wenngleich sich die Wortwahl änderte. So sprach man(n) in den 1960er Jahren nicht mehr von der Natur der Frau, sondern von ihrer Biologie, nicht mehr vom anderen Geschlechtscharakter der Frau, sondern ganz pauschal vom anderen Geschlecht, aber nach wie vor vom „schwachen Geschlecht".

Wie es *die* feministische Theorie nicht gibt, existiert auch *der* Gleichheitsansatz nicht. Vielmehr besteht auch hier eine Vielfalt an unterschiedlichen Zugängen und Konzeptionen, die in der nunmehr 30-jährigen Geschichte feministischer Wissenschaft stets ent- und weiterentwickelt wurden. Im Folgenden sollen einige relevante Eckpfeiler feministischer Gleichheitskonzeptionen dargestellt werden.

---

[159] *Rosenberger Sieglinde*, Geschlechter – Gleichheiten – Differenzen. Eine Denk- und Politikbeziehung (1996) 129.

[160] *Gerhard Ute*, Gleichheit 73; ähnlich *Mies Maria*, Feministische Forschung. Wissenschaft – Gewalt – Ethik, in *Mies Maria/Shiva Vandana*, Ökofeminismus. Beiträge zur Praxis und Theorie (1995) 53.

Ihre **Kernaussage** lautet: „**Frauen und Männer sind gleich!**"

Die Gleichheit der Geschlechter bezieht sich auf alle gesellschaftlich relevanten Fähigkeiten und Potenziale. Ungleichheiten zwischen den Geschlechtern haben ihren Ursprung nicht in der Biologie, sondern in gesellschaftlichen Gegebenheiten – in unterschiedlichen Rollenzuschreibungen, geschlechtsspezifischer Sozialisation, der geschlechtsspezifischen Arbeitsteilung und gesellschaftlichen Strukturen. Das biologische, körperliche Geschlecht ist dabei unerheblich, es spielt keine Rolle.[161] Die Philosophin *Simone de Beauvoir* – eine der bedeutendsten Vordenkerinnen der Neuen Frauenbewegung – traf dazu bereits 1949 folgende berühmte Aussage: „**Man kommt nicht als Frau zur Welt, man wird es.**"[162] Sie betonte, dass Menschen erst sozial zu Frauen und Männern geformt würden und verband damit die Forderung, dass sich Frauen und Männer als gleich anerkennen, Frauen ihr Anders-Sein überwinden und sich an Männer anpassen müssten. Mit ihrer Erkenntnis, dass die soziale Konstruktion von Männlichkeit und Weiblichkeit über biologische Gegebenheiten hinausgeht, legte *Beauvoir* einen Grundstein für die Differenzierung zwischen biologischem und sozialem Geschlecht und die seit den 1970er Jahren in der feministischen Theorie gängige Unterscheidung von sex und gender. Während die biologische Zweigeschlechtlichkeit für *Beauvoir* jedoch noch unhinterfragte Grundlage des Geschlechterverhältnisses blieb, vertreten neuere feministische Ansätze die Auffassung, auch die Binarität der biologischen Geschlechter sei sozial konstruiert.[163]

---

[161] Vgl *Wesely Sabine*, Einführung in Gender Studies, in *Wesely Sabine* (hg), Gender Studies in den Sozial- und Kulturwissenschaften. Einführung und neuere Erkenntnisse aus Forschung und Praxis (2000) 20.

[162] *Beauvoir Simone de*, Das andere Geschlecht. Sitte und Sexus der Frau (1949, dt. Ausgabe 1984) 266.

[163] Vgl *Künzel Annegret*, Feministische Theorien und Debatten, in *Foljanty Lena/Lembke Ulrike* (hg), Feministische Rechtswissenschaft. Ein Studienbuch (2006) 44 (46).

1. Geschlechtsrollen

Das Konzept der Geschlechtsrollen ist ein Beispiel für gleichheitstheoretische Ansätze, das sehr plastisch deren Konturen veranschaulicht. Es setzt beim Individuum, bei individuellen Einstellungen und Merkmalen an und streicht heraus, dass die für ursprünglich gehaltenen weiblichen Eigenschaften wie Mütterlichkeit und Emotionalität nicht natürlich weiblich oder angeboren, sondern kulturell anerzogen sind.[164] Nach diesem Ansatz sind weibliche und männliche Haltungen und Persönlichkeiten ein Produkt dessen, was Kinder von ihren Eltern, KindergärtnerInnen, LehrerInnen, Schulbüchern etc über Frausein und Mannsein lernen und verinnerlichen.[165] **Geschlechtsspezifische Erziehung** wird als **Ursache** dafür gesehen, dass sich ein Unterschied zwischen Frauen und Männern entwickelt, dass sie unterschiedlich gehen, sprechen, fühlen etc. „Menschen sind soziale Wesen, ihre Biologie ist heute vor allem Vorwand zur Zuweisung einer Geschlechtsidentität. Biologisch weibliche Menschen werden zu Frauen erzogen, biologisch männliche zu Männern."[166] Die Annahme der geschlechtsspezifischen Rolle wird dabei als kontinuierlicher Prozess verstanden, der mit der Geburt[167] beginnt und ein Leben lang andauert. Die geschlechtsspezifischen Erwartungen von Erziehenden und der Umwelt führen auf Seiten der Erwachsenen[168] zu unterschiedlichen Anforderungen an die Kinder

---

[164] Vgl *Scheu Ursula*, Wir werden nicht als Mädchen geboren – wir werden dazu gemacht. Zur frühkindlichen Erziehung in unserer Gesellschaft (1984) 7.
[165] Vgl *Lorber Judith*, Gender-Paradoxien 42.
[166] *Scheu Ursula*, Mädchen 8.
[167] Heute müsste der Beginn dieses Prozesses wohl noch früher angesetzt werden, da die Klassifikation des Ungeborenen als Mädchen oder als Junge zumeist bereits während der Schwangerschaft im Mutterleib mittels Ultraschalldiagnose stattfindet.
[168] Dass auch „progressive" Eltern, die in der Erziehung ihrer Kinder keine Unterschiede machen wollen, dem nicht entgehen, beschreibt *Marianne Grabrucker* in einem Tagebuch, das sie die ersten 3 Lebensjahre ihrer Tochter führte, sehr eindringlich. Vgl *Grabrucker Marianne*, „Typisch Mädchen…" Prägung in den ersten drei Lebensjahren. Ein Tagebuch[14] (2000).

und zu ihrer nach Geschlecht differenzierenden Behandlung. Auf Seiten der Kinder führt das zu geschlechtsspezifisch unterschiedlichen Erfahrungen, die sie verinnerlichen.[169] Einen wesentlichen Beitrag zur Erhaltung und Entwicklung von Geschlechtsrollenmodellen zu leisten wird dabei den Medien attestiert. Bilderbücher, Zeitschriften, Fernsehen etc[170] „sind nicht nur Spiegel der sexistischen Realität in unserer Gesellschaft, sondern darüber hinaus durch die zusätzliche Verzerrung des Mann-Frau-Bildes selbst Instrument zur Manipulation dieser Realität."[171]

Das hier nachgezeichnete Konzept der Geschlechtsrollen ist ein Beispiel für gleichheitstheoretische Ansätze, deren gemeinsamer Kern insbesondere folgende Punkte umspannt:

- Frauen und Männer sind grundsätzlich gleich. Bestehende **Unterschiede** zwischen Frauen und Männern werden durch die Erziehung **ansozialisert** und sind **nicht** durch die Biologie **genetisch vorgegeben**.
- Weiblichkeit und Männlichkeit sind gesellschaftliche Vorgaben, Konstrukte, in die Mädchen und Jungen von Geburt an „systematisch gedrängt" werden.[172] Diese Vorgaben basieren auf Geschlechterstereotypen, die im 18. Jahrhundert entwickelt und seither – in immer wieder leicht modifizierten Formen – durch gesellschaftliche und rechtliche Normierungen aufrechterhalten wurden. Diese Geschlechterstereotypen bestehen in der polaren Zuschreibung von Eigenschaftsbündeln (schwach/stark, emotional/rational etc[173]) an Frauen und Männer.

---

[169] *Scheu Ursula*, Mädchen 49.
[170] Heute müssten „neue" Medien wie das Internet in diesem Zusammenhang wohl besonders hervorgehoben werden.
[171] *Scheu Ursula*, Mädchen 97.
[172] Vgl *Scheu Ursula*, Mädchen 7.
[173] Vgl Tabelle oben Kapitel „Historischer Abriss".

III. Feministische Theorien

- Obwohl sich mittlerweile die meisten von ihnen als wissenschaftlich nicht haltbar erwiesen[174] haben, wirkt sich das nur sehr langsam auf das Bild aus, das Frauen und Männer von sich selbst und anderen Menschen, von Männlichkeit und Weiblichkeit haben.[175] Im Rahmen gleichheitstheoretischer Ansätze wird diese Ausprägung von Weiblichkeit aufgrund ihrer patriarchalen Herkunft abgelehnt. „Die Reduktion der Frau auf Weiblichkeit hemmt die Entwicklung ihres gesamten menschlichen Potentials und macht Frauen passiv, abhängig und schwach."[176]
- Aus der grundsätzlichen Gleichheit der Geschlechter geht hervor, dass Frauen und Männer zu Gleichem fähig sind und daher **gleiche Rechte** und **gleiche Zugangschancen** zu allen gesellschaftlichen Bereichen haben müssen.

Die politischen Strategien des Gleichheitsfeminismus zielen auf politische, ökonomische und materielle Gleichheit. Frauen soll dieselbe Lebensführung wie Männern möglich sein.[177] Mit den

---

[174] „Die Variation innerhalb eines Geschlechts erweist sich jedoch in fast allen Forschungen größer als die Differenz zwischen den Mittelwerten für jedes Geschlecht." *Gildemeister Regine*, Die soziale Konstruktion von Geschlechtlichkeit, in *Ostner Ilona/Lichtblau Klaus* (hg), Feministische Vernunftkritik 222.

[175] Einen nicht unerheblichen Beitrag zur Aufrechterhaltung dieser stereotypen Vorstellungen leisten pseudowissenschaftliche Bücher mit Titeln wie „Warum Männer nicht zuhören und Frauen schlecht Auto fahren. Ganz natürliche Erklärungen für eigentlich unerklärliche Schwächen" (*Allan & Barbara Pease*). In derartigen Werken wird zwar stets betont, dass die getroffenen Aussagen auf dem Ergebnis wissenschaftlicher Studien beruhen, es fehlt aber jeglicher Nachweis, welche Studien es sein sollen, die die Vorurteile der AutorInnen belegen. Das Fehlen von Quellenangaben ist eigentlich auch nicht verwunderlich, da wissenschaftliche Arbeiten im Regelfall das Gegenteil der behaupteten „Tatsachen" nachweisen. So ist es heute außer Streit, dass Frauen nicht die schlechteren AutofahrerInnen sind, weshalb sie bei Versicherungstarifen auch entsprechend begünstigt werden.

[176] *Young Iris Marion* in *List Elisabeth/Studer Herlinde* (hg), Denkverhältnisse 39.

[177] Vgl *Künzel Annegret* in *Foljanty Lena/Lembke Ulrike* (hg), Feministische Rechtswissenschaft 47.

Argumenten gleichheitstheoretischer Ansätze konnten sowohl in der ersten als auch in der zweiten Welle der Frauenbewegung große Erfolge erzielt werden. Insbesondere die rechtliche Entdiskriminierung der Frau[178] ist auf diese Argumentation zurückzuführen.

2. Sex und gender

Die Unterscheidung zwischen **sex** (biologisches Geschlecht) und **gender** (soziales, kulturelles Geschlecht) ist in der feministischen Wissenschaft seit den 1970er Jahren gängig. Der Begriff „gender" stammt ursprünglich aus den englischen Sprachwissenschaften und bezeichnete das grammatikalische Geschlecht (im Deutschen: weiblich, männlich, sächlich). 1972 fand die Unterscheidung zwischen sex und gender über den Umweg der Psychoanalyse Eingang in die englischsprachigen Sozialwissenschaften. Die britische Soziologin *Ann Oakley* erklärte die Unterscheidung in sex und gender, indem sie sex als ein Wort, das sich auf biologische Unterschiede zwischen Frauen und Männern beziehe, definierte und gender als eine Sache der Kultur, die sich auf die soziale Zuordnung von männlich und weiblich beziehe. Dabei ging sie davon aus, dass sex beständig und gender veränderlich sei.[179] Sie kreierte damit ein Instrumentarium, das großen Anklang in der feministischen Wissenschaft und dementsprechend große Verbreitung – auch im deutschsprachigen Raum – fand. Beim Gebrauch von gender statt sex handelte es sich um eine bewusste feministische Strategie der Gegenwehr gegen die, auf die „Natur der Frau" gegründeten, herrschenden Vorstellungen von der Universalität und Unveränderlichkeit der Geschlechtsunterschiede.[180]

---

[178] Vgl Kapitel „Gleichstellungspolitik – Gleichstellungsrecht".
[179] Vgl *Frey Regina*, Gender Mainstreaming 31.
[180] *Lorber Judith*, Gender-Paradoxien 33; *Gildemeister Regine*, Soziale Konstruktion von Geschlecht: Fallen, Missverständnisse und Erträgnisse einer Debatte, in *Rademacher Claudia/Wiechens Peter* (hg), Geschlecht – Ethni-

Im Rahmen gleichheitstheoretischer Ansätze ist nur gender von Bedeutung. Sex wird als irrelevant für die Ausprägung von Geschlecht und Geschlechterverhältnissen ausgeklammert. Was nicht bedeuten soll, dass die Unterteilung in sex und gender für diese Ansätze bedeutungslos wäre. Gerade die Trennung von sex und gender bietet die Möglichkeit zu veranschaulichen, wo die Unterschiede zwischen den Geschlechtern „gemacht" werden – nämlich im Bereich des gender.

C. Differenz

Die Perspektive der Differenz gerät zu Beginn der 1980er Jahre – nicht zuletzt aufgrund der Kritik an gleichheitstheoretischen Ansätzen – zunehmend in den Blick der feministischen Wissenschaft. Während feministische Gleichheitskonzeptionen durch die Betonung der grundsätzlichen Gleichheit der Geschlechter darauf abzielen, die gleichen Privilegien und Möglichkeiten, die die Gesellschaft Männern einräumt, auch für Frauen zugänglich zu machen, lehnen Differenzfeministinnen bestehende gesellschaftliche Institutionen als männlich patriarchal geprägt ab. Damit die Herstellung einer geschlechtergerechten Gesellschaft möglich sei, müssten grundlegende Strukturen in Frage gestellt und verändert werden.[181] Gleichheitstheoretischen Ansätzen wird vor allem vorgeworfen, dass durch die unkritische Verwendung einer als männlich gedachten Norm der Mann weiterhin das vermeintlich neutrale Ideal verkörpere, an das sich Frauen anpassen sollen. Ferner würden nur Rechte und Werte privilegierter Männer berücksichtigt, während andere Ungleichheitsachsen ausgeblendet blieben.[182] Differenztheoretikerinnen versuchen, der gesellschaft-

---

zität – Klasse. Zur sozialen Konstruktion von Hierarchie und Differenz (2001) 65.

[181] Vgl *Hofmann Roswitha* in *Bendl Regine/Hanappi-Egger Edeltraud/Hofmann Roswitha* (hg), Interdisziplinäres Gender- und Diversitätsmanagement 168.

[182] Vgl *Künzel Annegret* in *Foljanty Lena/Lembke Ulrike* (hg), Feministische Rechtswissenschaft 47.

lichen Herabsetzung von Frauen durch „Betonung des besonderen Wertes des Frauseins zu begegnen"[183]. Die weibliche Geschlechterdifferenz sei „ein Wert an sich"[184], den es zu respektieren, positiv zu besetzen und zu behaupten gelte.[185]

Genauso, wie es *den* Gleichheitsansatz nicht gibt, gibt es *den* Differenzansatz nicht. Auch hier besteht eine Vielzahl unterschiedlicher Zugänge und Ausprägungen. So gibt es etwa verschiedene Anschauungen bezüglich der Wertung von Geschlechterdifferenzen. Während einige Vertreterinnen die Überlegenheit der Weiblichkeit gegenüber der Männlichkeit betonen[186], beschränken sich andere darauf, die Unterschiedlichkeit von Frauen und Männern hervorzuheben, ohne der Weiblichkeit von vornherein einen höheren Stellenwert beizumessen:

> „Es gibt zwei Geschlechter, und keines von beiden präsentiert das ganze menschliche Geschlecht. Das bedeutet, dass es strukturell und unleugbar eine Differenz zwischen Mann-Sein und Frau-Sein gibt und dass diese Differenz von jedem der zwei Geschlechter aus ihrer Parteilichkeit heraus gedacht werden muss. ... Keines der beiden Geschlechter gilt universal und auch für das andere Geschlecht als Modell oder Paradigma des ganzen Menschengeschlechts."[187]

---

[183] *Young Iris Marion* in *List Elisabeth/Studer Herlinde* (hg), Denkverhältnisse 56.

[184] *Cavarero Adriana*, Die Perspektive der Geschlechterdifferenz, in *Gerhard Ute/Jansen Mechtild/Maihofer Andrea/Schmid Pia/Schultz Irmgard* (hg), Differenz und Gleichheit. Menschenrechte haben (k)ein Geschlecht (1990) 105.

[185] Vgl *Cordes Mechthild*, Die ungelöste Frauenfrage. Eine Einführung in die feministische Theorie (1995) 34.

[186] So etwa die Vertreterinnen **kultureller Feminismen**, die aus den biologischen Fähigkeiten von Frauen eine moralische Überlegenheit von Frauen gegenüber Männern ableiten, dazu zählt etwa *Gilligan Carol*, Die andere Stimme. Lebenskonflikte und Moral der Frau (1984).

[187] *Cavarero Adriana* in *Gerhard Ute/Jansen Mechtild/Maihofer Andrea/Schmid Pia/Schultz Irmgard* (hg), Differenz 99.

Als dritte Variante stellt *Cornelia Giese* in den Raum:

„Möglicherweise verhält es sich jedoch so, dass man uns so lange unsere Minderwertigkeit einredete, dass uns unsere Höherwertigkeit jetzt undenkbar, geschweige denn sagbar erscheint."[188]

Bei allen Unterschieden, die differenztheoretische Ansätze vertreten, verbindet sie die **Kernaussage: „Frauen und Männer sind verschieden!"**

Vertreterinnen der Geschlechterdifferenz definieren einen unüberbrückbaren Unterschied zwischen Frauen und Männern, indem sie die Ursache jeglicher Ungleichheit zwischen den Geschlechtern aus körperlichen, wesenhaften Verschiedenheiten herleiten. Sie setzen am „offensichtlichsten" Unterschied – der Fähigkeit von Frauen, schwanger zu werden und Kinder zu gebären[189] – an und leiten aus diesem Potential „charakteristisch weib-

---

[188] *Giese Cornelia*, Gleichheit 92.
[189] Eine ganz spezielle Ausprägung dieses Anknüpfens an die Fähigkeit zu gebären ist der sog **Ökofeminismus**, der sich Ende der 1970er, Anfang der 1980er Jahre aus verschiedenen sozialen Bewegungen, die für Frieden und Umweltschutz eintraten, entwickelte. Aus der Sicht des Ökofeminismus steht Weiblichkeit im Einklang mit „Mutter Natur" für die produktive Kraft des Lebens. Die Zerstörung der Natur und die Unterdrückung von Frauen – „der Krieg gegen die Natur und die Frauen" – haben nach dieser Ansicht dieselben Wurzeln, die in der patriarchalen Gewalt zu verorten sind. Unter anderem gehen Ökofeministinnen davon aus, dass die Wissenschaft geschlechtsgebunden ist, „dass das ganze Paradigma der Wissenschaft patriarchal, gegen die Natur und kolonialistisch ist und danach strebt, Frauen ihrer Gebärfähigkeit zu berauben, genauso wie es der Natur ihre produktiven Fähigkeiten abspricht." (*Mies Maria/Shiva Vandana*, Einleitung: Warum wir dieses Buch zusammen geschrieben haben, in *Mies Maria/Shiva Vandana*, Ökofeminismus 27). Sie plädieren daher dafür, zu einer Wissenschaft zurückzukehren, „die unseren Körper, unsere Sinne, unsere Gefühle wieder als Quelle der Erkenntnis ansieht, die vor allem unser Miteinander, die Empathie wieder ins Zentrum stellt" (*Mies Maria*, Wer machte uns die Natur zur Feindin? in *Mies Maria/Shiva Vandana*, Ökofeminismus 77). Frauen – als Vertreterinnen der Natur – sollten aufgrund ihres Körpers, ihrer Geschichte, ihrer besonderen gesellschaftlichen Praxis,

liche Weisen, die Welt zu betrachten und sich zu ihr zu verhalten", ab.[190] Daraus resultiere eine grundsätzliche Verschiedenheit von Frauen und Männern. Es handle sich dabei um eine wesenhafte Differenz, die sich in unterschiedlichen Eigenschaften, Fähigkeiten und Potenzialen von Frauen und Männern ausdrückt.

Während Gleichheitstheorien eher das Verhältnis zwischen Männern und Frauen, das was Männer und Frauen unterscheidet (gesellschaftliche und rechtliche Ungleichheit) im Blick haben, richtet sich die Aufmerksamkeit differenztheoretischer Ansätze ausschließlich auf Frauen. Sie suchen und betonen die „Eigenständigkeit des Frauseins gegenüber der Männerwelt."[191]

„Eine Frau muss aus ihrer Erfahrung einen Maßstab für die Welt machen, aus ihren Interessen ein Kriterium für die Beurteilung der Welt, aus ihrem Begehren den Antrieb zur Veränderung der Welt, damit die Welt für sie etwas wird, wofür sie Verantwortung übernehmen kann."[192]

All das, was männliche Zuschreibungen an Frauen betrifft, und ganz generell alles, „was die patriarchale Ordnung der Welt konstituiert"[193], wird dabei als verdächtig abgelehnt:

---

den Weg aus den Gefahren weisen, den die männlich geprägte technisch-wissenschaftliche Zivilisation geprägt hat. Vgl *Scheich Elvira*, Die zwei Geschlechter in der Naturwissenschaft: Ideologie, Objektivität, Verhältnis, in *Verein feministische Wissenschaft/FrauenForum Naturwissenschaften* (hg), Im Widerstreit mit der Objektivität. Frauen in den Naturwissenschaften (1991) 50.

[190] *Jaggar Alison M.*, Differenz und Gleichheit der Geschlechter, in *Rössler Beate* (hg), Quotierung und Gerechtigkeit. Eine moralphilosophische Kontoverse (1993) 206.

[191] *Rosenberger Sieglinde*, Geschlechter 189.

[192] *Liberia delle donne di Milano*, Wie weibliche Freiheit entsteht. Eine neue politische Praxis (1991) 150.

[193] *Cavarero Adriana* in *Gerhard Ute/Jansen Mechtild/Maihofer Andrea/Schmid Pia/Schultz Irmgard* (hg), Differenz 96.

„Was wir suchen, ist eine Norm und ein Maß unseres Zusammenseins, eine symbolische weibliche Ordnung, die uns ermöglicht, uns einander anzuerkennen, zu leben, zu kommunizieren, indem wir den Sinn der subjektiven Individualität einer jeden in einem gemeinsamen und teilbaren Horizont finden."[194]

1. Differenz im Recht

„Das Recht, vor allem das moderne Recht, ist tatsächlich eine der offensichtlichsten Äußerungen der patriarchalen Ordnung."[195]

Wenn aus differenztheoretischer Sicht all das verdächtig wird, „was die patriarchale Ordnung der Welt konstituiert", folgt daraus unweigerlich eine Ablehnung der in westlichen Gesellschaften bestehenden Rechtssysteme. Differenzfeministinnen fordern daher nicht gleiche Rechte in Form von gleicher Teilhabe am bestehenden (Rechts-)System, da die Forderung nach Gleichheit nicht zu gesellschaftlichen Veränderungen führen würde, sondern lediglich zur Angleichung an das männliche Modell, das „als Paradigma der menschlichen Gattung als solcher dient"[196]:

„Die Angleichung der Frauen an das männliche Modell gewährt tatsächlich Rechte, aber sie greift nicht die Macht an, weil die wirkliche Macht – die die patriarchale Ordnung bewahrt und bekräftigt – stärker als die Rechte ist."[197]

---

[194] *Cavarero Adriana* in *Gerhard Ute/Jansen Mechtild/Maihofer Andrea/Schmid Pia/Schultz Irmgard* (hg), Differenz 97.
[195] *Cavarero Adriana* in *Gerhard Ute/Jansen Mechtild/Maihofer Andrea/Schmid Pia/Schultz Irmgard* (hg), Differenz 108.
[196] Vgl *Cavarero Adriana* in *Gerhard Ute/Jansen Mechtild/Maihofer Andrea/Schmid Pia/Schultz Irmgard* (hg), Differenz 104.
[197] *Cavarero Adriana* in *Gerhard Ute/Jansen Mechtild/Maihofer Andrea/Schmid Pia/Schultz Irmgard* (hg), Differenz 105.

Adriana Cavarero geht daher davon aus, dass es nicht genügen kann, das bestehende Rechtssystem „hier und dort" auszubessern. Das männliche Prinzip, das das Fundament des Rechts darstellt, müsse viel mehr als ganzes durchbrochen werden. Ähnlich sieht das *Barbara Degen*. Auch sie ortet im Rechtssystem „eine der härtesten patriarchalen Hochburgen" und plädiert daher für die Suche nach einer eigenen, „weiblichen Gerechtigkeit"[198]. Sie sieht zwei nebeneinander bestehende Regelungssysteme: Die Rechtsordnung, das geltende Recht sei die Methode, mit der Männer, neben der unmittelbaren körperlichen Gewalt, „ihre sozialen Beziehungen und ihre Konflikte regulieren und mit dem Nimbus der Gerechtigkeitsfiktion untermauern"[199]. Auf der anderen Seite nimmt sie eine „Schicht völlig anderer Regelungsmuster, die von Frauen tradiert wird", wahr. Diese zweite Schicht – die es unter dem „Schutt", der „auf unserem eigenen Bewusstsein lastet", herauszuarbeiten gelte – betrifft den Bereich gesellschaftlicher Nahebeziehungen (die Erziehung von Kindern, Pflege und Betreuung alter Menschen etc), der ohne die Entwicklung von Regelkompetenz zusammenbrechen würde.[200] Diese zweite „Schicht" an Regeln – das „weibliche Naturrecht" – die sich im Einvernehmen mit der Selbstbestimmung der Frau am Schutz Schwächerer, an der Beachtung unterschiedlicher Persönlichkeiten etc orientieren würden, gelte es zu finden und in einem „Demokratisierungsprozess, der unterschiedliche Sichtweisen auch im Recht zulässt", zu verankern.[201] Dieses Konzept der Verankerung der Geschlechterdifferenz im Recht, wie es von *Adriana Cavarero* oder *Barbara Degen* vertreten wird, führt in weiterer Folge zu einer parallelen Existenz eines Frauenrechts und eines Männerrechts oder überhaupt zur Existenz zweier getrennter

---

[198] *Degen Barbara*, Auf der Suche nach einem weiblichen Naturrecht, in *Floßmann Ursula* (hg), Feministische Jurisprudenz 52.
[199] *Degen Barbara* in *Floßmann Ursula* (hg), Feministische Jurisprudenz 49.
[200] *Degen Barbara* in *Floßmann Ursula* (hg), Feministische Jurisprudenz 50.
[201] Vgl *Degen Barbara* in *Floßmann Ursula* (hg), Feministische Jurisprudenz 50f.

Rechtssysteme.[202] Wenngleich diesen Konzeptionen die Erkenntnis zu Grunde liegt, dass das bestehende, egalitär formulierte Recht der Lebenswirklichkeit von Frauen nicht entspricht, ist es doch fraglich, ob die Parallelexistenz zweier Rechtssysteme Ziel führend ist.

2. Sex und gender nach Differenzansätzen

Anders als nach gleichheitstheoretischen Konzeptionen wäre der **Schwerpunkt** der sex-gender-Unterscheidung im Rahmen differenztheoretischer Ansätze ganz im Bereich des **sex** zu finden. Sex, formuliert als besondere, produktive Kraft von Frauen, ihre Fähigkeit Kinder zu gebären, ist nach diesen Ansätzen der Ausgangspunkt und Kern jeglicher Unterschiede zwischen Frauen und Männern. Besondere weibliche Eigenschaften, wie Mütterlichkeit, Fürsorglichkeit etc würden sich nach differenztheoretischen Ansätzen nicht im Bereich des gender aus gesellschaftlichen Zuschreibungen, Geschlechterrollen etc entwickeln; sie hätten ihren Ursprung, ihre „Verwurzelung im Leiblichen oder Natürlichen, dh (in) unserer Anbindung an die Natur"[203]. Gender ist diesen Ansätzen zufolge ein Produkt, das unmittelbar und unweigerlich aus sex hervorgeht.

D. Zweigeschlechtlichkeit als soziale Konstruktion

So unterschiedlich gleichheits- und differenztheoretische Ansätze auch sind, haben sie dennoch eine Gemeinsamkeit: Beide gehen geradezu selbstverständlich davon aus, dass es Frauen und Männer gibt, dass Menschen durch die Biologie in zwei – und nur zwei – Geschlechter unterteilt sind. Die Existenz zweier Ge-

---

[202] Vgl *Sokol Bettina*, Feministische Rechtspolitik – rechtliche Diskriminierung und Gleichberechtigungskonzepte, STREIT 1/89, 9.
[203] *Werlhof Claudia von*, Mutter-Los. Frauen im Patriarchat zwischen Angleichung und Dissidenz (1996) 20.

schlechter wird als nicht weiter erklärungsbedürftiges Faktum betrachtet.[204] Gleichheitstheoretische Ansätze betonen zwar, dass dieses biologische „Faktum" keine Rolle spielt bezüglich Fähigkeiten und Potentialen von Frauen und Männern, sie stellen es aber nicht in Frage. Differenztheoretische Ansätze gehen sogar überwiegend davon aus, dass es die Biologie, die Natur ist, die zwei – in ihren Anlagen – völlig verschiedene „Wesen" hervorbringt. Die unhinterfragte Zweigeschlechtlichkeit ist genau der Punkt, an dem Theorien, die Geschlecht als soziale Konstruktion verstehen, ansetzen. Sie stellen das in unserer Gesellschaft in Bezug auf Geschlecht vorherrschende Alltagswissen – dass es nur zwei Geschlechter gibt, die entweder weiblich oder männlich ausgeprägt, am Körper eindeutig ablesbar, angeboren und unveränderbar sind – in Frage.[205]

1. Die biologische Zweigeschlechtlichkeit

Das sichere „Wissen" darüber, dass die Natur zwei Geschlechter geschaffen hat, die immer und überall eindeutig voneinander unterscheidbar auftreten, stellt sich schon bei Betrachtung der historischen Entwicklung des Geschlechterverhältnisses als unbegründet heraus. Bis ins 17. Jahrhundert war im Alltagsbewusstsein der Menschen die Vorstellung verankert, dass es nur ein Geschlecht gäbe, das in zwei mehr oder weniger perfekten Ausprägungen zu Tage tritt. Diese Vorstellung wurde wissenschaftlich „belegt" und später durch öffentliches Sezieren am menschlichen Körper „nachgewiesen". Das „Ein-Geschlecht-Modell" war – so absurd es heute klingt – bis ins 18. Jahrhundert ebenso plausibel, wie uns jetzt das „Zwei-Geschlechter-Modell" erscheint.[206]

---

[204] Vgl *Gildemeister Regine* in *Ostner Ilona/Lichtblau Klaus* (hg), Feministische Vernunftkritik 221.

[205] Vgl *Gildemeister Regine* in *Rademacher Claudia/Wiechens Peter* (hg), Geschlecht – Ethnizität – Klasse 71.

[206] Vgl dazu ausführlich Kapitel „Historischer Abriss".

Dieses seit dem 18. Jahrhundert als „**universell gültig**"[207] gedachte **Zwei-Geschlechter-Modell** gründet auf der Vorstellung, dass die Natur exakt zwei Geschlechter vorgibt. Paradoxerweise ist es aber wieder die Naturwissenschaft, konkret die Humanbiologie, die als wesentliche „Verbündete" bei der Infragestellung der „natürlichen" Einteilung der Menschen in Frauen und Männer auftritt. Gerade die Biologie mit ihren exakten naturwissenschaftlichen Methoden zeigt, wie vielfältig die „Erscheinungsformen" menschlicher Individuen sein können und wie fließend die Übergänge von Frau zu Mann sind.[208] Die nach unserem Alltagsverständnis so selbstverständliche Zweigeschlechtlichkeit weist also bereits auf biologischer Ebene einige „Schwachpunkte" auf. So lässt sich das menschliche Geschlecht biologisch nach vier Gesichtspunkten[209] bestimmen:

1.) chromosomal: Die Geschlechtschromosomen-Kombination „XX" wird beim Menschen als weiblich definiert, „XY" als männlich.
2.) gonadal: Diese Art der Bestimmung fasst die menschlichen Keimdrüsen ins Auge. Weibliche Menschen haben Eierstöcke (Ovarien), männliche Hoden (Testes).
3.) morphologisch oder phänotypisch (körperlich bzw genital): Zur Einteilung der Menschen in Frauen und Männer werden hier äußere Erscheinungen untersucht, wie äußer-

---

[207] *Maurer Margarete*, Sexualdimorphismus, Geschlechtskonstruktion und Hirnforschung, in *Pasero Ursula/Gottburgsen Anja* (hg), Wie natürlich ist Geschlecht? Gender und die Konstruktion von Natur und Technik (2002) 72 (Hervorhebung im Original).

[208] Vgl *Schmitz Sigrid*, Geschlechtergrenzen. Geschlechtsentwicklung, Intersex und Transsex im Spannungsfeld zwischen biologischer Determination und kultureller Konstruktion, in *Ebeling Smilla/Schmitz Sigrid* (hg), Geschlechterforschung und Naturwissenschaften. Einführung in ein komplexes Wechselspiel (2006) 33; *Christiansen Kerrin*, Biologische Grundlagen der Geschlechterdifferenz, in *Pasero Ursula/Braun Friederike* (hg), Konstruktion von Geschlecht (1995) 13.

[209] Zur folgenden Auflistung: *Maurer Margarete* in *Pasero Ursula/Gottburgsen Anja* (hg), Wie natürlich ist Geschlecht? 73; *Christiansen Kerrin* in *Pasero Ursula/Braun Friederike* (hg), Konstruktion 17.

liche Genitalien (Vagina, Klitoris/Penis), Körperbau, Verteilung der Fettpolster und sog „sekundäre" Geschlechtsmerkmale (Brüste/Bart, hohe/tiefe Stimme etc).
4.) hormonell: Bei dieser Bestimmungsmethode stehen sog Sexualhormone im Zentrum des Erkenntnisinteresses, die ihren Konzentrationsunterschieden entsprechend entweder dem weiblichen oder dem männlichen Geschlecht zugeordnet werden.[210]

Bereits auf den einzelnen Ebenen ist die strikte binäre Einteilung in männlich und weiblich sehr fragwürdig. So kennt die Natur auf chromosomaler Ebene nicht nur die Kombinationen „XX" und „XY", sondern eine Vielzahl davon abweichender Kombinationen (XXX, XXY, etc), deren Einfluss auf die anderen „Ebenen der Geschlechtsbestimmung" mehr oder weniger groß ist.[211] Auch nach der zweiten Bestimmungsmöglichkeit ist die vermutete Eindeutigkeit nicht gegeben. So existieren zahlreiche geschlechtliche „Mischformen", bei denen sowohl Hoden- als auch Eierstockgewebe vorhanden ist. Zahlreiche Menschen sind als Männer klassifiziert, obwohl deren Hoden nicht oder nur „mangelhaft" ausgebildet sind, genauso wie als weiblich bestimmte Menschen nicht zwangsweise Eierstöcke haben, menstruieren oder „fruchtbar" sind. Besonders viele „Unstimmigkeiten" treten in der Klassifikationskategorie der äußeren Geschlechtsmerkmale auf. Das betrifft die Geschlechtsorgane ebenso, wie die sekundären Geschlechtsmerkmale. Die auf dieser Ebene auftretenden „Mischformen" sind unzählig. Die vierte biologische Variante ist noch diffuser. So existiert kein Sexualhormon, das nur bei Frauen oder nur bei Männern auftreten würde. Hormonelle Mengenverhältnisse verändern sich außerdem individuell mit den Lebenszyklen sehr stark. „Die Analyse der Unterschiede in den Sexualhormonen von Männern und Frauen ergeben somit keinerlei binä-

---

[210] Zur Entstehung dieses relativ jungen Modells vgl *Schmitz Sigrid* in *Ebeling Smilla/Schmitz Sigrid* (hg), Geschlechterforschung 35ff.
[211] Vgl *Maurer Margarete* in *Pasero Ursula/Gottburgsen Anja* (hg), Wie natürlich ist Geschlecht? 79.

re Differenz, sondern lediglich *quantitative* – dh *fließende* – *Übergänge*."[212] Noch viel fragwürdiger wird die strikt binäre Einteilung in weiblich und männlich, wenn die vier Ebenen oder Möglichkeiten der biologischen Geschlechtsbestimmung in Kombination miteinander betrachtet werden, da keinesfalls bei jedem Individuum die Merkmale aller „Geschlechtszuschreibungskonzepte" und das auch noch in jeder Phase des Lebens übereinstimmen müssen.[213] Vielmehr gibt es unzählige von der binären Norm „abweichende" Erscheinungen:

„Zu ihnen gehören herkömmlich zB Leute mit Uterus und Eierstöcken sowie gleichzeitig üppigem Bartwuchs, oder Menschen mit Penis und Vagina zugleich, und viele weitere Gestaltungen zum Teil mit allen Formen **fließender Übergänge** zwischen ,**weiblichen**' und ,**männlichen**' Genitalien."[214]

Es lässt sich also festhalten, dass die Kategorisierung von Menschen in Frauen und Männer bereits auf biologischer Ebene nichts mit wissenschaftlich „objektiven", „harten" Fakten zu tun hat, sondern – um es mit den Worten der Biologin *Margarete Maurer* zu formulieren – „für eine Geschlechts**bestimmung** eine Kombination verschiedener Kriterien ausschlaggebend ist, oder dass in unterschiedlichen Kontexten die einzelnen Kriterien verschieden gewichtet/bewertet werden, und daher die Zuordnung zu ,männlich' oder ,weiblich' eine kontextabhängige Zuschreibung darstellt."[215]

---

[212] *Maurer Margarete* in *Pasero Ursula/Gottburgsen Anja* (hg), Wie natürlich ist Geschlecht? 87f (Hervorhebung im Original).
[213] Vgl *Maurer Margarete* in *Pasero Ursula/Gottburgsen Anja* (hg), Wie natürlich ist Geschlecht? 84.
[214] *Maurer Margarete* in *Pasero Ursula/Gottburgsen Anja* (hg), Wie natürlich ist Geschlecht? 84 (Hervorhebungen durch die Verf).
[215] *Maurer Margarete* in *Pasero Ursula/Gottburgsen Anja* (hg), Wie natürlich ist Geschlecht? 83 (Hervorhebung im Original).

2. Menschen bekommen ein Geschlecht

Die erste Station der Geschlechtskonstruktion beim Individuum ist seine Klassifikation als weiblich oder männlich bei der Geburt – oder mittels Pränatalmedizin (meist durch Ultraschalldiagnose) noch im Mutterleib. Die Zuschreibung zum einen oder anderen Geschlecht erfolgt aufgrund der Genitalien, deren Ausprägung bisweilen uneindeutig ist. In diesem Fall geschieht die Zuordnung relativ „willkürlich"[216]. Ausschlaggebendes Moment ist dabei häufig der Penis bzw die Penisgröße. Ist ein Penis vorhanden, wird das Kind als Junge klassifiziert. Ist kein Penis vorhanden oder dieser zu klein, als Mädchen.[217]

> „Geschlechtszuschreibung ist Genital-Zuschreibung und Genitalzuschreibung ist gleich Peniszuschreibung ... Penis ist gleich männlich, Vagina ist nicht gleich weiblich."[218]

Da sog westliche Gesellschaften nur zwei Möglichkeiten der Einordnung von Menschen praktizieren, obwohl die Natur bei weitem flexibler ist und eine Vielzahl gradueller Abweichungen in der Geschlechtsentwicklung vorsieht und damit „zahlreiche Geschlechter" kennt, folgt die Wissenschaft respektive die Medizin dem nicht. Zweideutige Genitalien, die weder in das eine noch in das andere Schema passen, werden chirurgisch zu weiblichen oder männlichen Genitalien „vereindeutigt"[219]. Diese erste Kategorisierung eines Individuums als biologisch weiblich oder

---

[216] Vgl *Lorber Judith*, Gender-Paradoxien 86.
[217] Vgl *Lorber Judith*, Gender-Paradoxien 86.
[218] *Gildemeister Regine/Wetterer Angelika*, Wie Geschlechter gemacht werden. Die soziale Konstruktion der Zweigeschlechtlichkeit und ihre Reifizierung in der Frauenforschung, in *Knapp Gudrun-Axeli/Wetterer Angelika*, Traditionen Brüche. Entwicklungen feministischer Theorie (1992) 233f.
[219] Vgl *Lorber Judith*, Gender-Paradoxien 56. Zur Problematik, die sich hinter diesen „Vereindeutigungen" – nach dem Motto „was nicht passt, wird passend gemacht" – verbirgt, vgl unten.

männlich kann als „Basisklassifikation"[220] betrachtet werden, die eine Fülle an gesellschaftlichen wie rechtlichen Mechanismen und Wechselwirkungen nach sich zieht und dazu führt, dass Kinder zu sozialen Frauen und Männern werden.

3. Konstruktionsweisen

Wie bei allen bisher dargestellten Theorieströmungen, gibt es auch hier nicht *den* Ansatz, der *die* soziale Konstruktion von Geschlecht erklärt. Die gemeinsame Basis konstruktivistischer Ansätze bildet die Kritik an bisherigen theoretischen Strömungen; vor dem Hintergrund konstruktivistischer Ansätze werden,

> „... Theorieansätze und Forschungen fragwürdig, die die Differenz als **gegeben** betrachten, sie akribisch beschreiben, mit Details und Phänomenen auffüllen und ... Erklärungen entwickeln, ... Es käme vielmehr umgekehrt darauf an, Aufbau, Vermittlung und Wirkungsweise der beschriebenen Kategorien- und Regelsysteme zu untersuchen, wie sie das Phänomen der Geschlechterdifferenz **hervorbringen**."[221]

Dementsprechend mehrdimensional und vielschichtig sind die unterschiedlichen Erklärungsansätze, wie Geschlecht konstruiert wird. Als Beispiele soll hier sowohl der Aspekt der Konstruktion von Geschlecht in Interaktionsprozessen beleuchtet werden, der als Stein des Anstoßes für die breite Diskussion um die Konstruktion von Geschlecht im deutschen Sprachraum gelten kann, als auch der sehr umfassende Ansatz von *Judith Lorber*, der Geschlecht als Institution fasst.

---

[220] Vgl *Gildemeister Regine/Wetterer Angelika* in *Knapp Gudrun-Axeli/Wetterer Angelika*, Traditionen 234.

[221] *Gildemeister Regine* in *Ostner Ilona/Lichtblau Klaus* (hg), Feministische Vernunftkritik 235 (Hervorhebung im Original).

a. Die interaktive Herstellung von Geschlecht

Nach dem Konzept der interaktiven Herstellung von Geschlecht erfolgt der erste Schritt der Geschlechtskonstruktion durch die Zuordnung eines Individuums zu einem „biologischen" Geschlecht. Diese „Basisklassifikation" bildet den Ausgangspunkt für weitere, dem (zugeordneten) biologischen Geschlecht entsprechende Zuschreibungen auf der Ebene der sozialen Zuordnung. „Denn: das alltagsweltlich so ausschlaggebende Faktum – der Penis – ist ja so gut wie nie sichtbar in alltäglichen Abläufen."[222] Deshalb treten an dessen Stelle andere Merkmale der Geschlechtsbestimmung.[223] So werden bereits Kleinstkinder von ihren Eltern so angezogen und ausstaffiert, dass die ihnen zugeschriebene Geschlechtsklasse deutlich zum Ausdruck kommt. Durch diese Sichtbarmachung des zugeschriebenen Geschlechts erhält das Kind einen gender-Status. Ist das gender eines Kindes erst einmal sichtbar, behandeln andere ein Kind des einen gender anders als ein Kind des anderen. Kinder reagieren darauf, indem sie sich anders fühlen und anders verhalten und sobald sie sprechen können, von sich selbst als Angehörige ihres gender reden.[224] Es hat also ein Prozess eingesetzt, in dem die Geschlechtsklassifikation mit einer „Mitgliedschaft" zu einer Gruppe – Mädchen/Frauen oder Knaben/Männer – verbunden wird.[225] Diese Mitgliedschaft gilt es fortan nach innen und nach außen immer wieder herzustellen und zu bestätigen. Es handelt sich dabei um einen Prozess, der ein Leben lang andauert. Aus interaktionstheoretischer Perspektive besteht dieser Prozess in einem komplementären Wechselspiel, das sich in sozialen Interaktionen herstellt. Interaktion, die immer dann entsteht, wenn Personen

---

[222] *Gildemeister Regine/Wetterer Angelika* in *Knapp Gudrun-Axeli/Wetterer Angelika*, Traditionen 234.
[223] Vgl *Gildemeister Regine/Wetterer Angelika* in *Knapp Gudrun-Axeli/Wetterer Angelika*, Traditionen 234.
[224] Vgl *Lorber Judith*, Gender-Paradoxien 56.
[225] Vgl *Gildemeister Regine* in *Rademacher Claudia/Wiechens Peter* (hg), Geschlecht – Ethnizität – Klasse 72.

physisch präsent sind und aufeinander reagieren, wird dabei als formender Prozess verstanden, der Zwänge impliziert, denen die Beteiligten nicht ausweichen können.[226] Nach diesen Ansätzen stellt die Zweipoligkeit der Geschlechterklassifikation eines der grundlegenden Typisierungsmuster dar, nach denen sich die soziale Welt ordnet. Die Kenntnis und eine gewisse „Innenrepräsentanz" der wesentlichen Elemente des zweigeschlechtlichen Klassifikationssystems wäre daher „geradezu überlebensnotwendig", da es jenseits dieser Typisierungsschemata, die sich in Form von „Rollenhandeln" in konkreten Interaktionen realisieren, kein „eigentliches" Individuum und damit keine „eigentliche" Weiblichkeit geben würde.[227]

> „Ein sozial kompetenter Akteur handelt auf dieser Grundlage und realisiert sie in diesem Handeln als ‚wirklich' – tut sie/er es nicht, setzen gesellschaftlich und historisch spezifische Reaktionen, Kontrollen und unter Umständen auch Ausgrenzungsprozesse ein."[228]

In einer interaktiven Situation signalisiert also jede Verhaltensweise, jede Geste, die Stimme, die Kleidung etc ein Geschlecht. Dahinter versteckt sich keine „Absicht" der Handelnden, vielmehr bleibt in einem starren System der Zweigeschlechtlichkeit keine andere Wahl als entweder „als Frau" oder „als Mann" zu agieren. Das Gegenüber interpretiert dann das gesetzte Verhalten vor dem Hintergrund des unterstellten Geschlechts.[229] In unserer Gesellschaft ist das mit Deutungen und Wertungen verbunden, „in denen die Geschlechterdifferenz auf ein weibliches Defizit

---

[226] Vgl *Gildemeister Regine* in *Rademacher Claudia/Wiechens Peter* (hg), Geschlecht – Ethnizität – Klasse 72f.

[227] Vgl *Gildemeister Regine* in *Ostner Ilona/Lichtblau Klaus* (hg), Feministische Vernunftkritik 231.

[228] *Gildemeister Regine* in *Ostner Ilona/Lichtblau Klaus* (hg), Feministische Vernunftkritik 231.

[229] Vgl *Krause Ellen*, Einführung in die politikwissenschaftliche Geschlechterforschung (2003) 44f.

hin verfasst ist und in denen die hierarchische Fassung der Geschlechterrelation männliche Superiorität geltend macht"[230]. Geschlechtszugehörigkeit wird nach diesen Ansätzen demnach nicht als etwas verstanden, das „man hat", sondern als etwas, das in Prozessen der sozialen Interaktion immer neu hergestellt, bestätigt und realisiert werden muss – also als etwas, das „man tut". Dieses Tun verbirgt sich auch hinter dem Begriff des **„doing gender"**. Obwohl jedes Individuum sich in jeder sozialen Situation neu konstruiert, „heißt dies nicht, dass wir diesem mächtigen sozialen Grundmuster entkommen könnten. Zweigeschlechtlichkeit ist eine mächtige, dauerhafte und omnirelevante Institution."[231]

b. Geschlecht als Institution

Dem Konzept der Geschlechterkonstruktion als interaktiver Prozess wurde vorgeworfen, dass es zu sehr auf der Ebene der Individuen verhaftet bleibe. Die von *Judith Lorber* entwickelte Konzeption von Geschlecht als Institution eröffnet dagegen einen äußerst breiten Rahmen der Analyse, wobei auch dieses Konzept auf der Grundannahme basiert, dass Geschlecht eine soziale Konstruktion ist und dass die Ursachen für die Zweigeschlechtlichkeit und die damit zusammenhängenden Hierarchien im Geschlechterverhältnis nicht in der Biologie, sondern in der Gesellschaft und ihrer Geschichte zu suchen sind.[232] Im Mittelpunkt der Analyse steht **gender als soziale Struktur**, deren Ursprung in der menschlichen Kultur liegt. Nach diesem Verständnis bestimmt gender – gleich anderen Institutionen wie Familie oder Religion – die „Ordnung des sozialen Lebens, prägt die Muster der sozialen

---

[230] *Gildemeister Regine* in *Ostner Ilona/Lichtblau Klaus* (hg), Feministische Vernunftkritik 231.

[231] Vgl *Krause Ellen*, Einführung 54.

[232] Vgl *Teubner Ulrike/Wetterer Angelika*, Gender-Paradoxien: Soziale Konstruktion transparent gemacht. Eine Einleitung, in *Lorber Judith*, Gender-Paradoxien 23.

Rollen und gibt den Individuen Identitäten und Werte vor".[233] Dabei weise gender, wie jede soziale Institution ebenso universelle, wie zeitlich und kulturell bedingte Varianten auf, wobei „seine Geschichte zurückverfolgt, seine Struktur untersucht und seine jeweiligen Wirkungen erforscht werden" können.[234] In *Judith Lorbers* Verständnis ist die Institution gender, die die Erwartungsmuster für Individuen bestimmt und die sozialen Prozesse des Alltagslebens regelt, in die wichtigsten Formen der sozialen Organisation einer Gesellschaft, also Wirtschaft, Ideologie, Familie und Politik eingebunden und außerdem eine Größe für sich.[235] Durch dieses breite Verständnis von gender als Institution, als menschliche Erfindung, die das Sozialleben regelt, wird es möglich, alle gesellschaftlichen Ebenen gleichwertig und in ihrer Beziehung zueinander in die Analyse einzubeziehen.[236]

„Die vergeschlechtlichte Mikrostruktur und die vergeschlechtlichte Makrostruktur reproduzieren und verstärken einander wechselseitig. Die soziale Reproduktion von gender in Individuen reproduziert auch die vergeschlechtlichte Gesellschaftsstruktur, konstruieren die Individuen doch, indem sie gender-Normen und -Erwartungen in der direkten Interaktion in Handeln umsetzen, die vergeschlechtlichten Herrschafts- und Machtsysteme."[237]

Wenngleich dieses Konzept aufgrund seiner überwältigenden Spannbreite kaum fassbar scheint, so ist es gerade die Vielschichtigkeit und Mehrdimensionalität die dem Konzept gender als Institution seine Bedeutung verleiht. Sie macht es möglich, Geschlecht mit all seinen Bedeutungen als Gesamtkonstrukt zu entlarven.

---

[233] *Lorber Judith*, Gender-Paradoxien 41.
[234] Vgl *Lorber Judith*, Gender-Paradoxien 41.
[235] Vgl *Lorber Judith*, Gender-Paradoxien 41.
[236] Vgl *Teubner Ulrike/Wetterer Angelika* in *Lorber Judith*, Gender-Paradoxien 22.
[237] *Lorber Judith*, Gender-Paradoxien 47.

c. Sex und gender – Konstruktion

Grundintention der sex-gender-Trennung war es, der „Natur der Frau"-Argumentation ein „entschiedenes und begründetes Nein" entgegen zu halten. Aus sozialkonstruktivistischer Sicht weist die „herkömmliche" sex-gender-Unterscheidung allerdings zwei grundlegende Ausweglosigkeiten auf: Einerseits wird der strategische Sinn der Unterscheidung hinterfragt, da sex als Teil der vorzufindenden Geschlechtsunterschiede nach wie vor der Natur zugeordnet wird. Damit bleibt die Annahme erhalten, dass es jenseits kultureller Prägung eine Natur des Geschlechts gäbe. Außerdem bleibt ungeklärt, was genau dem biologischen Geschlecht zuzuschreiben ist und wo exakt die kulturelle Prägung des Geschlechts beginnt. Das würde den Einwand, dass es eben doch Frauen und Männer gibt, die von Natur aus verschieden sind, nicht entkräften, sondern letztlich nur zu einem „verlagerten Biologismus" führen.[238] Andererseits ginge mit dem sex-gender-Konzept die stillschweigende Vorannahme einher, dass sowohl sex als auch gender binär verfasst sind, dass gender ebenso wie sex zweigeschlechtlich strukturiert ist, weil die Natur eben zwei Geschlechter vorgibt, die auf kultureller Ebene wieder zu finden sind. Das führe zu einem „latenten Biologismus" der Gesamtkonstruktion sex-gender.[239] Die strikte binäre Codierung der Geschlechter ist tatsächlich aber nicht einmal auf der biologischen Ebene, der Ebene des sex, zu halten: „Je angestrengter wir nach einer einfachen physiologischen Basis für sex suchen, desto klarer wird, dass sex keine rein physische Kategorie ist. Welche körperlichen Signale und Funktionen wir als männlich oder weiblich definieren, ist in unseren Vorstellungen von gender schon inhärent enthalten."[240]

---

[238] Vgl *Gildemeister Regine/Wetterer Angelika* in *Knapp Gudrun-Axeli/Wetterer Angelika*, Traditionen 205f.

[239] Vgl *Gildemeister Regine/Wetterer Angelika* in *Knapp Gudrun-Axeli/Wetterer Angelika*, Traditionen 207f.

[240] *Fausto-Sterling Anne*, Sich mit Dualismen duellieren, in *Pasero Ursula/ Gottburgsen Anja* (hg), Wie natürlich ist Geschlecht? 22.

Wenn in konstruktivistischen Ansätzen die Rede von sex oder gender ist, so steht dahinter ein völlig anderes Verständnis als inden Gleichheits- oder Differenzansätzen. Konstruktivistische Ansätze verstehen nicht nur gender als sozial hergestellt, sondern auch sex als konstruiert.

d. Konstruktion – Dekonstruktion

Dekonstruktivistische Ansätze haben mit sozialkonstruktivistischen Ansätzen gemeinsam, dass sie die „naturhafte" Zweigeschlechtlichkeit in Frage stellen. Anders als sozialkonstruktivistische Theorien sehen dekonstruktivistische Ansätze die Herstellung der binären Geschlechterordnung allerdings nicht in sozialen Praktiken sondern in „machtvollen Diskursen"[241]. Hier wird deutlich, dass die beiden Theorieströmungen von unterschiedlichen wissenschaftlichen Hintergründen ausgehen und ihre Analysen auf unterschiedlichen Abstraktionsebenen angesiedelt sind. Als **Dekonstruktion** wird eine wissenschaftliche Vorgehensweise bezeichnet, nach der Begriffe in ihrer Entstehungsgeschichte analysiert werden, um festzustellen, welche Ein- und Ausschlüsse, Ver- und Gebote etc sich während seiner Entwicklung in den Begriff eingeschlossen haben. Einem Begriff eine neutrale, allgemein bekannte Bedeutung zu unterstellen, hieße, die ihm innewohnende Macht zu verschleiern. Um das zu verhindern, müssten im Laufe der Zeit in einen Begriff immer wieder neu eingeschriebene Bedeutungen herausgearbeitet und explizit benannt werden.[242] Eine der wichtigsten Vertreterinnen der dekonstruktivistischen Ansätze ist *Judith Butler*, deren Werke maßgeblich die Entwicklung der Queer Theorie beeinflusst haben. Die Bedeutung dekonstruktivistischer Ansätze wird im Folgenden anhand der Queer Theorie erläutert.

---

[241] *Krause Ellen*, Einführung 54.
[242] Vgl *Krause Ellen*, Einführung 53.

E. Queer Theory

Zum Abschluss des Kapitels „Feministische Theorien" soll eine Strömung näher beleuchtet werden, die im Laufe der letzten Jahre verstärkt Eingang in den feministischen Diskurs gefunden hat: die **Queer Theory**. Wichtiges Verdienst der Queer Theory ist es, darauf hingewiesen zu haben, dass die Dekonstruktion und Analyse von Zweigeschlechtlichkeit im bisherigen feministischen Diskurs um die Analyse von Heterosexualität zu erweitern ist. Einzelne Kategorien wie Gender, ethnische Herkunft oder Sexualität lassen sich nicht einfach addieren, sondern sind im Hinblick auf ihre gegenseitigen Wechselwirkungen und Regulationsmechanismen zu untersuchen. Dabei werden die Grenzen von Geschlecht genauso in Frage gestellt wie fixe Identitätskategorien und vermeintlich stabile Bedeutungen von Sexualität.[243] Ansätze feministischer Theorie werden so in wichtigen Punkten aufgegriffen und weitergeführt, aber auch um entscheidende neue Aspekte erweitert.

Der Begriff **queer** entstammt der US-amerikanischen Lesben- und Schwulenbewegung.[244] Homosexuelle wählten den anfangs ausschließlich abwertend gebrauchten Begriff als neue **Selbstbezeichnung**, die nun seit Anfang der 90er Jahre zunehmend die Bezeichnungen „lesbian" bzw „gay" ersetzt. Queer ist einerseits ein Sammelbegriff für sexuelle Randgruppen, andererseits bezeichnet es auch ein neues theoretisches Konzept.[245] Ursprünglich bedeutete queer „seltsam, komisch" oder „leicht verrückt", auch Falschgeld wurde damit bezeichnet. Lange Zeit stellte queer im Englischen eines der härtesten Schimpfwörter für homosexuelle Menschen dar.[246] Diese sprachliche Brisanz fehlt dem Ausdruck

---

[243] Vgl *Künzel Annegret* in *Foljanty Lena/Lembke Ulrike* (hg), Feministische Rechtswissenschaft 58.

[244] Ausführlich zur Entstehungsgeschichte des Begriffes queer vgl *Jagose Annamarie*, Queer Theory. Eine Einführung (2001).

[245] Vgl *Jagose Annamarie*, Queer Theory 13.

[246] Vgl *Spannbauer Christa*, Begehren 107.

queer im deutschsprachigen Raum allerdings ebenso wie eine entsprechende aktionistische Queer Bewegung, die dem Queer Konzept in den USA vorausging.[247]

Die Queer Theory lehnt die Zusammenfassung zu einer einheitlichen Disziplin ebenso ab wie jegliche Festlegung oder endgültige Definition.

> „Queer Theory ... bezeichnet keine Theorie im Sinne eines kohärenten wissenschaftlichen Lehrgebäudes. Es ist vielmehr eine politische und theoretisch-konzeptionelle Idee für eine kategoriale Rekonzeptionalisierung von Geschlecht und Sexualität, mit der problematisch gewordene Identitätspolitiken überwunden werden sollen."[248]

1. Von homosexuellen Identitäten zur Queer Theory

Queer Theory steht in der Tradition feministischer Theoriebildung, mit der sie zum Teil verschmilzt, zu der sie sich aber auch als deutliche Konkurrenz versteht. Sie greift auf frühere homosexuelle Befreiungskonzepte, die sich aus der Unzufriedenheit mit homophilen Organisationen entwickelten und auf lesbischfeministische Theorien zurück, steht aber gleichzeitig auch in einem grundlegenden Bruch zu ihnen.[249] Lesbische Feministinnen kritisierten einerseits die frauenfeindlichen Tendenzen in der homosexuellen Befreiungsbewegung, andererseits konstatierten sie, dass ihr Anteil an feministischen Bewegungen verschwiegen

---

[247] Vgl *Dingler Johannes/Frey Regina/Frietsch Ute/Jungwirth Ingrid/Kerner Ida/Spottka Frauke*, Dimensionen postmoderner Feminismen. Plädoyer für Mehrstimmigkeit im feministischen Theoriekanon, Feministische Studien. Geschlechterstreit um 1900, 1/2000, 136.

[248] *Hark Sabine*, Queer Interventionen, Feministische Studien. Kritik der Kategorie „Geschlecht" 2/1993, 103f.

[249] Vgl *Schröter Susanne*, Überschreitungsdiskurse: Grenzverläufe und Grenzverwischungen zwischen den Geschlechtern, Feministische Studien. Nachdenken über ..., 1/2003, 7; *Jagose Annamarie*, Queer Theory 98.

wurde. Ihre Lebenswirklichkeit blieb im Rahmen feministischer Analysen, die von heterosexuellen Verhältnissen ausgingen, unbeachtet. Lesbisch-schwule Studien wandten sich daher nicht nur gegen **Homophobie** sondern auch gegen **Heterosexualität als gesellschaftliche Norm** und vertraten zunächst eine Politik der positiven Identitätsfindung lesbischer und schwuler Menschen.[250]

Queer greift die **Theorien des Poststrukturalismus**[251] auf, in denen Identität als provisorisch und zufällig verstanden wird. Weder Personen noch Gruppen besitzen eine essenzielle oder festlegbare Identität, das gleiche gilt auch für sexuelle Identität.[252] Zu den Werken, die die Queer Theory am nachhaltigsten beeinflusst haben, zählen die Arbeiten von *Judith Butler*.[253] In „Das Unbehagen der Geschlechter"[254] weist *Butler* nach, dass auch marginalisierte Identitäten, insofern sie sich auf eine gemeinsame Identität als Basis politischen Handelns berufen, zur Legitimierung von Identifikationsregimen beitragen, die sie eigentlich bekämpfen wollen. In Anknüpfung an diese Thesen will sich Queer

---

[250] Vgl *Krause Ellen*, Einführung 54.

[251] Der **Strukturalismus** sieht das menschliche Denken an die Sprache gebunden. Geistiges Erfassen ist nur innerhalb des zur Verfügung stehenden Sprachsystems möglich, außerhalb der Sprache existieren keine Begriffe. Jeder Begriff ist dadurch festgelegt, dass er sich von anderen abgrenzt (so hat „dunkel" etwa nur eine Bedeutung, wenn es auch „hell" gibt). In diesem System der Begriffsdifferenz und Begriffsopposition ist nach Ansicht der StrukturalistInnen die fundamentale, fixierte Struktur einer Sprache begründet. Der **Poststrukturalismus** lehnt die Vorstellung einer fixierten, erkennbaren Grundstruktur der Sprache ab, hält aber an dem Gedanken fest, dass jedes Begriffsverständnis in Differenzen und Oppositionen arbeitet. Die Idee der Bedeutung durch Differenz wird im Poststrukturalismus auch auf die Wirkung von Macht ausgedehnt (vgl *Krause Ellen*, Einführung 51).

[252] Vgl *Krause Ellen*, Einführung 54; *Jagose Annamarie*, Queer Theory 101.

[253] Zur Problematik der Einordnung in eine wissenschaftliche Strömung vgl *Krause Ellen*, Einführung 62; sowie *Butler Judith*, Kontingente Grundlagen: Der Feminismus und die Frage der „Postmoderne", in *Benhabib Seyla/Butler Judith/Cornell Drucilla/Fraser Nancy*, Der Streit um Differenz. Feminismus und Postmoderne in der Gegenwart (1993) 31ff.

[254] *Butler Judith*, Das Unbehagen der Geschlechter (1991).

Theory deutlich vom „Mainstream-Feminismus" und jenen Teilen der Lesben- und Schwulenforschung abgrenzen, die auf gemeinsamer Identität aufbauen. Vor allem den **Lesbian and Gay Studies** werfen queere TheoretikerInnen vor, oft nur an der herrschenden gesellschaftlichen Macht partizipieren zu wollen und dabei die **Dichotomie von Homo- und Heterosexualität** als Ausgangspunkt zu akzeptieren. Mit der Entstehung queerer Strömungen vollzog sich daher innerhalb der lesbisch-schwulen Bewegung ein Paradigmenwechsel: Während sich die Bemühungen bis dahin vorrangig auf die Herausbildung positiver lesbisch-schwuler Identitäten richteten und an fixe Gruppenidentitäten anknüpften[255], verweist Queer Theory auf die Grenzen von Identitäts- und Reformkonzepten, die herrschende Identitätsvorgaben übernehmen und daran teilhaben wollen.[256] Herkömmliche Lesbian and Gay Studies stellen die dominante Organisation von Geschlecht und Sexualität nicht in Frage, Queer Theory unternimmt hingegen den Versuch, Heterosexualität und Homosexualität als Identitätskonzepte aufzubrechen.[257] Da es nach queeren Erkenntnissen unmöglich ist, Identitäten festzulegen, lässt sich auch die einer bestimmten Gruppe angemessene Form von Sexualität nicht festschreiben.[258] Es ist eine Erkenntnis der Queer Theory, dass nicht nur die heterosexuelle Norm, sondern auch starre lesbisch-schwule Identitätskonstrukte auf einem normativen Ideal basieren und so den Weg für wichtige politische Allianzen mit anderen diskriminierten Gruppen versperren.[259] Der **Identitätskampf lesbischer und schwuler Menschen**, so notwendig er war (bzw nach wie vor ist), trug mit dazu bei, Hetero- und Homosexualität als unversöhnliche Gegensätze zu bestätigen. Da lesbisch-

---

[255] Vgl *Krause Ellen*, Einführung 54.

[256] Vgl *Dingler Johannes/Frey Regina/Frietsch Ute/Jungwirth Ingrid/Kerner Ida/Spottka Frauke*, Dimensionen 167.

[257] Vgl *Hark Sabine*, Queer Interventionen 104.

[258] Vgl *Krause Ellen*, Einführung 54.

[259] Vgl *Hofmann Roswitha*, Homophobie und Identität I: Que(e)r Theory, in *Hey Barbara/Pallier Ronald/Roth Roswith* (hg), Que[e]rdenken. Weibliche/männliche Homosexualität und Wissenschaft (1997) 114.

schwule Befreiungsbewegungen versucht hatten, eine gemeinsame – homosexuelle – Identitätspolitik vor allem über Konformität zu erzielen, war die Folge die Ausgrenzung von Menschen, die die Grenzen zwischen den Geschlechtern oder den sexuellen Orientierungen überschritten.[260]

Aktionsformen und soziale Bewegungen, die auf grundsätzlichen Gemeinsamkeiten und einer homogenen Gruppenidentität aufbauen und sie zur Voraussetzung eines gemeinsamen Handelns machen, werden von der Queer Theory kritisiert.[261] Sie untersucht **gesellschaftliche Normen von Heterosexualität und Zweigeschlechtlichkeit** mit dem Ziel, diese Normen zu destabilisieren. Dabei gerät einerseits die **Regulierung der Sexualität** in unserer Gesellschaft in den Blick, andererseits der Einfluss und die Strukturfunktion, die Sexualität auf andere gesellschaftliche Bereiche – wie etwa Politik oder kulturelle Formen – ausübt. Sexualität ist nach dem Konzept der Queer Theory nichts Natürliches, sondern ein von Machtverhältnissen geprägtes kulturelles Produkt.[262]

2. Alles que(e)r und gar nichts mehr?

Vor allem im Bereich positiv besetzter **Identitätsbildung**, die aufgrund der gesellschaftlichen Realität eine politische Notwendigkeit darstellt, erhebt sich die Frage nach der **Praxisrelevanz der theoretischen Queer Konzeption** und ihrer Aktionsformen. Obwohl es gelang aufzuzeigen, dass Identitäten keineswegs essentielle Wesenseigenschaften sind, sondern durch Gesellschaft und Kultur produziert werden, nimmt ihnen dies nicht ihr Gewicht als politische Kategorie und ihre grundlegende Bedeutung

---

[260] Vgl *Spannbauer Christa*, Begehren 105f.
[261] Vgl *Jagose Annamarie*, Queer Theory 167.
[262] Vgl *Jagose Annamarie*, Queer Theory 11.

für die einzelne.²⁶³ Marginalisierte Gruppen erlangen nur über die Schaffung von gemeinsamen Identitäten die Möglichkeit, am politischen und wissenschaftlichen Diskurs zu partizipieren.²⁶⁴ Allein aus der Tatsache, dass Identitäten soziale Konstrukte sind, die in ihrer derzeitigen Ausgestaltung die heterosexistische Gesellschaftsordnung stützen, kann nicht geschlossen werden, dass sie beliebig und einfach veränderbar wären, ebenso wenig lassen sich die Kategorien „Geschlecht" und „Sexualität" allein durch das Wissen um ihre gesellschaftlich-kulturelle Bedingtheit, durch Geschlechterparodien oder sexuell uneindeutiges Verhalten aufbrechen.²⁶⁵ Geschlechtsidentität als Produkt einer Unzahl kultureller Regelsysteme ist zwar wandelbar, allerdings nicht gänzlich willkürlich oder plötzlich, sondern nur durch einen langen Prozess, in dem Einzelaktionen – wenngleich notwendig und unverzichtbar – lediglich eines von vielen Elementen darstellen.²⁶⁶

Die **Notwendigkeit von Identitäten für politisches Handeln** leugnet aber auch *Judith Butler* nicht:

> „Ich bin also damit einverstanden, dass Demonstrationen, legislative Bemühungen und radikale Bewegungen Forderungen im Namen der Frauen stellen müssen. ... Meine These ist, dass jeder Versuch, der der Kategorie ‚Frauen' einen universellen oder spezifischen Gehalt zuweist und dabei voraussetzt, dass eine solche vorgängige Garantie der Solidarität erforderlich ist, zwangsläufig eine Zersplitterung hervorrufen wird. Die ‚Identität' als Ausgangspunkt kann niemals

---

[263] Vgl *Soine Stefanie*, Queer als Herausforderung: Lesben zwischen Heterosexismuskritik und Lifestyle, beiträge zur feministischen theorie und praxis, Lesbenleben quer gelesen, 52/99, 23.

[264] Vgl *Hofmann Roswitha* in *Hey Barbara/Pallier Ronald/Roth Roswith* (hg), Que[e]rdenken 115.

[265] Vgl *Soine Stefanie*, Queer als Herausforderung 23.

[266] Vgl *Lehnert Gertrud*, Wenn Frauen Männerkleidung tragen. Geschlecht und Maskerade in Literatur und Geschichte (1997) 24.

den festigenden Grund einer politischen feministischen Bewegung abgeben."[267]

„Feministisch", „lesbisch" und „schwul" bleiben daher nach wie vor unentbehrliche (politische) Begrifflichkeiten, die temporäre Bedingtheit derartiger Konstruktionen und die Möglichkeit eines künftigen Bedeutungswandels von Begriffen sollte dennoch nicht übersehen werden.[268]

„Das Subjekt des Feminismus dekonstruieren heißt also nicht, den Gebrauch dieses Begriffs zensieren, sondern ihn im Gegenteil in eine Zukunft vielfältiger Bedeutungen entlassen, ihn von den maternalen oder rassischen Ontologien befreien und ihm ein freies Spiel geben als einem Schauplatz, an dem bislang unvorhergesehene Bedeutungen zum Tragen kommen können."[269]

Queer Theory kann dabei insoweit helfen, als sie „weiblich", „männlich", „homosexuell" und „heterosexuell" als das entlarvt, was sie sind: Identitätskonstrukte, die durch die gesellschaftlichen Gegebenheiten produziert werden und daher in ihren Bedeutungen veränderbar sind. Identitätskonzepte werden nicht mehr fraglos als eindeutig übernommen, sondern auf ihre gesellschaftsgestaltende Macht hin untersucht. Als soziale Konstruktionen entlarvt, sind sie in sich brüchig geworden.

---

[267] *Butler Judith* in *Benhabib Seyla/Butler Judith/Cornell Drucilla/Fraser Nancy*, Streit 48f.
[268] Vgl *Hofmann Roswitha* in *Hey Barbara/Pallier Ronald/Roth Roswith* (hg), Que[e]rdenken 116.
[269] *Butler Judith* in *Benhabib Seyla/Butler Judith/Cornell Drucilla/Fraser Nancy*, Streit 50.

3. Imitationen ohne Original

Nicht nur Identitäten werden bei *Butler* und in der Folge durch die Queer Theory als gesellschaftliche Konstrukte entlarvt, sondern auch die geschlechtliche Körperlichkeit erscheint kulturell und durch die Machtverhältnisse geprägt. Die Art, wie über Körper gesprochen wird, resultiert nicht daraus, wie Körper *sind*, vielmehr entstehen Körper erst durch die Bezeichnung so, wie wir sie wahrnehmen.[270]

„Den Körper als konstruierten Körper zu denken verlangt, die Bedeutung von Konstruktion selbst neu zu denken. Und wenn bestimmte Konstruktionen anscheinend konstitutiv sind, das heißt, wenn sie dadurch gekennzeichnet sind, das zu sein, ‚ohne das' wir gar nicht denken können, können wir vielleicht deutlich machen, dass Körper nur unter den produktiven Zwängen bestimmter hochgradig geschlechtlich differenzierter regulierender Schemata auftreten, Bestand haben und leben."[271]

Sex, gender und sexuelle Orientierung entstehen durch die ständige Wiederholung und Imitation kultureller Normen. Die Geschlechtsidentität ist dabei aber, so *Butler*, selbst nur eine Imitation ohne Original. Mithilfe einer parodierenden Wiederholung von Geschlechternormen soll die Naturalisierung von Geschlecht und Geschlechtsidentität angefochten werden.[272]

Der Begriff queer steht somit nicht nur für eine theoretische Strömung, sondern er bezeichnet auch Aktionsformen, die auf das **Spiel mit symbolischer Repräsentation** abzielen. Queer ist Maskerade und Parodie jener geschlechtlichen und sexuellen Symbole, die die heterosexuelle Gesellschaft hervorgebracht hat.

---

[270] Vgl *Butler Judith*, Körper von Gewicht. Die diskursiven Grenzen des Geschlechts (1995) 54.
[271] *Butler Judith*, Körper 16.
[272] Vgl *Butler Judith*, Unbehagen 203.

Diese Genderparodie tritt unter anderem in den Formen der Travestie und des **drag** zutage, bei dem Männer als drag-queens Weiblichkeit imitieren und parodieren, während Frauen als drag-kings übertriebene Männlichkeit persiflieren.[273] In diesen Praktiken präsentiert sich die Queer Bewegung schrill und schräg, durch **Subversion** und die **Schaffung einer Subkultur** soll ein Beitrag zur Gesellschaftsveränderung geleistet werden. Neben Lesben und Schwulen nehmen auch Bisexuelle und Transsexuelle einen wichtigen Platz in der Queer Bewegung ein, genauso wie die **Transgender Bewegung**, die sich in den letzten Jahren zunehmend etablieren konnte. Transgender bezeichnet all jene, die sowohl die als zwanghaft erlebte Übereinstimmung von biologischem und sozialem Geschlecht als auch deren Grenzen in Frage stellen und überschreiten. Es umfasst Menschen mit männlichen Körpern, die als Frauen leben und Menschen mit weiblichen Körpern, die als Männer leben genauso wie jene, die in beiden Geschlechtern leben oder sich keinem der beiden Geschlechter zugehörig fühlen. Die Transgender Bewegung lehnt den Körper als Grundlage des Geschlechts ab und fordert eine radikale Geschlechtsfreiheit jenseits des körperlichen Geschlechts.[274]

Die queeren Praktiken des drag werden als subversiv und befreiend erlebt, gleichzeitig rufen aber gerade sie KritikerInnen auf den Plan, die bezweifeln, ob sich die Grenzen zwischen den Geschlechtern und die Bedeutung von Geschlecht in der Gesellschaft wirklich durch spielerische Inszenierungen überschreiten lassen. Ferner wird konstatiert, dass auch das Spiel mit der Geschlechtlichkeit mittlerweile an seine Grenzen stößt. Die steigende **Kommerzialisierung von Sexualität und sexuellen Minderheiten** lässt Zweifel an der Effektivität queerer Parodie aufkommen.[275]

---

[273] Vgl *Hark Sabine*, Queer Interventionen 105.
[274] Vgl *Spannbauer Christa*, Begehren 114f.
[275] Vgl *Soine Stefanie*, Queer als Herausforderung 16, 20.

Geschlechterparodie nur als drag oder Travestie zu verstehen, greift jedoch zu kurz und wird dem von *Butler* eingeführten Begriff der **Performativität** nicht gerecht.[276] Neben diesen auffälligsten Formen des Spiels mit der geschlechtlichen Zuschreibung sind auch alltägliche Produktionen von geschlechtlichen und sexuellen Identitäten performativ. Ferner behauptet *Butler* auch nicht, dass Geschlecht ähnlich wie Kleidung nach freiem Willen an- und ausgezogen werden kann und setzt sich dieser Interpretation von Performativität entgegen:

„Die Performativität ist demzufolge kein einmaliger ‚Akt', denn sie ist immer die Wiederholung einer oder mehrerer Normen; und in dem Ausmaß, in dem sie in der Gegenwart einen handlungsähnlichen Status erlangt, verschleiert oder verbirgt sie die Konventionen, deren Wiederholung sie ist."[277]

Vorbedingung für jede Praxis, die zur Entstehung von sozialer Geschlechtsidentität und zur Verkörperung von Normen führt, ist der Zwang, der regulierende Rahmen, der mögliche (geschlechtliche) Identitäten vorgibt.[278]

Homosexualität und Heterosexualität erscheinen daher immer als das **Ergebnis von Bezeichnungspraktiken**, die so durchgängig sind, dass sie sich in die damit bezeichneten Körper einschreiben.

---

[276] Performativität bezeichnet in *Butlers* Werk die Macht von Diskursen, durch ständige Wiederholungen Wirkungen hervorzubringen, vgl *Bublitz Hannelore*, Judith Butler zur Einführung (2002) 68. Die Art, wie über Körper gesprochen wird, resultiert nach *Butler* nicht daraus, wie Körper sind, vielmehr entstehen Körper erst durch die Bezeichnung so, wie wir sie wahrnehmen. Zur – teilweise irreführenden – Gleichsetzung des Begriffes „performance" mit „(theatralischer) Darstellung" und diesbezüglichen Verkürzungen vgl *Jagose Annamarie*, Queer Theory 111ff.

[277] *Butler Judith*, Körper 35.

[278] Vgl *Butler Judith*, Körper 304f.

"Homosexuell", "heterosexuell", "Frauen" und "Männer" sind aber keine Begriffe, die natürliche Eigenschaften bezeichnen.[279]

4. Queere Rechtsanalysen

Wie bereits dargestellt, bedeutet queer Kritik an jeglichen Aktionsformen und Bewegungen, die eine gemeinsame Gruppenidentität zur Vorraussetzung ihres Handelns machen. Dazu zählen etwa Minderheitenpolitiken, die auf der Definition als Gruppe aufbauen, um Schutz oder Gleichstellung zu erlangen. Desgleichen werden **Integrationskonzepte** problematisiert, denen ein Verständnis von **Differenz** zugrunde liegt, das diese im Verhältnis zu einer Normalität denkt. Integration kann entweder über den Prozess der **Assimilation** angestrebt werden, dann ist das Ziel eine vereinheitlichte Normalität, in der sich Differenzen auflösen oder sie kann als **Eingliederung in einen multikulturellen Pluralismus** verstanden werden, durch den eine heterogene Normalität hergestellt und Differenzen ein spezifischer Ort zugewiesen werden soll. Differenz bedeutet in diesen Konzepten zwar keine Unterstützung der Normalität, sie stellt deren normsetzenden Status aber auch nicht in Frage. Queere Analysen erforschen das Verhältnis von Differenz und Hierarchisierung und untersuchen, ob Differenzen notwendigerweise in ein System der Normalisierung eingebunden sind.[280] Daraus erwächst die Einsicht, dass es bei queeren Rechtsforderungen nicht lediglich um eine Ausweitung bereits etablierter bürgerlicher Rechte gehen kann, deren Grundlage die rechtliche und politische Partizipation einiger Gruppen auf Kosten des strukturellen Ausschlusses anderer Gruppen von der gleichen und vollständigen Teilhabe ist. Die Einforderung derartiger Rechte ohne eine explizite Auseinandersetzung mit ihren **Ein- und Ausschlussmechanismen** versperrt

---

[279] Vgl *Jagose Annamarie*, Queer Theory 117f.
[280] Vgl *quaestio*, Sexuelle Politiken. Politische Rechte und gesellschaftliche Teilhabe, in *quaestio* (hg), Queering Demokratie [sexuelle politiken] (2000) 15f.

den Weg zu größeren gesellschaftspolitischen Umwälzungen. **Queere Rechtsanalysen** werfen daher die Frage auf, inwieweit demokratische Rechtsstrukturen auf einer heteronormativen Grundlage basieren und durch diese reguliert werden.[281] Sie bedeuten zudem die Abkehr von einer Integrationspolitik, die sich vorrangig an Toleranz und Minderheitenrechten orientiert und unternehmen den Versuch, Bündnisse nicht auf Grund gemeinsamer Identität, sondern auf der Basis politischer Solidarität einzugehen.[282]

Zahlreiche Antidiskriminierungs- und Gleichstellungsgesetze versuchen, durch die **Ausformulierung von Differenzen im Recht** den Schutz bzw die Wahrung der Interessen bisher diskriminierter Gruppen zu erzielen. Queer Theory kritisiert an diesen Praktiken, dass Differenzen durch ihre Aufnahme ins Recht gleichsam festgeschrieben und als Abweichung vom juristischen Normalfall definiert werden.[283] Durch die Festschreibung von Identitäten wird aber nicht nur die Schutzmacht des Staates erweitert, sondern auch seine regulierende Funktion ausgedehnt. So führt beispielsweise die **Aufnahme eines Diskriminierungsschutzes für Lesben und Schwule in die Rechtsordnung** „zur Konstruktion einer Klasse von Homosexuellen mit berechtigten Rechtsansprüchen."[284] Gleichzeitig wird die Annahme weiter aufrecht erhalten, dass eine stabile, nicht zu hinterfragende Klasse von Heterosexuellen existiert, nach deren Rechtsstatus sich die Forderungen homosexueller Menschen richten. Die **Dichotomie von Hetero- und Homosexualität** stellt in diesem Konzept die Vorraussetzung für die Rechtsforderungen von Lesben und Schwulen dar. Die Bestrebungen, bereits bestehende Rechte auf Homosexuelle auszuweiten, stellen weder die Auffassung, Heterosexualität sei die eigentliche, natürliche Kondition der Mehr-

---

[281] Vgl *quaestio* in *quaestio* (hg), Queering Demokratie 17.
[282] Vgl *Jagose Annamarie*, Queer Theory 12.
[283] Vgl *quaestio* in *quaestio* (hg), Queering Demokratie 24.
[284] *Hark Sabine*, Durchquerung des Rechts. Paradoxien einer Politik der Rechte, in *quaestio* (hg), Queering Demokratie 40.

heit, noch deren Legitimität als gesellschaftliches Regulativ in Frage. Ebenso wenig wird untersucht, ob es Gleichheit für Homosexuelle innerhalb der Gesellschaft überhaupt geben kann, ohne zunächst das heterosexuelle Privileg aufzubrechen.[285]

a. Zur Konstruktion von „Gleichheit"

Ein Beispiel für die **Konsequenzen einer derartigen Rechtspolitik** ist die Entscheidung des Europäischen Gerichtshofes (EuGH) in der Rechtssache *Grant* gegen *South-West Trains Ltd*[286]. Der EuGH untersuchte in diesem Vorabentscheidungsverfahren, ob eine Vorschrift, die ArbeitnehmerInnen Fahrtvergünstigungen für gegengeschlechtliche LebensgefährtInnen gewährt, während solche Zulagen für gleichgeschlechtliche LebensgefährtInnen nicht gewährt werden, eine Diskriminierung aufgrund des Geschlechts darstellt. In weiterer Folge prüfte der EuGH, ob das Verbot einer Diskriminierung aufgrund des Geschlechts (Art 141 EGV, ex-Artikel 119) auch Diskriminierungen aufgrund der sexuellen Orientierung einschließt. Der Klägerin *Lisa Grant* wurde eine entsprechende Zulage für ihre Lebensgefährtin verweigert, wobei der EuGH als Vergleichsgröße nicht eine Frau mit einem männlichen Lebensgefährten heranzog, sondern einen Mann mit einem männlichen Lebensgefährten:

> „Die Weigerung (der Gewährung von Fahrtvergünstigungen, Anm) gegenüber Frau Grant ist darauf gestützt, dass sie nicht die in dieser Regelung[287] vorgesehenen Voraussetzungen erfüllt und insbesondere nicht mit einem ‚Ehepartner' oder einer Person anderen Geschlechts, mit der sie seit zwei

---

[285] Vgl *Hark Sabine* in *quaestio* (hg), Queering Demokratie 40f.

[286] EuGH Rs C-249/96.

[287] Gemeint ist die Regelung des Unternehmens, in dem Frau *Grant* beschäftigt war, die die Gewährung von Fahrtvergünstigungen an Ehepartner bzw Lebensgefährten des anderen Geschlechts sowie an eine Reihe weiterer Familienangehöriger vorsah.

Jahren oder länger eine ‚ernsthafte' Beziehung unterhält, zusammenlebt.

Diese letztgenannte Voraussetzung, wonach der Arbeitnehmer mit einer Person des anderen Geschlechts in einer festen Beziehung zusammenleben muss, um die Fahrtvergünstigungen erhalten zu können, gilt, wie übrigens auch die anderen Voraussetzungen der Regelung des Unternehmens, unabhängig vom Geschlecht des betreffenden Arbeitnehmers. So werden die Fahrtvergünstigungen einem männlichen Arbeitnehmer, wenn er mit einer Person des gleichen Geschlechts zusammenlebt, ebenso verweigert wie einer Arbeitnehmerin, die mit einer Person des gleichen Geschlechts zusammenlebt.

Da die in der Regelung des Unternehmens aufgestellte Voraussetzung für die weiblichen wie für die männlichen Arbeitnehmer in gleicher Weise gilt, kann sie nicht als eine unmittelbare Diskriminierung aufgrund des Geschlechts betrachtet werden."

Durch die **flexible Wahl der Vergleichsgröße** – verglichen wurden nicht ein weibliches homosexuelles Paar mit einem heterosexuellen Paar, wie es durchaus möglich und plausibel gewesen wäre, sondern ein weibliches homosexuelles Paar mit einem männlichen homosexuellen Paar – gelang es dem EuGH, Homosexuelle als „gänzlich Andere" der „heterosexuellen Mehrheit" gegenüberzustellen und vom Schutz des Gleichheitssatzes auszuschließen.[288]

„ ... beim gegenwärtigen Stand des Rechts innerhalb der Gemeinschaft (sind) die festen Beziehungen zwischen zwei Personen des gleichen Geschlechts den Beziehungen zwischen Verheirateten oder den festen nichtehelichen Bezie-

---

[288] Vgl *Holzleithner Elisabeth*, Einschlüsse – Ausschlüsse – Verschiebungen: Facetten von Queer Legal Theory, Politix 14/2003, 6.

hungen zwischen Personen verschiedenen Geschlechts nicht gleichgestellt. Folglich ist ein Arbeitgeber nach dem Gemeinschaftsrecht nicht verpflichtet, die Situation einer Person, die eine feste Beziehung mit einem Partner des gleichen Geschlechts unterhält, der Situation einer Person, die verheiratet ist oder die eine feste nichteheliche Beziehung mit einem Partner des anderen Geschlechts unterhält, gleichzustellen."

Lisa Grant musste sich in ihrer Argumentation deshalb auf eine Diskriminierung aufgrund des Geschlechts berufen, weil das Gemeinschaftsrecht zum damaligen Zeitpunkt noch keinen Schutz vor Diskriminierungen aufgrund der sexuellen Orientierung vorsah. Der EuGH verwies in seiner Urteilsbegründung auf **Art 13 EGV**[289] und die darin enthaltene **Ermächtigung zur Bekämpfung von Diskriminierungen aufgrund der sexuellen Ausrichtung**. Diese Bestimmung war zum Zeitpunkt der Urteilsfällung allerdings noch nicht in Kraft. Es wurde daher lediglich festgestellt, dass in Hinkunft unter bestimmten Voraussetzungen die Möglichkeit bestehen werde, Vorkehrungen zum Schutz vor Diskriminierungen aufgrund der sexuellen Ausrichtung zu treffen. Die in Art 13 EGV getroffene Werteentscheidung, die schon 1994 in der Entschließung zur Gleichberechtigung von Schwulen und Lesben in der EG[290] Ausdruck gefunden hatte, hätte jedoch vom EuGH bei seiner Entscheidung in der Rechtssache *Grant* jedenfalls berücksichtigt werden können und sollen.[291]

---

[289] Vertrag zur Gründung der Europäischen Gemeinschaft, ABl 1997 C 340/1 bzw BGBl III 86/1999, geändert durch ABl 2001 C 80/1 bzw BGBl III 4/2003.

[290] ABl 1994 C 61/40.

[291] Vgl dazu auch *Räther Philipp C.*, Der Schutz gleich- und verschiedengeschlechtlicher Lebensgemeinschaften in Europa (2003) 106ff. Unzutreffend insofern *Holzleithner Elisabeth*, Recht Macht Geschlecht. Legal Gender Studies. Eine Einführung (2002) 143, die davon ausgeht, Art 13 EGV wäre bereits zum Zeitpunkt der Entscheidung der Rechtssache *Grant* in Kraft gewesen. Der Vertrag von Amsterdam, durch den Art 13 in den EGV eingefügt wurde, wurde am 2.10.1997 unterzeichnet und trat am 1.5.1999 in Kraft, mehr

Die europäische Lesben- und Schwulenpolitik zog aus der Entscheidung *Grant* den Schluss, dass spezifische Gesetze für Lesben und Schwule notwendig seien. Queere Rechtsanalysen sehen dagegen in *Grants* Berufung auf eine Benachteiligung aufgrund des Geschlechts ein zulässiges juristisches Argument, mit dem einerseits eine Diskriminierung aufgrund der sexuellen Orientierung geltend gemacht werden kann und das es andererseits ermöglicht, die **heteronormative Rechtsordnung** mit der ihr zugrunde liegenden **Verbindung von Heterosexismus und dem System rigider Zweigeschlechtlichkeit** in Frage zu stellen.[292] Die grundsätzliche Höherbewertung heterosexueller gegenüber homosexuellen Verbindungen sowie die mangelnde Bereitschaft, *Lisa Grants* sexuelle Wahl als legitime Wahl für eine „richtige Frau" anzuerkennen und sich damit von der Annahme, Frauen und Männer seien „eigentlich" heterosexuell zu verabschieden, bestätigten das geschlechternormative Weltbild der europäischen Rechtsprechung und führten letztendlich zu der abweisenden Entscheidung des EuGH.[293]

Der Diskriminierungsschutz durch den EGV spiegelt ebenso wie die Richtlinie zur Festlegung eines allgemeinen Rahmens für die Verwirklichung der Gleichbehandlung in Beschäftigung und Beruf[294] und die Grundrechte-Charta der EU[295], die ebenfalls ein

---

als ein Jahr nach dem Urteil *Grant*, vgl dazu *Thun-Hohenstein Christoph/ Cede Franz/Hafner Gerhard*, Europarecht. Ein systematischer Überblick mit den Auswirkungen des Vertrages von Nizza[4] (2003) 7f.

[292] Vgl *Beger Nico J./Baer Susanne/Silva Angela de*, Recht und Rechte: Zwischen legaler Anerkennung und kulturell-politischer „Revolution". Ein Podiumsgespräch, in *quaestio* (hg), Queering Demokratie 190 (Diskussionsbeitrag *Nico J. Beger*).

[293] Vgl *Beger Nico J./Baer Susanne/Silva Angela de* in *quaestio* (hg), Queering Demokratie 191 (Diskussionsbeitrag *Nico J. Beger*). Vgl auch die Entscheidung des EuGH in der Sache *D* und Königreich Schweden gegen den Rat der Europäischen Union, EuGH Rs C-122/99 P und C-125/99 P.

[294] Richtlinie 2000/78/EG des Rates vom 27. November 2000 zur Festlegung eines allgemeinen Rahmens für die Verwirklichung der Gleichbehandlung in Beschäftigung und Beruf, ABl 2000 L 303/16.

Verbot der Diskriminierung wegen der sexuellen Ausrichtung enthalten, die dem Schutz sexueller Minderheiten zugrunde liegende Tendenz wider: Die **Öffnung bzw der Diskriminierungsschutz** erfolgt vor allem **im Bereich ökonomischer Rechte**.[296] Diese Tendenzen in der Rechtsöffnung für sexuelle Minderheiten sind keineswegs überraschend. Erfolgt doch der Eintritt jener, die von der heterosexuellen Norm abweichen, in die sozialstaatlich verfasste BürgerInnengesellschaft „historisch zu einem Zeitpunkt, an dem letztere sich tendenziell vom – wenn auch immer nur partiell eingelösten – Projekt sozialer Verantwortung, gerechter Verteilung und der Ermöglichung politischer Partizipation verabschiedet"[297].

b. Zwischen Anerkennung und Anpassung

Die rechtlichen Probleme im Bereich der sexuellen Orientierung deuten bereits an, dass die Strukturen unserer Rechtsordnung heteronormativ verfasst sind. Umso mehr rütteln Fragen im Zusammenhang mit Transsexualität und Intersexualität an den Grundfesten dieser Heteronormativität des Rechts.[298] Unter **Transsexualität** wird in der Medizin die Entwicklung einer Geschlechtsidentität verstanden, die zum körperlichen Geschlecht im Widerspruch steht. Sex, also das biologische Geschlecht, ist bei Transsexuellen männlich oder weiblich, in psychischer Hinsicht fühlen sie sich jedoch dem jeweils anderen Geschlecht zu-

---

[295] Charta der Grundrechte der Europäischen Union, ABl 2000 C 364/1; der Diskriminierungsschutz ist in Art 21 der Charta enthalten.

[296] Eingehend zum Schutz der sexuellen Ausrichtung durch das Europarecht und dessen Anwendungsbereich *Greif Elisabeth*, Der Schutz der sexuellen Ausrichtung durch das Gemeinschaftsrecht, in *Floßmann Ursula* (hg), Fragen zum Geschlechterrecht (2002) 151.

[297] *Hark Sabine* in *quaestio* (hg), Queering Demokratie 29.

[298] Eingehend zum Themenkomplex Transsexualität im (österreichischen) Recht vgl *Greif Elisabeth*, Doing Trans/Gender. Rechtliche Dimensionen (2005).

gehörig.[299] Man kann daher sagen, Transsexuelle sind im „falschen" Geschlechtskörper gefangen.[300] Dieses Gefühl kann zu dem **Wunsch nach einer operativen Geschlechtsumwandlung** führen, die einerseits einen operativen Eingriff, andererseits die lebenslange medikamentöse Verabreichung von Hormonen voraussetzt. Die juristischen Probleme, die sich daraus ergeben können, machen die scheinbar unauflösliche **Verquickung von Transsexualität mit dem Krankheitsdiskurs** deutlich. Der OGH folgt der Auffassung, dass es sich bei Transsexualität um eine Krankheit handelt[301], wobei Krankheit im Sinne „eines akuten und regelwidrigen, somit behandlungsbedürftigen Körperzustandes"[302] verstanden wird. Die Einstufung als Krankheit ist Voraussetzung sowohl für die Zulässigkeit einer Geschlechtsumwandlung[303], als auch für die Beantwortung der Frage, ob und welche Eingriffe die Krankenkassen zu tragen haben. Zwar müssen Transsexuelle mit zahlreichen – persönlichen – Schwierigkeiten und Kosten rechnen, um ihr „Wunschgeschlecht" zu erlangen, die österreichische Rechtsordnung steht aber jedenfalls der medi-

---

[299] Vgl Pschyrembel Klinisches Wörterbuch, www.pschyrembel.de [12.11.2003].
[300] Vgl *Holzleithner Elisabeth*, Recht 128.
[301] OGH vom 21.12.1995 3 Ob 570/95.
[302] OGH vom 12.9.1996 10 Ob S 2303/96s.
[303] Vgl dazu insb § 90 Abs 3 StGB (BGBl I 2001/130): „In eine Verstümmelung oder sonstige Verletzung der Genitalien, die geeignet ist, eine nachhaltige Beeinträchtigung des sexuellen Empfindens herbeizuführen, kann nicht eingewilligt werden." Die RV 754 BlgNR 21. GP 13 führt dazu aus, dass „von der … Unzulässigkeit einer Einwilligung in eine Genitalverstümmelung … jene Fälle der Verletzungen der Genitalien nicht erfasst (sind), die einer Person im Zuge einer medizinisch indizierten … genitalverändernden Operation zum Zwecke der Geschlechtsumwandlung bei Transsexualität zugefügt werden. … In diesem Fall ist die Geschlechtsumwandlung als Heilbehandlung anzusehen, die schon die Tatbestandsmäßigkeit der im Zuge der Operation zugefügten Verletzungen und Verstümmelungen ausschließt." § 90 Abs 3 StGB soll die Möglichkeit der Einwilligung einer Person in die Vornahme einer der Formen der Genitalverstümmelung, insbesondere der weiblichen Genitalverstümmelung, ausschließen. Diesen Zweck erfüllt allerdings bereits § 90 Abs 1 StGB.

zinischen Realisierung und auch der Tragung der Kosten durch Mittel der Krankenkassen nicht im Weg.[304]

Die rechtliche Anerkennung im angenommenen Geschlecht wurde bis zum Jahr 2006 durch den so genannten **„Transsexuellen Erlass"** des Bundesministeriums für Inneres von 1996, der durch die Empfehlungen für den Behandlungsprozess von Transsexuellen in Österreich aus 1997 ergänzt wurde, gewährleistet.[305] Der Erlass enthielt in Punkt 2 und 3 verfahrensrechtliche Vorschriften, die eine transsexuelle Person bzw die Behörde einzuhalten hatte, um die „Geschlechtsumwandlung" auch in rechtlicher Hinsicht zu vollziehen. Die Behörde war an diese Vorschriften gebunden und ihr wurde keinerlei Ermessensspielraum eingeräumt, weshalb der VfGH anlässlich einer amtswegigen Prüfung gem Art 139 B-VG feststellte, dass es sich bei den normativen Teilen des Transsexuellen Erlasses um eine Rechtsverordnung handelt. Da der Erlass jedoch nicht die Kundmachungserfordernisse gem § 4 Abs 1 Z 2 BGBlG erfüllte, wurden die Punkte 2 und 3 des Transsexuellen Erlasses vom VfGH als gesetzwidrig aufgehoben.[306]

---

[304] Vgl *Holzleithner Elisabeth*, Recht 139.

[305] Personenstandsrechtliche Stellung Transsexueller; „Transsexuellen Erlass", Bundesministerium für Inneres, Zahl: 36.250/66-IV/4/96 vom 27.11.1996; Empfehlungen für den Behandlungsprozess von Transsexuellen in Österreich Juni 1997; beide Dokumente finden sich unter http://transx.transgender.at. Der Transsexuellen Erlass aus 1996 löste einen Vorgängererlass aus 1983 (Transsexuelle; Personenstandsrechtliche Stellung, Bundesministerium für Inneres, Zahl: 10.582/24-IV/4/83 vom 18.7.1983; ÖStA 1983, 65f) ab.

[306] VfGH vom 8.6.2006, V 4/06-7. Ausführlich zur Einordnung des Transsexuellen Erlasses als Verordnung *Greif Elisabeth*, Doing Trans/Gender 154ff und 188ff; zum Erkenntnis des VfGH *Faffelberger Graciela Rosemarie*, Der Transsexuellenerlass. Über die rechtliche Stellung Transsexueller in Österreich, JAP 2006/07, 84.

Der Transsexuellen-Erlass sah die Möglichkeit einer **Änderung des Personenstandes** im Rahmen des § 16 Personenstandsgesetz (PStG)[307] vor:

„Die Personenstandsbehörde hat eine Beurkundung zu ändern, wenn sie nach der Eintragung unrichtig geworden ist."

Auf Antrag der betroffenen Person und unter Vorlegung entsprechender Nachweise hatte die Personenstandsbehörde einen **Randvermerk über die Änderung des Geschlechts im Geburtenbuch** einzutragen. Hierzu war ein Gutachten des Instituts für Gerichtsmedizin der Universität Wien notwendig, das erweisen musste, dass die betroffene Person längere Zeit unter der zwanghaften Vorstellung gelebt hat, dem anderen Geschlecht zuzugehören und sich daher geschlechtskorrigierenden Maßnahmen unterzogen hat, die zu einer deutlichen Annäherung an das äußere Erscheinungsbild des anderen Geschlechts geführt haben müssen. Ferner musste mit hoher Wahrscheinlichkeit damit zu rechnen sein, dass sich am Zugehörigkeitsempfinden zum anderen Geschlecht nichts mehr ändern wird. Ein Randvermerk über die Änderung des Geschlechts im Geburtenbuch durfte nur dann erfolgen, wenn die betroffene Person nicht verheiratet war.[308] An

---

[307] BGBl 1983/60 zuletzt geändert durch BGBl 2001/98.

[308] *Argumentum e contrario* konnten verheiratete Personen selbst nach erfolgter Geschlechtsumwandlung das angenommene Geschlecht nicht im Geburtenbuch eintragen lassen. Ein derartiger Fall hatte zur Prüfung des Transsexuellen Erlasses durch den VfGH und zu seiner Aufhebung geführt. In diesem Zusammenhang stellt sich die Frage, wie sich eine Geschlechtsumwandlung auf eine bestehende Ehe auswirkt. Der VfGH ist in seinem Erkenntnis darauf nicht näher eingegangen. Vor der Aufhebung des Transsexuellen Erlasses wurden dazu unterschiedliche Meinungen vertreten. In einem Aufsatz aus 1981 geht *Oskar Edlbacher* davon aus, dass durch die Geschlechtsumwandlung eines Ehepartners die frühere Ehe in dem Zeitpunkt, in dem eine Rückbildung zum Geburtsgeschlecht nicht mehr möglich ist, ipso iure zur **Nichtehe** wird [vgl dazu *Edlbacher Oskar*, Die Transsexualität im Zivil- und im Personenstandsrecht, ÖJZ 1981, 180; eine ähnliche Auffassung vertritt auch *Schwind Fritz*, Kommentar zum österreichischen Eherecht² (1980) 3]. Grundvoraussetzung für diese Annahme *Edlbachers* ist jedoch die – immer frag-

diese Geschlechtseintragung im Geburtenbuch wurde auch die Änderung des Vornamens in einen geschlechtsspezifischen Vornamen gebunden.[309]

Seit der Aufhebung der normativen Teile des Transsexuellen Erlasses sind Anträge auf Eintragung eines Randvermerks über die Änderung des Geschlechts im Geburtenbuch grundsätzlich nach § 16 PStG zu beurteilen. Ein Vermerk ist, wenn sich das Geschlecht geändert hat, unabhängig davon einzutragen, ob die betroffene Person verheiratet ist oder nicht. Hinsichtlich der Fra-

---

würdiger werdende – absolute Unmöglichkeit und Unzulässigkeit der Eheschließung gleichgeschlechtlicher Paare. Vgl zur Frage der Auswirkung einer Geschlechtsumwandlung auf eine bestehende Ehe auch *Pichler Helmut* in *Rummel Peter*, Kommentar zum Allgemeinen Bürgerlichen Gesetzbuch I² (1990), Rz 2 zu § 44 ABGB, der das Vorliegen eines Scheidungsgrundes annimmt; sowie die diesbezügliche Besprechung *Verschraegen Bea*, Von der Pest zur Equipage. Besprechung des „Rummel"-Kommentars², ÖJZ 1995, 863. Die grundsätzliche Ablehnung gleichgeschlechtlicher Ehen liegt allen genannten Ausführungen zugrunde. Desgleichen tritt *Wojciech Jaksch-Ratajczak* mit Blick auf die in § 44 ABGB normierte Voraussetzung der Verschiedengeschlechtlichkeit der Eheleute in einem jüngst erschienen Aufsatz dafür ein, dass durch die Geschlechtsumwandlung eines Partners die Ehe ex lege beendet und mit Wirkung ex-nunc aufgelöst wird, vgl *Jaksch-Ratajczak Wojciech*, Gibt es in Österreich eine Ehe unter Gleichgeschlechtlichen? EF-Z 2006, 64.

[309] Der Transsexuellen-Erlass sah weiters die Möglichkeit einer Vornamensänderung in einen *geschlechtsneutralen* Vornamen auch ohne geschlechtskorrigierende Maßnahmen vor. Um einen zweiten Weg iSd „kleinen Lösung" des deutschen Transsexuellengesetzes (dBGBl 1980 I 1654-1658) zu bieten, erschien diese Variante aber zu eng, da nur wenige neutrale Vornamen zur Auswahl stehen [vgl dazu auch *Zeyringer Walter/Weitzenböck Johann/Koutny Martin*, Das österreichische Personenstandsrecht², 10. Lieferung (Stand 1.7.2003) Rz 30 zu § 3 NÄG unter Berufung auf das Urteil des EGMR vom 25.3.1992, ÖJZ 1992, 625]. Darüber hinaus wird die Annahme eines geschlechtsneutralen Namens in der Regel auch nicht den Wünschen der Betroffenen entsprechen. Die deutsche „kleine Lösung" erlaubt einer Person, die sich auf Grund ihrer transsexuellen Prägung nicht mehr dem in ihrem Geburtseintrag angegebenen, sondern dem anderen Geschlecht als zugehörig empfindet und seit mindestens drei Jahren unter dem Zwang steht, ihren Vorstellungen entsprechend zu leben ab ihrem 25. Lebensjahr die Änderung des Vornamens.

ge, wann eine Änderung des Geschlechts vorliegt, führt allerdings die Heranziehung der höchstgerichtlichen Rechtsprechung[310] zu einer impliziten Weiterwirkung der im Transsexuellen Erlass angeführten Voraussetzungen.[311]

An eine entsprechende Änderung des Personenstandes knüpfen weitere rechtliche Fragen im Zusammenhang mit Transsexualität an, so etwa das **Problem der Eheschließung**. 1997 hatte der Verwaltungsgerichtshof (VwGH) zu entscheiden, ob Transsexuelle nach erfolgter Geschlechtsumwandlung rechtlich dem Geburtsgeschlecht oder dem angenommenen Geschlecht zugehören.[312] Die Beschwerdeführerin hatte sich einer Operation zur Änderung der äußeren männlichen Geschlechtsmerkmale in solche des weiblichen Geschlechts unterzogen und wollte nun einen Mann heiraten. In diesem Zusammenhang sah sich der Gerichtshof vor die Frage gestellt, ob die Beschwerdeführerin im rechtlichen Sinn als Frau oder als Mann anzusehen sei. Er konstatierte, dass es keine gesetzliche Regelung gibt, die festlegt, welchem Geschlecht operierte Transsexuelle zuzuordnen sind[313], auch entsprechende Entscheidungen der österreichischen Gerichtshöfe lagen zu diesem Zeitpunkt nicht vor. Aus diesem Grund setzte sich der VwGH zunächst mit der einschlägigen Rechtsprechung des Europäischen Gerichtshofs für Menschenrechte (EGMR) auseinander. Dieser hatte in früheren Fällen[314] entschieden, die Weigerung staatlicher Behörden, die Eintragung im Geburtenbuch betreffend das Geschlecht einer/s operierten Transsexuellen

---

[310] Insb des Erkenntnisses des VwGH vom 30.9.1997, 95/01/0061, vgl dazu auch unten.

[311] Vgl zu dieser Vorgehensweise die Anfragebeantwortung des BM für Inneres, 435/AB XXIII. GP.

[312] VwGH 30.9.1997, 95/01/0061.

[313] Auf die fehlende Rechtsverbindlichkeit des Transsexuellen-Erlasses wurde bereits hingewiesen.

[314] *Rees* gegen Vereinigtes Königreich vom 17.10.1986, 2/1985/88/135, Serie A, Band 106; *Cossey* gegen Vereinigtes Königreich vom 27.9.1990, 16/1989/176/232, ÖJZ 1991, 173ff.

zu ändern und eine Geburtsurkunde auszustellen, die das angenommene Geschlecht ausweist, stelle weder eine Verletzung des Rechts auf Achtung des Privat- und Familienlebens (Art 8 MRK) noch des Rechts auf Eheschließung (Art 12 MRK) dar. In Abwägung des Interesses der Gemeinschaft an der Beibehaltung der wesentlichen Grundlagen des Systems der Registrierung von Geburten mit den Interessen einzelner Personen an einer Änderung des Geschlechtseintrags gab der EGMR dem Gemeinschaftsinteresse den Vorrang. Die Unmöglichkeit für Transsexuelle, eine Person des gegenüber ihrem umgewandelten Geschlecht anderen Geschlechts zu heiraten, wurde nicht als Verletzung des Art 12 MRK gewertet, da der EGMR davon ausging, das **Recht auf Ehe** beziehe sich ausschließlich auf die **traditionelle Eheschließung zwischen Personen unterschiedlichen biologischen Geschlechts**.

In einem später ergangenen Urteil[315] stellte der EGMR fest, dass die Verweigerung der Feststellung der Zugehörigkeit zum weiblichen Geschlecht, der Berichtigung der Geburtsurkunde und der Änderung des bisher männlichen in einen weiblichen Vornamen gegenüber einer transsexuellen Person eine Verletzung des Art 8 MRK darstelle, da es den Betroffenen nicht möglich war zu verbergen, dass sie eine Geschlechtsumwandlung vornehmen hatten lassen.

Aus dieser Judikaturentwicklung schloss der VwGH, dass der EGMR

„der durch einen operativen Eingriff geschaffenen neuen geschlechtlichen Identität einer transsexuellen Person gegenüber dem im Zeitpunkt der Geburt determinierten ‚biologischen Geschlecht' eine größere rechtliche Bedeutung beimisst."

---

[315] *B.* gegen Frankreich vom 25.3.1992, 57/1990/248/319, ÖJZ 1992, 625ff.

Des Weiteren führte der VwGH eine Entscheidung des EuGH[316] an, in der der Gerichtshof die Ansicht vertrat, eine operierte transsexuelle Person sei nach der Operation dem angenommenen Geschlecht zuzuordnen. Aufgrund der zitierten Entscheidungen kam der VwGH zu der Ansicht,

„… dass auch für den Bereich des österreichischen Personenstandsrechts jedenfalls in Fällen, in denen eine Person unter der zwanghaften Vorstellung gelebt hat, dem anderen Geschlecht zuzugehören, und sich geschlechtskorrigierenden Maßnahmen unterzogen hat, die zu einer deutlichen Annäherung an das äußere Erscheinungsbild des anderen Geschlechts geführt haben, und bei der mit hoher Wahrscheinlichkeit damit zu rechnen ist, dass sich am Zugehörigkeitsempfinden zum anderen Geschlecht nichts mehr ändern wird, die betreffende Person als Angehörige des Geschlechts anzusehen ist, das ihrem äußeren Erscheinungsbild entspricht."

Diese Einordnung hielt der VwGH auch im Hinblick auf eine Eheschließung für notwendig, da eine transsexuelle Person sonst keine Ehe mit einem „ausgehend von ihrem Erscheinungsbild und ihrer psychischen Verfassung" gegengeschlechtlichen Partner eingehen könnte.

Zum gleichen Ergebnis gelangte schließlich auch der EGMR in zwei Entscheidungen[317]. Die Beschwerdeführerinnen beanstandeten in beiden Fällen das Fehlen einer Möglichkeit der rechtlichen Anerkennung ihrer Geschlechtsumwandlung. Der EGMR kam zu dem Schluss, dass die MRK zuallererst ein System zum Schutz von Menschenrechten darstellt. Es sei daher notwendig, auf die sich ändernden Verhältnisse im belangten Staat und in den übri-

---

[316] *P. gegen S.* und *Cornwall County Council*, EuGH Rs C-13/94.
[317] *Christine Goodwin* gegen das Vereinigte Königreich vom 11.7.2002, 28975/95; ÖJZ 2003, 766ff; *I.* gegen das Vereinigte Königreich vom 11.7.2002, 25680/94.

gen Vertragsstaaten Rücksicht zu nehmen. Die Konvention müsse so ausgelegt und angewendet werden, dass ihre Rechte „praktisch und wirksam werden und nicht theoretisch und illusorisch sind." Der EGMR erkannte die psychische Belastung Transsexueller an, die nach erfolgter Geschlechtsumwandlung keine rechtliche Anerkennung des angenommenen Geschlechts erreichen können und konstatierte, dass sich „ein Widerspruch zwischen der gesellschaftlichen Realität und dem Gesetz (ergibt), welcher Transsexuelle in eine abnormale Stellung versetzt."

> „Im 21. Jahrhundert kann das **Recht Transsexueller auf persönliche Entwicklung und auf physische und moralische Sicherheit**[318], wie es von anderen in der Gesellschaft in Anspruch genommen wird, nicht als etwas Kontroverses angesehen werden ... Die unbefriedigende Situation, bei der postoperative Transsexuelle in einer Zwischenzone leben, in der sie nicht ganz zum einen oder zum anderen Geschlecht gehören, ist nicht länger erträglich."

Die mangelnde rechtliche Anerkennung des angenommenen Geschlechts Transsexueller stellt daher nach Ansicht des EGMR eine Verletzung des durch Art 8 MRK gewährleisteten Rechts auf Privatleben dar.

Auch bezüglich der Verletzung des Rechts auf Eheschließung revidierte der Gerichtshof seine in früheren Entscheidungen dargelegte Ansicht. Er stellte zwar fest, dass Art 12 MRK auch im Zeitpunkt dieser Entscheidungen, dem Jahr 2002, nur das Grundrecht **eines Mannes** und **einer Frau** auf Eheschließung und Familiengründung sichere[319], doch machte er die Bestimmung des Geschlechts nicht mehr länger von rein biologischen Kriterien abhängig.

---

[318] Hervorhebung durch die Verf.
[319] Damit verscheuchte der EGMR das „Gespenst der rechtlichen Anerkennung gleichgeschlechtlicher Lebensgemeinschaften" (*Holzleithner Elisabeth*, Politix 14/2003, 6).

„In dieser Hinsicht findet er (der EGMR, Anm), dass es gekünstelt ist, zu behaupten, postoperative Transsexuelle seien ihres Rechts, eine Ehe einzugehen, nicht beraubt worden, weil sie gemäß dem Gesetz in der Lage bleiben, eine Person ihrem früheren Geschlecht entgegengesetzten Geschlechts zu ehelichen. ... der GH (findet) keine Rechtfertigung dafür, Transsexuelle unter allen Umständen davon auszuschließen, in den Genuss des Rechts zu kommen, eine Ehe einzugehen."

Die langsam fortschreitende Verbesserung der Rechtsstellung Transsexueller kann nicht über die enge Verbindung zwischen Transsexualität und Krankheit hinwegtäuschen, die sämtlichen Judikaturänderungen zugrunde liegt. Die letztgenannten Entscheidungen des EGMR nennen folgende wichtige Faktoren für die rechtliche Anerkennung postoperativer Transsexueller:

„ ... die Akzeptanz des Zustandes der gender identity disorder (Störung der geschlechtlichen Identität, Anm) durch die Ärzteschaft und die Gesundheitsbehörden in den Vertragsschließenden Teilen (der MRK, Anm), die Zurverfügungstellung ärztlicher Behandlung einschließlich chirurgischer, um die Person so weitgehend als möglich dem Geschlecht anzugleichen, von welchem sie annimmt, dass sie ihm richtiger Weise zugehört und die Annahme der sozialen Rolle des zugewiesenen Geschlechts durch den Transsexuellen."

Neben der Vereinnahmung der Transsexualität durch den medizinischen Diskurs kommt in dieser Aussage auch der enorme **gesellschaftliche Anpassungsdruck**, dem Transsexuelle unterliegen, zum Ausdruck.[320] Aufschluss über das Ausmaß dieses Anpassungsdrucks geben die Empfehlungen für den Behandlungsprozess von Transsexuellen in Österreich, die parallel zur Hor-

---

[320] Kritisch dazu auch *Greif Elisabeth*, Körper an den Grenzen des Rechts. Transsexualität, Menschenrechte und nationales Recht, in *Dujmovits Elisabeth* et al (hg), Recht und Medizin (2006) 171.

montherapie und der Behandlung mit psychotherapeutischen Methoden die Durchführung eines „Alltagstest" vorsehen, der mindestens ein Jahr lang zu dauern hat. Während dieser Zeit muss die betroffene Person ein Leben unter den geänderten geschlechtlichen Bedingungen führen, ohne dass bereits eine rechtliche Anerkennung des angestrebten Geschlechts erfolgt.[321] Alle diese Probleme resultieren aus der gesellschaftlichen Konstruktion, dass es nur Frauen und Männer gibt, denen jeweils entsprechende – passende – Sexualitäten zugeordnet werden. Unser gesellschaftliches System und daher auch die Rechtsordnung kennt weder Männer in Frauenkörpern noch Frauen in Männerkörpern, daher ist die notwendige Folge der Transsexualität die operative Anpassung der Genitalien und der sekundären Geschlechtsmerkmale an das Gefühlsgeschlecht. Da keine Identitätskategorie „Transsexuelle/r" zur Verfügung steht, muss auch die Geschichte der Betroffenen nach dem operativen Eingriff umgeschrieben werden – bis hin zum Eintrag des angenommenen Geschlechts in das Geburtenbuch.

Die österreichischen Höchstgerichte bezeichnen Transsexualität ausdrücklich als „regelwidrigen, behandlungsbedürftigen Zustand". Auch die Regel, der Transsexualität – zumindest nach Ansicht der Rechtsprechung – widerspricht, wird vom VwGH genannt:

> „Die österreichische Rechtsordnung und das soziale Leben gehen von dem Prinzip aus, dass jeder Mensch entweder weiblichen oder männlichen Geschlechts ist."

---

[321] In diesem Zeitraum ist auch noch keine Namensänderung möglich, außer die Änderung in einen geschlechtsneutralen Vornamen. Dies allerdings mit der Konsequenz, dass eine neuerliche Namensänderung in einen Vornamen, der dem Geschlecht entspricht, erst nach Ablauf von zehn Jahren wieder zulässig ist (§ 3 Abs 1 Z 8 Namensänderungsgesetz, BGBl 1988/195 idF BGBl 1995/25).

Inwieweit diese Annahme haltbar ist, wird im nächsten Abschnitt untersucht.

c. Körper als Normenfolge

Intersexualität bezeichnet aus medizinischer Sicht eine Störung der sexuellen Differenzierung, bei der sich innere und äußere Geschlechtsorgane in unterschiedlich starker Ausprägung im Widerspruch zum chromosomalen Geschlecht entwickeln.[322] Bis vor wenigen Jahren existierten keine ausreichend dokumentierten Studien über die Häufigkeit von Intersexualität. Erst im Jahr 2000 legte die Biologin *Anne Fausto-Sterling* gemeinsam mit KollegInnen eine umfassende, kritische Studie über Intersexualität vor, in der die Häufigkeit auf etwa 2% aller Lebendgeburten geschätzt wird.[323] Der Begriff Intersexualität umfasst unterschiedliche Erscheinungsformen, von denen eine Vielzahl ganz unauffällig sein kann. Besondere Probleme treten allerdings auf, wenn Neugeborene keine eindeutigen Genitalien aufweisen.

Die österreichische Rechtsordnung beinhaltet keine speziellen Regelungen für Intersexuelle.[324] Auch diesbezügliche Entscheidungen der österreichischen Höchstgerichte liegen nicht vor. Dies resultiert aus der Tatsache, dass geschlechtszuweisende Operationen an Menschen mit uneindeutigen Genitalien in der Regel sofort nach der Geburt vorgenommen werden. Erwachsene Inter-

---

[322] Vgl Pschyrembel Klinisches Wörterbuch, www.pschyrembel.de [12.11.2003].

[323] Vgl *Fausto-Sterling Anne* et al, How Sexually Dimorphic Are We? Review and Synthesis, American Journal of Human Biology 2000/12, 151ff.

[324] Vgl *Matt Eva*, Das Recht auf eine offene Zukunft. Überlegungen zur medizinischen Normalisierung intersexueller Kinder, juridikum 2006, 144. Zur historischen Rechtslage, insb zur Regelung der Rechtsstellung von „Zwittern" im Preußischen Allgemeinen Landrecht vgl den – aus feministischer Sicht höchst umstrittenen – Aufsatz von *Wacke Andreas*, Vom Hermaphroditen zum Transsexuellen. Zur Stellung von Zwittern in der Rechtsgeschichte, in *Eyrich Heinz/Odersky Walter/Säcker Franz Jürgen* (hg), FS Kurt Rebmann (1989) 861ff.

sexuelle mit uneindeutigen Genitalien dürften daher äußerst selten sein.[325] Das PStG verlangt für die Eintragung lebend geborener Kinder in das Geburtenbuch die Angabe des Geschlechts des Kindes (§ 19 Z 3 PStG). Welche Geschlechtseintragungen möglich sind, wird nicht näher gesetzlich geregelt, es wird jedoch anzunehmen sein, dass das Personenstandsgesetz – wie auch der österreichische Verwaltungsgerichtshof – davon ausgeht, dass jeder Mensch entweder weiblich oder männlich ist. Zwingend oder „naturgegeben" ist eine derartige Beschränkung freilich nicht. Die Frage nach der **Möglichkeit einer personenstandsrechtlichen Eintragung als „intersexuell"** stellte sich in Österreich bislang nicht.[326]

Rechtliche Fragen ergeben sich nicht nur im Zusammenhang mit dem Personenstand intersexueller Menschen, sondern auch bezüglich der **Zulässigkeit geschlechtszuweisender Operationen an minderjährigen Kindern**. Intakte, aber uneindeutige Genitalien – etwa eine zu große Klitoris oder ein zu kleiner Penis – werden an die gesellschaftlichen Erwartungen, wie „normale" Geschlechtsorgane auszusehen haben, angepasst. Da zahlreiche Operationen zur Herstellung eindeutiger Genitalien die dauernde Fortpflanzungsunfähigkeit zur Folge haben, ist zunächst zu unter-

---

[325] Nicht alle Formen der Intersexualität gehen mit uneindeutigen Genitalien einher. Solche „unauffällige" Erscheinungsformen der Intersexualität bleiben daher häufig unentdeckt, vgl dazu den Bericht über die spanische Olympiateilnehmerin *Maria Patiño* bei *Fausto-Sterling Anne* in *Pasero Ursula/Gottburgsen Anja* (hg), Wie natürlich ist Geschlecht? 17ff. *Patiños* äußeres Erscheinungsbild war weiblich, sie definierte sich auch selbst als Frau. Aufgrund ihrer *androgen intensivity* besaß sie zwar ein Y-Chromosom sowie Hoden innerhalb der Schamlippen, ihr Körper konnte das maskulinisierende Hormon jedoch nicht erkennen und daher auch keine männlichen Charakteristika entwickeln.

[326] Zur Situation in Deutschland vgl LG München I, Beschluss vom 30.6.2003 – 16 T 19449/02. Die geforderte Eintragung „intersexuell" bzw „intrasexuell" im Personenstandsregister wurde vom LG München mit der Begründung abgelehnt, es handle sich dabei nicht um die Bezeichnung eines bestimmten Geschlechts, sondern um Oberbegriffe für verschiedene Störungen der sexuellen Differenzierung.

suchen, ob die § 146d ABGB (zivilrechtliches Verbot der Sterilisation von Minderjährigen) und § 90 StGB (Einwilligung des Verletzten) einschlägig sein könnten.

§ 146d AGBG[327] lautet:

> „Weder ein minderjähriges Kind noch die Eltern können in eine medizinische Maßnahme, die eine dauernde Fortpflanzungsunfähigkeit des minderjährigen Kindes **zum Ziel hat**[328], einwilligen."

§ 90 StGB trifft grundsätzliche Bestimmungen über die **Einwilligung einer Person in eine Körperverletzung**, darunter auch in eine Sterilisation:

> „(1) Eine Körperverletzung oder Gefährdung der körperlichen Sicherheit ist nicht rechtswidrig, wenn der Verletzte oder Gefährdete in sie einwilligt und die Verletzung oder Gefährdung als solche nicht gegen die guten Sitten verstößt.
> (2) Die von einem Arzt an einer Person mit deren Einwilligung vorgenommene Sterilisation ist nicht rechtswidrig, wenn entweder die Person bereits das fünfundzwanzigste Lebensjahr vollendet hat oder der Eingriff aus anderen Gründen nicht gegen die guten Sitten verstößt.
> (3) In eine Verstümmelung oder sonstige Verletzung der Genitalien, die geeignet ist, eine nachhaltige Beeinträchtigung des sexuellen Empfindens herbeizuführen, kann nicht eingewilligt werden."

Das zivilrechtliche Verbot der Sterilisation minderjähriger Kinder trifft allerdings nicht auf geschlechtsanpassende Eingriffe zu, weil nach dem ausdrücklichen Wortlaut des Gesetzes davon nur solche Eingriffe erfasst werden, die eine dauernde Verhinderung

---

[327] Eingeführt durch das KindRÄG 2001, BGBl I 2000/135.
[328] Hervorhebung durch die Verf.

der Fortpflanzungsfähigkeit zum Ziel haben. Die Verhinderung der Fortpflanzungsfähigkeit ist aber dort, wo sie als Folge einer geschlechtszuweisenden Operation eintritt, nur ein Nebeneffekt: Intendiert ist die „Normalisierung" uneindeutiger Genitalien.[329] Auch – und hier erschließt sich die Tragweite der Vereinnahmung der Intersexualität durch den medizinischen Diskurs – § 90 StGB ist nicht einschlägig. Die Übereinstimmung mit den guten Sitten ist bei einer medizinisch indizierten, notwendigen Heilbehandlung gegeben. Unter die strengen Bedingungen für eine Sterilisation nach § 90 Abs 2 StGB lässt sich eine operative Geschlechtszuweisung nicht subsumieren, weil zu Heilzwecken vorgenommene Sterilisationen nicht unter Abs 2 sondern unter Abs 1 des § 90 StGB fallen. Die Altersgrenze von 25 Jahren greift daher nicht. Dass § 90 Abs 3 StGB auf Fälle der Intersexualität keine Anwendung finden soll, stellte die Gesetzgebung selbst klar:

„Eingriffe zur Behandlung somatischer Intersexualität, das sind Fälle, bei denen auf Grund körperlicher Befunde die eindeutige Zuordnung zum männlichen oder weiblichen Ge-

---

[329] Die analoge Anwendung des zivilrechtlichen Verbots der Sterilisation Minderjähriger auf geschlechtszuweisende Eingriffe, wie dies *Konstanze Plett* offensichtlich für die deutsche Rechtslage vorschlägt (*Plett Konstanze*, Intersexualität aus rechtlicher Perspektive, überarbeitetes Manuskript eines Vortrages am 7.3.2001 anlässlich der 45. Jahrestagung der Deutschen Gesellschaft für Endokrinologie im Rahmen des Interdisziplinären Symposiums „Das Unbehagen mit dem Geschlecht: Möglichkeiten und Grenzen medizinischer Entscheidungsfindung bei Intersexualität", www.zerp.uni-bremen.de/deutsch/pdf/plett_intersexualität.pdf, 14.11.2003) scheitert, solange die geschlechtszuweisende Operation als notwendige Heilbehandlung gilt. Unter diesem Gesichtspunkt fehlt es nämlich bereits an der für die Zulässigkeit der Analogie notwendigen planwidrigen Lücke im Gesetz: § 146d AGBG soll nach den Vorstellungen der Gesetzgebung gerade jene Fälle nicht erfassen, in denen der Eintritt der Fortpflanzungsunfähigkeit notwendige Begleiterscheinung einer anderen, unabwendbaren medizinischen Behandlung ist (RV 296 BlgNR 21. GP).

schlecht nicht möglich ist (echte oder scheinbare Zwitter), sind jedenfalls als Heilbehandlung einzustufen."[330]

Damit wird bereits die Tatbestandsmäßigkeit der im Zuge der Operation zugefügten Verletzungen und Verstümmelungen ausgeschlossen.

Seit kurzem formieren sich Betroffene, deren Anliegen es ist, dass geschlechtszuweisende Eingriffe an Intersexuellen nicht ohne deren persönliche Einwilligung[331] vorgenommen werden.[332] Neuere Erkenntnisse zeigen, dass nicht nur die Notwendigkeit, sondern auch der Erfolg derartiger Eingriffe höchst umstritten ist. So muss zunächst etwa eine „zu große" Klitoris verkleinert werden, um aus einem Kind mit uneindeutigen Genitalien ein Mädchen zu machen. Bereits durch derlei Eingriffe wird die Empfindsamkeit der Klitoris deutlich herabgemindert – das kann bis hin zur Gefühllosigkeit gehen. Fehlt die Vagina, erfolgen noch weitere Eingriffe im Kindesalter, um eine Vaginaleingangsplastik einzusetzen und die Neovagina auszudehnen. Dies ist „notwendig", um späteren Vaginalverkehr zu ermöglichen, damit einher gehen allerdings enorme emotionale Belastungen, die immer wieder zum Abbruch der Maßnahmen führen.[333] Geschlechtszuweisende Operationen dienen nicht vornehmlich der Behebung funktioneller Störungen, sondern haben nur kosmetischen Charakter.[334] Zur notwendigen Heilbehandlung macht sie erst die heteronormative gesellschaftliche Struktur, die Existenzweisen außerhalb oder zwischen den Grenzen des Frau-Mann-Schemas nicht zulässt.

---

[330] RV 754 BlgNR 21. GP.
[331] In geschlechtszuweisende Operationen unmittelbar nach der Geburt intersexueller Kinder willigen in der Regel die Eltern ein.
[332] Vgl *Holzleithner Elisabeth*, Recht 130.
[333] Vgl *Lorber Judith*, Gender-Paradoxien 86f; zur Vorgangsweise bei geschlechtszuweisenden Eingriffen vgl *Holzleithner Elisabeth*, Recht 129f, mit weiteren Nachweisen.
[334] Vgl *Holzleithner Elisabeth*, Recht 131.

Vor dem Hintergrund einer Rechtsordnung, der die **Einteilung von Menschen in Frauen und Männer als fundamentales Prinzip** zugrunde liegt, erscheinen die Forderungen von Menschen mit uneindeutigem Geschlecht nach Anerkennung zum Scheitern verurteilt. Dabei ist längst erwiesen, dass die Unterscheidung zwischen Frauen und Männern keineswegs immer eindeutig oder „natürlich" ist. *Anne Fausto-Sterling* stellt fest:

> „Das Geschlecht eines Körpers ist einfach zu komplex. Es gibt kein Entweder-Oder. Vielmehr gibt es Schattierungen von Unterschieden."[335]

Es gibt nicht nur eine Reihe unterschiedlicher Untersuchungsmethoden, um das Geschlecht einer Person festzustellen, vielmehr können diese auch zu unterschiedlichen Ergebnissen führen. Selbst bei Anwendung einer einzigen Untersuchungsmethode können zu unterschiedlichen Zeiten die Ergebnisse verschieden ausfallen.[336] Wer als „Frau" und wer als „Mann" zu gelten hat, ist daher niemals eindeutig.

> „Unsere Körper sind zu komplex, um fest umrissene Antworten über den sexuellen Unterschied zu liefern. Je angestrengter wir nach einer einfachen physiologischen Basis für *sex* suchen, desto klarer wird, dass *sex* keine rein physische Kategorie ist. Welche körperlichen Signale und Funktionen wir als männlich oder weiblich definieren, ist in unseren Vorstellungen von *gender* schon inhärent enthalten. ... Kriterien für die Geschlechts-Bestimmung auszuwählen sowie diese Bestimmung überhaupt vorzunehmen, sind soziale

---

[335] *Fausto-Sterling Anne* in *Pasero Ursula/Gottburgsen Anja* (hg), Wie natürlich ist Geschlecht? 19.
[336] Pubertät, Schwangerschaft und Wechseljahre bringen beispielsweise enorme Veränderungen des Hormonhaushalts mit sich.

Entscheidungen, für die die Wissenschaft keine absoluten Richtwerte bietet."[337]

Biologische Unterschiede zwischen Menschen bestehen, aber diese **Unterschiede sind bedeutungslos, solange sie nicht mit kulturellen Zuschreibungen verknüpft werden**.[338] Die Geschlechtszuweisung Intersexueller verfolgt daher keinen anderen Zweck, als die Geschlechtertrennung weiter aufrechtzuerhalten. Durch die Verkörperung beider Geschlechter schwächen Intersexuelle die Behauptungen über geschlechtliche Differenz.[339]

Warum ist aber geschlechtliche Differenz so wichtig? Seitens der Rechtswissenschaft werden hier klassischerweise die Institute der Wehrpflicht und der Ehe angeführt, die eine eindeutige Zuordnung entweder zum weiblichen oder zum männlichen Geschlecht voraussetzen.[340] Sowohl bei der Wehrpflicht als auch bei der Ehe handelt es sich aber um **rechtliche Konstrukte** – es ist weder naturgemäß vorgegeben noch unabänderlich, dass ein bestimmtes Geschlecht notwendige Voraussetzung dafür sein soll.[341] Rechtliche Regelungen können an eine Vielzahl von Merkmalen anknüpfen, die weniger ausschließend sind, als die gesellschaftlich konstruierte Identität als „Frau" oder als „Mann". Eine solche Veränderung würde es auch erlauben, tatsächliche Unterschiede

---

[337] *Fausto-Sterling Anne* in *Pasero Ursula/Gottburgsen Anja* (hg), Wie natürlich ist Geschlecht? 22 (Hervorhebungen im Original).

[338] Vgl *Lorber Judith*, Gender-Paradoxien. Zwischen Frauen untereinander und zwischen Männern untereinander existieren genauso zahlreiche biologische Unterschiede wie zwischen Frauen und Männern.

[339] Vgl *Fausto-Sterling Anne* in *Pasero Ursula/Gottburgsen Anja* (hg), Wie natürlich ist Geschlecht? 26.

[340] Amtsgericht München, 722 UR III 302/00; www.postgender.de/postgender/ ae130901.htm [14.11.2003].

[341] Vgl auch die diesbezügliche Schlussfolgerung bei *Holzleithner Elisabeth*, Recht 134: „Von einer angenommenen ‚biologischen Tatsache' wird zunächst auf ein Rechtsprinzip geschlossen. Wenn die Biologie dann uneindeutig ist, kann das Rechtsprinzip, das aus der als eindeutig angenommenen Biologie extrahiert worden ist, in Anschlag gebracht werden."

zwischen Menschen wahrzunehmen, anstatt Unterschiede vorab zu konstruieren und erst in einem zweiten Schritt auf sie als „vorgegebene Unterschiede" zu reagieren.

5. Zusammenfassung und Ausblick

Die Übernahme queerer Theorien durch die feministische Theorie erfolgt in Anknüpfung an eine historische Entwicklung, die von einem **einheitlichen Frauenkonzept** über die **Anerkennung von Differenzen zwischen Frauen** schließlich in einer **Ablehnung der Kategorie „Frau"** mündete und das Geschlecht verstärkt zum Ausgangspunkt des Feminismus werden ließ.

Die Kritik an der **Zwangsheterosexualität der Gesellschaft** macht Queer Theory zur Herrschaftskritik. Nicht nur die Normalität von Heterosexualität wird angezweifelt, sondern alle Institutionen, die auf dieser Norm aufbauen.[342] Auch das Recht rekurriert auf die heterosexuelle Matrix und bietet somit einen Anknüpfungspunkt für queere Kritik. Das wissenschaftliche Potential der Queer Theory besteht in ihrer Analyse des normativen Gehalts der Heterosexualität und der Zweigeschlechtlichkeit, die es ermöglicht, dass sich die heterosexuelle Gesellschaft als einzig existierende und vorstellbare Wirklichkeit konstituiert.[343]

Queer hat einen Abbau des feministischen, lesbischen und schwulen „Wir" zugunsten einer größeren **Vielfalt von Existenzweisen** zur Folge. Die Errungenschaften der Frauenbewegung nun abzulehnen, wäre jedoch grundsätzlich falsch, da die Queer Theory notwendigerweise auf diesen Errungenschaften und dem dadurch gewonnenen neuen Selbstbewusstsein aufbaut und sich erst in einem nächsten Schritt gegen als zu eng empfundene Iden-

---

[342] Vgl *Castro Varela María del Mar*, Queer the Queer! Queer Theory und politische Praxis am Beispiel Lesben im Exil, beiträge zur feministischen theorie und praxis, Lesbenleben quer gelesen, 52/99, 30.
[343] Vgl *Jagose Annamarie*, Queer Theory 168.

titätskategorien wendet.³⁴⁴ Es ist daher auch die Sorge lesbischer Feministinnen, die Etablierung von queer könnte – trotzdem nachhaltig die **Geschlechtsneutralität queerer Konzepte** betont wird – das Verschwinden lesbischer Frauen aus dem Diskurs zur Folge haben, ernst zu nehmen. Die Erfahrungen mit der homosexuellen Befreiungsbewegung und dem Feminismus haben gezeigt, dass lesbische Frauen sowohl in der Bezeichnung „Homosexuelle" als auch in der Berufung auf „Frauen" zu verschwinden drohten. Hinter queer, so die Kritik, verberge sich nun wieder eine allgemeine Männlichkeit, weshalb zu erwarten sei, dass die angeblich nichtausschließende Queer Theory der Geschlechterdifferenz nicht genügend Beachtung schenke.³⁴⁵ Sowohl von BefürworterInnen als auch von AblehnerInnen der Queer Theory wird der Vorwurf geäußert, dass queere Konzepte die Geschlechterproblematik ignorieren. Feministischen Erkenntnissen wird dagegen häufig der Vorwurf gemacht, das auf der Kategorie Geschlecht basierende Wissen des Feminismus könne nicht das gesamte Feld der menschlichen Sexualität abdecken. Die Beziehungen zwischen Feminismus und Queer Theory müssen daraufhin überdacht werden, welchen Raum Geschlecht in der Queer Politik einnehmen kann und soll und wie sich der Feminismus queere Erkenntnisse über Sexualität und Begehren zunutze machen kann.³⁴⁶

Die Art, wie wir unsere Körper wahrnehmen, die gesellschaftliche Bedeutung, die Körper, körperliche Sexualität und Geschlecht haben, werden durch juristische Diskurse in entscheidendem Maße mitbestimmt.³⁴⁷ Aus diesen Erkenntnissen, aus der Performativität von Geschlecht resultiert jedoch nicht, dass die gesellschaftliche Position von Frauen nicht mehr länger untersucht werden könnte oder sollte.

---

[344] Vgl *Hofmann Roswitha* in *Hey Barbara/Pallier Ronald/Roth Roswith* (hg), Que[e]rdenken 115.
[345] Vgl *Jagose Annamarie*, Queer Theory 146f.
[346] Vgl *Jagose Annamarie*, Queer Theory 149ff.
[347] Vgl *Krause Ellen*, Einführung 155, unter Bezugnahme auf *Judith Butler*.

„Sobald wir verstanden haben, dass Subjekte durch Ausschließungsverfahren gebildet werden, ist es politisch notwendig, die Verfahren dieser Konstruktion und Auslöschung nachzuzeichnen."[348]

Dies zu tun ist unter anderem das Anliegen feministischer Rechtswissenschaft, deren Ziele und Methoden in den folgenden Kapiteln beschrieben werden.

---

[348] *Butler Judith* in *Benhabib Seyla/Butler Judith/Cornell Drucilla/Fraser Nancy*, Streit 47.

IV. Feministische Rechtswissenschaft und ihre Methoden

A. Allgemeines

Feministische Rechtswissenschaft analysiert das Recht mit besonderem Augenmerk auf seine geschlechtliche Relevanz. Ihr Ziel ist die Aufdeckung und Beseitigung von rechtlichen Instrumenten männlicher Machterhaltung. Als Mittel der Macht stellt das Recht ein zentrales Herrschafts- und Steuerungselement des Staates dar. Indem Rechtsnormen bestimmte traditionelle gesellschaftliche Strukturen stützen und fördern, tragen sie zur **Aufrechterhaltung der Geschlechterdifferenz** bei.

Das Recht moderner kontinentaler Gesellschaften lässt sich als komplexe Verbindung aus dogmatischer Rechtslehre, Gesetzen, rechtsphilosophischen Texten, rechtlichen Institutionen, Rechtsverhältnissen, individuellen Rechtsverständnissen und staatlichen Institutionen begreifen.[349] Über das positive Recht hinaus sind auch die praktische Rechtsanwendung und die Vorstellungen davon, wie rechtliche Beziehungen zwischen Personen aussehen sollten, von eminenter Bedeutung für die Lebenswirklichkeit der Rechtsunterworfenen.[350] Das Recht ist also mehr als die Summe der einzelnen Normen eines Staates.

Die machtvolle Bedeutung des Rechts erklärt sich aus der ihm innewohnenden staatlichen Zwangsgewalt. Das **Recht als Mittel des Zwanges und der Herrschaft** spiegelt die Machtverhältnisse in einer Gesellschaft wider, gleichzeitig sind Gesetze in einer pluralistischen Gesellschaft aber immer auch Ausdruck eines Kompromisses und Interessenausgleichs. Recht ist nichts Endgül-

---

[349] *Foucault Michel*, zit nach *Maihofer Andrea*, Geschlecht als Existenzweise (1995) 80.

[350] Vgl *Gerhard Ute* in *Rust Ursula* (hg), Juristinnen 140.

tiges, sondern ein revidierbarer, historisch gewachsener Komplex.[351] Durch Einmischung in den Prozess der Rechtsentstehung lässt sich das Recht gestalten und verändern. Eine solche Einmischung ist aber nur dann sinnvoll, wenn nicht nur die repressive sondern auch die produktive Kraft des Rechts wahrgenommen wird.[352]

Dies darf angesichts der zahlreichen, ernst zu nehmenden Bedenken[353] feministischer Juristinnen, sich des Rechts, das männliche Macht normiert und legitimiert, zu bedienen, nicht übersehen werden. Das Machtpotential des Rechts kann zwar einerseits unterdrücken und vernichten, es kann aber ebenso Kräfte freisetzen und fördern.[354]

Eine wichtige Aufgabe feministischer Rechtswissenschaft ist es, **Begründungen für angemessene Lösungen** zu finden. Die gesellschaftliche Wirklichkeit und das geltende Recht dürfen dabei als Rahmen nicht aus den Augen verloren werden. Gleichzeitig muss die feministische Rechtswissenschaft durch die **Erarbeitung neuer Interpretationsmöglichkeiten** des Rechts und die **Eröffnung unterschiedlicher Perspektiven** auf die Wirklichkeit diesen Rahmen ausdehnen.[355]

---

[351] Vgl *Gerhard Ute*, Atempause. Feminismus als demokratisches Projekt (1999) 135.

[352] Vgl *Baer Susanne*, Inexcitable Speech, in *Hornscheidt Antje/Jähnert Gabriele/Schlichter Annette* (hg), Kritische Differenzen – geteilte Perspektiven. Zum Verhältnis von Feminismus und Postmoderne (1998) 240.

[353] Vgl insb die Nachweise bei *Holzleithner Elisabeth*, Recht 23f.

[354] Vgl *Benke Nikolaus*, JuristInnenausbildung – ein feministischer Irrweg? JRP 1995/2, 91.

[355] Vgl *Baer Susanne*, Thesen zur Einführung, in *Zentrum für interdisziplinäre Frauenforschung* (hg), Feministische Rechtswissenschaft, Bulletin Nr. 12/1996, 6.

B. Feministische Wissenschaftskritik und feministische Rechtskritik

Befreiendes Potential für die Wissenschaft liegt auch in der feministischen Wissenschaftskritik und ihren Theorien. Feministische Wissenschaftskritik zeigt Schwachstellen und Verkürzungen traditioneller männlicher Wissenschaft auf. Zentrale Ansatzpunkte der feministischen Wissenschaftskritik finden sich auch in der feministischen Rechtskritik wieder, die sie aufgenommen und zum Teil weiterentwickelt hat.

Ansatzpunkt feministischer Epistemologien sind die soziale Konstruiertheit von Wissenschaft und die darin enthaltenen geschlechtsspezifischen Perspektiven, Stereotype und Machtverhältnisse. In Frage gestellt werden sowohl die Gegenstände wissenschaftlicher Tätigkeit als auch die Grundannahmen wissenschaftlicher Erkenntnisproduktion.[356] Wesentliches Kennzeichen feministischer Wissenschaftskritik ist die Annahme, dass Wissen situiert und kontextabhängig ist, da es von Wissenssubjekten produziert wird, die selbst als standortgebunden zu verstehen sind und deren Wahrnehmung daher keine unvermittelte sein kann.[357]

Feministische Standpunkttheorien gehen davon aus, dass Frauen aufgrund der asymmetrischen Geschlechterverhältnisse und der geschlechtsspezifischen Arbeitsteilung andere Erfahrungen als Männer machen und dadurch eine andere Sicht auf die Welt sowie andere Erkenntnisinteressen aufweisen. Um einen objektiveren Blick auf die gesellschaftlichen Verhältnisse zu erhalten,

---

[356] Vgl *Hofmann Roswitha* in *Bendl Regine/Hanappi-Egger Edeltraud/Hofmann Roswitha* (hg), Interdisziplinäres Gender- und Diversitätsmanagement 163.

[357] Vgl *Singer Mona*, Feministische Epistemologie, in *Gehmacher Johanna/Mesner Maria* (hg), Frauen- und Geschlechtergeschichte. Positionen/Perspektiven (2003) 73 (77).

sei daher bei den Erfahrungen und Lebensbedingungen von Frauen anzusetzen.[358]

Der **feministische Empirismus** orientiert sich dagegen stärker an der herrschenden Wissenschaftstheorie. Das Anliegen seiner Vertreterinnen ist eine empirische Beweisführung für die Diskriminierung von Frauen, die Grundlagen der Wissenschaft werden nur in einzelnen Punkten in Frage gestellt.[359]

Postmoderne feministische Epistemologien stellen vor allem universelle Kategorien wie „Frau" oder „Mann" in Frage. Die Annahme, es gäbe ein einheitliches Subjekt „Frau", enthält ihrer Ansicht nach essentialistische und universalistische Verkürzungen, die bestehende Differenzen ausblenden. Darüber hinaus weisen postmoderne Ansätze darauf hin, dass Geschlecht nur ein gesellschaftliches Unterscheidungsmerkmal neben zahlreichen anderen – wie etwa ethnische Herkunft, Klasse oder sexuelle Orientierung – darstellt, die ebenfalls in die wissenschaftliche Betrachtung einbezogen werden müssen.[360]

Zu einer Neuorientierung der Frauen- und Geschlechterforschung führen auch **intersektionelle Ansätze**, deren Anliegen es ist, die Analyse gesellschaftlicher Herrschaftsverhältnisse, historischer und kontextspezifischer Machtstrukturen mit der Analyse von Interaktionen zwischen Individuen und Gruppen sowie individuellen Erfahrungen zu verbinden.[361] Intersektionalitätsansätze entwickelten sich aus der Kritik am Mittelschichtbias und dem unre-

---

[358] Vgl *Singer Mona* in *Gehmacher Johanna/Mesner Maria* (hg), Frauen- und Geschlechtergeschichte 79.
[359] Vgl *Hofmann Roswitha* in *Bendl Regine/Hanappi-Egger Edeltraud/Hofmann Roswitha* (hg), Interdisziplinäres Gender- und Diversitätsmanagement 164f.
[360] *Hofmann Roswitha* in *Bendl Regine/Hanappi-Egger Edeltraud/Hofmann Roswitha* (hg), Interdisziplinäres Gender- und Diversitätsmanagement 165.
[361] Vgl *Knapp Gudrun-Axeli*, „Intersectionality" – ein neues Paradigma feministischer Theorie? Zur transatlantischen Reise von „Race, Class, Gender", Feministische Studien. Kinderlosigkeit 1/2005, 68 (71).

flektierten Ethnozentrismus, der dem Großteil der feministischen Theorie und Praxis vorgeworfen wurde.[362] Ausgehend von der Erfahrung der Mehrfachunterdrückung von Women of Colour[363] entwickelten intersektionelle Analysen die These, dass unterschiedliche soziale Differenzkategorien – wie etwa ethnische Zugehörigkeit und Geschlecht – in komplexer Weise miteinander verbunden sind und sich gegenseitig durchkreuzen. Ein weiterer wichtiger Ansatzpunkt ist die historische Dimension der einzelnen Kategorien sowie die Differenzen, die innerhalb der einzelnen Kategorien bestehen.[364]

Aus den Erkenntnissen feministischer Wissenschafts- und Rechtskritik darf allerdings nicht der Schluss gezogen werden, dass sämtliche herkömmliche Formen, Methoden und Möglichkeiten des Denkens zu verwerfen sind. Viel mehr muss sich die feministische Rechtswissenschaft aller verfügbarer Mittel und Wege bedienen, um innerhalb der herrschenden Tradition und gleichzeitig auch über sie nachzudenken.[365] Das Ziel einer so verstandenen feministischen Wissenschaft ist es, traditionelle Geschlechterstereotype und die damit verknüpften Hierarchien aufzubrechen.

---

[362] Vgl *Knapp Gudrun-Axeli*, „Intersectionality" 69.

[363] Vgl *Crenshaw Kimberle*, Mapping the Margins: Intersectionality, Identity Politics, and Violence against Women of Colour, Stanford Law Review 1991, 1241.

[364] Vgl *Raab Heike*, Intersectionality in den Disability Studies – Zur Interdependenz von Disability, Heteronormativität, und Gender, Vortrag gehalten am 31.5.2006 im Rahmen der ZeDIS-Ringvorlesung „Disability Studies" des Zentrums für Disability Studies der Universität Hamburg, http://www.zedis.uni-hamburg.de/wp-content/uploads/2007/01/intersectionality_raab.pdf [11.7.2007].

[365] Vgl *Minnich Elizabeth K.*, Von der halben zur ganzen Wahrheit: Einführung in feministisches Denken (1994) 48.

1. Androzentrismuskritik

Als „Androzentrismus" bezeichnet die feministische Wissenschaftskritik die **Dominanz männlicher Sichtweisen** und männlicher Forscher in der Wissenschaft und ihren Denktraditionen.[366] Die herkömmliche Wissenschaft konzentriert sich fast ausschließlich auf Männlichkeit und Männer, männliche Werte, Normen und Lebenszusammenhänge.[367]

Vom Androzentrismusvorwurf werden aber auch **strukturelle Hindernisse**, die Frauen vom Wissenschaftsbetrieb fernhalten, erfasst. Die **Männerzentriertheit der traditionellen Wissenschaft** resultiert aus der Tatsache, dass bisher vorwiegend männliche Forscher die Auswahl und Definition der Forschungsthemen und Forschungsobjekte vornahmen.[368] Ihnen oblag die Entscheidung, welche Phänomene untersucht werden sollten und die Definition dessen, was als Problem angesehen wurde.[369] Männer bestimmten über die Wichtigkeit der gewonnenen Forschungsergebnisse und über die Schlüsse, die aus ihnen gezogen wurden.

Auch die Begriffe, mit denen gearbeitet wird, haben Männer geprägt, so dass der Androzentrismus bis in die Methoden der einzelnen Wissenschaftsgebiete ausstrahlt. Eine eingehende Analyse der Bedeutung von Begriffen ergibt, dass weibliche Lebensrealitäten und Wahrnehmungen ausgespart bleiben. Die Folgen einer androzentristischen Wissenschaft sind unvollständige, eindimensionale, mitunter sogar falsche Wahrnehmungen und Erkenntnisse.[370]

---

[366] Vgl *Althoff Martina/Bereswill Mechthild/Riegraf Birgit*, Feministische Methodologien und Methoden. Traditionen, Konzepte, Erörterungen (2001) 27.
[367] Vgl *Brück Brigitte* et al, Feministische Soziologie: Eine Einführung² (1997) 22.
[368] Vgl *Schmuckli Lisa*, Differenzen und Dissonanzen. Zugänge zu feministischen Erkenntnistheorien in der Postmoderne (1996) 25ff.
[369] Vgl *Harding Sandra*, Feministische Wissenschaftstheorie (1990) 23.
[370] Vgl *Schmuckli Lisa*, Differenzen 29.

Unser heutiges Rechtssystem ist fast zur Gänze unter der **Ausgrenzung und** dem **Ausschluss von Frauen** entstanden. Weder waren juristische Berufe für Frauen zugänglich, noch hatten sie bis ins 20. Jahrhundert Einfluss auf die Rechtsentwicklung. Die Entstehung eines professionellen Juristenstandes vollzog sich unter dem völligen Ausschluss von Frauen, ebenso die Entwicklung der Inhalte, Methoden und Strukturen der Rechtswissenschaft.[371] Androzentristische Verzerrungen im Recht ergeben sich daraus, dass formal gleiche Rechte von männlichen Arbeits- und Lebensweisen ausgehen. Tatbestandsbeschreibungen und Berechtigungen orientieren sich an männlichen Biographien, sie können daher weder einem Anspruch auf Neutralität noch auf Allgemeingültigkeit gerecht werden.[372]

Ein Beispiel dafür ist das Sozialrecht: Frauen haben häufig einen anderen Lebenslauf als Männer. Während die Schulzeit und die Ausbildung sich noch eher gleichen, divergieren die Chancen von Frauen und Männern beim beruflichen Ein- und Aufstieg deutlich. Frauen verdienen weniger als Männer und unterbrechen ihre Erwerbstätigkeit häufiger für Kindererziehung, Pflegetätigkeit und Haushaltsführung. Diese Unterbrechungen führen zu Schwierigkeiten beim beruflichen Wiedereinstieg. Geringfügige Beschäftigungsverhältnisse werden hauptsächlich von Frauen eingegangen, ebenso ist ein Großteil der Teilzeitbeschäftigten weiblich. Die Erbringung unbezahlter Arbeit im Familienverband prägt weibliche Lebensläufe – das Muster, nach dem viele Frauen leben, findet in der Sozialversicherung, deren Regelung eine starke Erwerbs- und Ehezentriertheit aufweisen, keine Entsprechung. Strukturen und Systematik des herrschenden Sozialversicherungsrechts gehen von typisch männlichen Lebenszusammenhängen aus. Für Frauen ist das Recht defizitär, obgleich es den Regelfall menschlichen Lebens mit seinen typischen Risiken erfas-

---

[371] Vgl *Degen Barbara*, Ist das Recht männlich? in *Bundesministerin für Frauenangelegenheiten* (hg), Frauen und Recht (1994) 50.
[372] Vgl *Gerhard Ute* in *Rust Ursula* (hg), Juristinnen 142; *dieselbe*, Atempause 133.

sen sollte. Die Sozialversicherungsregelungen nehmen jedoch vorrangig auf männliche Lebensrisiken Bezug, die Typisierung anhand der männlichen Normalbiographie genügt den gesellschaftlichen Bedingungen jedoch nicht.[373]

Unter dem Androzentrismus rechtlicher Regelungen ist ferner auch das Phänomen zu verstehen, dass bestimmte Aussagen als allgemeingültig betrachtet werden, obwohl sie de facto nur für Männer zutreffen.[374] So wurde und wird das 1907 in Österreich für erwachsene Männer sämtlicher Bevölkerungsschichten eingeführte aktive und passive Wahlrecht[375] als „allgemeines Wahlrecht" bezeichnet, obwohl Frauen nach wie vor vom Wahlrecht ausgeschlossen blieben. Selbst als 1918 Frauen hinsichtlich des Wahlrechts Männern gleichgestellt wurden[376], kam es nicht etwa zu einem erweiterten Verständnis des Begriffs „allgemeines Wahlrecht", sondern es war nun die Rede von der Einführung des „Frauenwahlrechts".[377]

Die feministische Wissenschaftskritik hat die Dominanz männlicher Forscher im Wissenschaftsbetrieb als eine Bedingung für den Androzentrismus der traditionellen Wissenschaft entlarvt. Auch der Androzentrismus rechtlicher Regelungen erklärt sich aus dem **geschlechtsspezifischen Gewordensein des Rechts**. Da Frauen von den Prozessen der Normsetzung und der Rechtsprechung bis vor wenigen Jahrzehnten ausgeschlossen waren, sind

---

[373] Vgl *Schiffbänker Christine*, Weibliche Lebenszusammenhänge im Sozialversicherungsrecht, in *Floßmann Ursula* (hg), Recht, Geschlecht und Gerechtigkeit. Frauenforschung in der Rechtswissenschaft (1997) 407ff.

[374] Vgl *Nagl-Docekal Herta*, Feministische Philosophie² (2001) 126.

[375] RGBl 1907/15-17.

[376] G. vom 18. Dezember 1918 über die Wahlordnung für die konstituierende Nationalversammlung, RGBl 1918/115.

[377] Vgl *Nagl-Docekal Herta*, Feministische Philosophie² 126.

von Anfang an die Interessen und Vorstellungen der männlichen Rechtsetzer eingeflossen.[378]

2. Objektivitätskritik

Die Kritik am Androzentrismus des traditionellen Wissenschaftsverständnisses ermöglichte der Frauen- und Geschlechterforschung eine intensive Auseinandersetzung mit dem Objektivitätsanspruch der Wissenschaft.[379]

„Objektivität" dient zur Beschreibung einer Form der Erkenntnisgewinnung, die von der forschenden Person unabhängig ist. Sie geht von der Prämisse aus, dass der objektive Beobachter bei der Untersuchung der Wirklichkeit von seiner eigenen Befindlichkeit völlig getrennt sei. Dieser Auffassung setzt die feministische Wissenschaftskritik entgegen, dass Erkenntnis ohne Standpunkt nicht möglich ist. Auch so gewonnene objektive Erkenntnisse geben nur vor, standpunktlos zu sein, während sie tatsächlich männlich sind.[380]

Das Recht tritt zwar mit dem Anspruch auf, objektiv zu sein, lässt aber die Lebenswirklichkeit von Frauen grundsätzlich unberücksichtigt und orientiert sich statt dessen daran, wie Frauen aus der Sicht von Männern leben sollten.[381] Eine Reihe von Beispielen gibt darüber Aufschluss: Geschichtliche Analysen des Rechts legen geschlechtsspezifische Gewaltverhältnisse offen, das Ar-

---

[378] Vgl *Stolterfoht Kristina*, Recht weiblich – Einblicke aus der Perspektive feministischer Rechtswissenschaft, http://www.forum-recht-online.de/erst/ erststolterfoht.htm [6.3.2003] 5.

[379] Vgl *Althoff Martina/Bereswill Mechthild/Riegraf Birgit*, Feministische Methodologien 28.

[380] Vgl *Baer Susanne*, Objektiv – neutral – gerecht? Feministische Rechtswissenschaft am Beispiel sexueller Diskriminierung im Erwerbsleben, KrVJ Schr 2/1994, 157.

[381] Vgl *Baer Susanne*, KrVJ Schr 2/1994, 156.

beitsrecht orientiert sich weitgehend am Ideal eines männlichen Arbeitnehmers, auch das Ehe- und Familienrecht folgt einem patriarchalen Muster.[382] Die Orientierung des Arbeitsrechts am männlichen Ideal führt dazu, dass dieses Rechtsgebiet ein Recht von Männern für eine auf sie zugeschnittene Erwerbsarbeit darstellt, das bei seiner Ausgestaltung das Herrschaftsverhältnis zwischen Männern und Frauen gänzlich unberücksichtigt ließ.[383] Schon die Unterteilung in Arbeitsrecht und Ehe- und Familienrecht ignoriert die Lebensrealität von Frauen. Diese Unterscheidung ergibt sich auch nicht zwingend aus „objektiven" Gründen, sondern resultiert allein aus der **Ausrichtung des Rechts an einem männlichen Leitbild**. Zwischen den Bereichen Arbeits- und Familienrecht scheinen Frauen in ein „schwarzes Loch" zu fallen: Ehe- und Familienrecht gehen von einer angeblich gleichberechtigten Partnerschaft aus, das Arbeitsrecht orientiert sich dagegen an männlichen Lebensmustern. Für Frauen bedeutet das, dass sie sich in einem Erwerbsarbeitsbereich behaupten müssen, in dem sie gerade unter Bezugnahme auf Ehe und Familie diskriminiert werden.[384]

Schließlich reflektiert das Recht als Instrument der an der Macht Befindlichen politische Vorstellungen. Dies wird besonders deutlich, wenn rechtliche Entscheidungen nicht eindeutig sind und letztlich auf einer **Interessenabwägung** basieren. Vor dem Hintergrund politischer Sachverhalte kann Recht nicht objektiv sein.[385]

Der **feministische Objektivitätsbegriff** trägt einem umfassenderen Verständnis Rechnung. Um nicht einzelne Gruppen unter dem Deckmantel der Objektivität auszuschließen, sollen die Le-

---

[382] Vgl dazu und mit weiteren Nachweisen insb für das deutsche Recht *Baer Susanne*, KrVJ Schr 2/1994, 157.

[383] Vgl *Degen Barbara*, Justitias mißratene Töchter – Feministische Ansätze in der Rechtswissenschaft, STREIT 1-2/93, 49.

[384] Vgl *Degen Barbara*, STREIT 1-2/93, 50.

[385] Vgl *Olsen Frances*, Das Geschlecht des Rechts, Kritische Justiz 1990, 315.

bensrealitäten aller Menschen konkret erfahren werden. Die **Realität muss aus der Perspektive der Betroffenen** erlebt werden, da sich gezeigt hat, dass eine davon losgelöste Betrachtungsweise zwangsläufig Ausschlüsse produziert. Damit bei der Auseinandersetzung mit dem Recht von der gesellschaftlichen Realität ausgegangen werden kann, ist eine **Öffnung der Rechtswissenschaft für soziologische Erkenntnisse** notwendig.[386]

3. Neutralitätskritik

Das Abstellen auf eine feministische Perspektive legt offen, dass die angebliche Wertneutralität wissenschaftlicher Erkenntnisse der **Verschleierung männlicher Interessen und Parteilichkeit** dient. Wissenschaftliche Forschung ist stets in soziale Kontexte eingebunden, aus denen sie entsteht und auf die sie selbst wieder zurückwirkt, sie ist daher immer auch parteilich.[387] Durch den unreflektierten Gebrauch von Analysen, Methoden und Konzepten, die auf angeblich neutralen Voraussetzungen beruhen, bleibt der Einfluss jener, die sie entwickelt haben, auf die Wissenschaft ungebrochen.[388]

Die feministische Rechtskritik stellt die angebliche Geschlechtsneutralität des Rechts in Frage, indem sie das **Geschlecht** zum **Ausgangspunkt der Rechtsanalyse** macht. Neutrales Recht, so der Anspruch der herkömmlichen Rechtswissenschaft, verhält sich gegenüber Einzelinteressen indifferent. Es gleicht die Interessen der BürgerInnen aus, nimmt aber keinen eigenen Standpunkt ein. Dieser Neutralitätsbegriff wurde von der feministischen Rechtskritik als **Schein-Neutralität** entlarvt.[389]

---

[386] Vgl *Baer Susanne*, KrVJ Schr 2/1994, 158ff.
[387] Vgl *Brück Brigitte* et al, Feministische Soziologie 23.
[388] Vgl *Minnich Elizabeth K.*, Wahrheit 117f.
[389] Vgl *Baer Susanne*, KrVJ Schr 2/1994, 159.

Formal gleiche Rechte sind nicht neutral, da das hinter den einzelnen Tatbestandsmerkmalen stehende Modell männlich ist. Theorie und Praxis des Rechts verkörpern männliche Denkweisen, Maßstäbe und Interessen.[390] Darüber hinaus hat sich gezeigt, dass egalitär formulierte Vorschriften wegen der andersgearteten Lebensverhältnisse von Frauen und Männern zu einer überproportionalen Benachteiligung von Frauen führen.[391] Die Anbindung des Rechts an männliche Denkstrukturen, Begrifflichkeiten und Definitionen sowie an die Lebensmuster von Männern macht das Geschlecht zu einem zentralen **Differenzierungs- und Hierarchisierungsmittel** im Recht, auf dem die Geschlechterdifferenz aufbaut. So ergibt sich gleichermaßen ein „Doppelrecht", das sich auf die Geschlechter unterschiedlich auswirkt. Während der Mann als eigentliches Rechtssubjekt den Mittel- und Brennpunkt des Rechts darstellt, werden Frauen zu Männern in Bezug gesetzt und männlichen Interessen untergeordnet.[392]

In der traditionellen Trennung zwischen öffentlicher und privater Sphäre kommt die Schein-Neutralität des Rechts deutlich zum Ausdruck. Freiheit durch die Abwesenheit rechtlicher Sanktionen im privaten Bereich besteht in vielen Fällen nur für Männer, während für Frauen die „Rechtsfreiheit" der Privatsphäre vor allem bedeutet, dass sie dem freien Zugriff von Männern ausgesetzt sind. „Freiheit" kann für Frauen in diesem Zusammenhang nur so verstanden werden, dass die Gewalt und das Machtverhältnis, die dem Geschlechterverhältnis innewohnen, keiner Kontrolle unterworfen sind.[393]

---

[390] Vgl *Gerhard Ute*, Atempause 131.
[391] Vgl *Limbach Jutta*, Engagement und Distanz als Probleme einer feministischen Rechtswissenschaft, in *Gerhard Ute/Limbach Jutta* (hg), Rechtsalltag von Frauen (1988) 175.
[392] Vgl *Degen Barbara* in *Bundesministerin für Frauenangelegenheiten* (hg), Frauen und Recht 45ff.
[393] Vgl *Stolterfoht Kristina*, Recht weiblich 6.

Das Problem der Schein-Neutralität des Rechts tritt auch in den Fällen so genannter **mittelbarer Diskriminierung** zutage. Nach der Rechtsprechung des Europäischen Gerichtshofes (EuGH) ist der Tatbestand der mittelbaren Diskriminierung erfüllt, wenn Regelungen oder Maßnahmen, die nicht direkt auf die Geschlechtszugehörigkeit, sondern auf andere Unterscheidungskriterien Bezug nehmen, in ihren praktischen Auswirkungen zu einer weitaus überwiegenden Benachteiligung der Angehörigen eines Geschlechtes führen.[394] Einer der Bereiche, in dem mittelbare Diskriminierung am häufigsten auftritt, ist die Teilzeitbeschäftigung. Sämtliche Formen der Teilzeitarbeit werden vorwiegend von Frauen ausgeübt, weshalb sich rechtliche und praktische Nachteile besonders diskriminierend auswirken.[395] Sowohl das österreichische Arbeitsrecht als auch das Sozialrecht beinhalten Bestimmungen, die TeilzeitarbeitnehmerInnen benachteiligen. Das Arbeitszeitgesetz (AZG) enthält zwar in § 19d Abs 6 ein spezielles Diskriminierungsverbot zum Schutz von Teilzeitbeschäftigten, dessen allgemein gehaltene Formulierung erlaubt jedoch Ungleichbehandlungen, wenn sie sachlich gerechtfertigt erscheinen. Ob eine sachliche Rechtfertigung für unterschiedliche Regelungen vorliegt, bleibt letztlich immer eine Wertentscheidung und damit anfällig für – mittelbare – Diskriminierungen aufgrund des Geschlechtes.[396] Einer echten Gleichstellung von Voll- und Teilzeitbeschäftigten steht auch entgegen, dass Möglichkeiten der Weiterbildung TeilzeitarbeitnehmerInnen nur in geringerem Maß gewährt werden. Diese Schlechterstellung beim Erwerb von Zusatzqualifikationen wirkt sich negativ auf das berufliche Fortkommen aus, was durch den für Teilzeitbeschäftigte

---

[394] Vgl *Eichinger Julia*, EU-Rechtsangleichung und österreichisches Frauenarbeitsrecht (1995) 41.

[395] Vgl *Mengl Sandra*, Zur Diskriminierung von Teilzeitbeschäftigten in Kollektivverträgen, ecolex 2005, 143; *Floßmann Ursula/Gusenleithner Karin*, Teilzeitarbeit im feministischen Diskurs, in *Floßmann Ursula/Hauder Ilse* (hg), Recht auf Teilzeitarbeit für Eltern (1998) 11.

[396] Vgl *Floßmann Ursula/Gusenleithner Karin* in *Floßmann Ursula/Hauder Ilse* (hg), Teilzeitarbeit 24.

eingeschränkten Kündigungsschutz noch verstärkt wird: § 20 des Angestelltengesetzes (AngG) macht die Einhaltung von Kündigungsfristen und Terminen von einer monatlichen Arbeitszeit von mindestens einem Fünftel des 4,3fachen der gesetzlichen oder vertraglichen Normalarbeitszeit (bei eine Normalarbeitszeit von 40 Stunden sind das 34,4 Stunden geleistete Arbeitszeit) abhängig.[397]

Um im Sinne einer feministischen Rechtskritik neutral sein zu können, müssen Rechtsnormen zugunsten Benachteiligter eingreifen und auf eine Beseitigung bestehender Ungleichheiten hinwirken. Neutralität muss, so die Auffassung der feministischen Rechtswissenschaft, im Recht erst hergestellt werden und zwar, indem bisher verzerrt wahrgenommene Sachverhalte aus einem feministischen Blickwinkel heraus analysiert werden.[398]

4. Heterosexismuskritik

Anlass zur Kritik geben nicht nur androzentristische Verzerrungen der herkömmlichen Wissenschaft und der nicht eingelöste Objektivitäts- und Neutralitätsanspruch, sondern auch der **Zwang zur Heterosexualität**, der den herrschenden gesellschaftlichen Verhältnissen innewohnt.

Sexualität wirkt als sozialer Prozess auf die Verhältnisse zwischen den Geschlechtern ein. Geschlechterbeziehungen werden dadurch hergestellt, organisiert, ausgedrückt und gesteuert, gleichzeitig werden Personen als Frauen und als Männer geschaffen.[399] Die Analyse der vielschichtigen und komplexen **Verflech-**

---

[397] Vgl *Floßmann Ursula/Gusenleithner Karin* in *Floßmann Ursula/Hauder Ilse* (hg), Teilzeitarbeit 26 f. Zur Frage der möglichen Europarechtswidrigkeit von § 20 AngG siehe *Floßmann Ursula/Gusenleitner Karin*, in *Floßmann Ursula/ Hauder Ilse* (hg), Teilzeitarbeit 27, Fn 57.

[398] Vgl *Limbach Jutta* in *Gerhard Ute/Limbach Jutta* (hg), Rechtsalltag 177.

[399] Vgl *MacKinnon Catharine*, Toward a Feminist Theory of the State (1989) 3.

tungen von Sexualität und Macht bzw Herrschaft sowie deren Regulierungen und Normierungen legt offen, dass Heterosexualität als **Heteronormativität** sämtliche Bereiche der Gesellschaft erfasst: Heterosexualität wird zur einzig „natürlichen" und zur einzig vorstellbaren Form von Wirklichkeit.[400] Die heterosexuelle Norm schließt alle anderen Existenzweisen aus, gleichzeitig bleibt sie aber auf „das Andere" angewiesen, um sich selbst als „das Normale", „das Eigentliche" konstituieren zu können. Heteronormativität stellt somit nicht nur ein wesentliches Strukturelement sozialer Beziehungen dar, sondern fließt auch in Institutionen und gesellschaftliche Praktiken, in die Rechtsetzung und Rechtsprechung ein.[401]

Das Recht ist daher selbst heterosexuell strukturiert. Die Forderung nach einem Einschluss anderer Identitäten stellt die „Normalität" der Heterosexualität nicht in Frage, sondern basiert auf dem gleichen System von Norm und Abweichung wie die Diskriminierung selbst. Obwohl das Recht zwar Schutz bieten kann, hält es doch die hegemoniale Macht aufrecht und trägt zur Disziplinierung von Individuen bei.[402] Patriarchale Herrschaft tritt sowohl in der **Kontrolle über die Sexualität von Frauen**, als auch in der Kontrolle über ihre Gebärmöglichkeiten zu Tage. Beide Bereiche setzen einen Zugriff auf den Körper von Frauen voraus[403], der durch das Recht ermöglicht wird. So entziehen Verbote des Schwangerschaftsabbruches Frauen die Kontrolle über die eigene Fruchtbarkeit, während die Regelungen des Sexualstrafrechts Aufschluss darüber geben, in welchem Maß weibliche Sexualität verfügbar ist.

---

[400] Vgl *Mesquita Sushila*, Queer Politix, Politix 14/2003, 18.
[401] Vgl *Mesquita Sushila*, Politix 14/2003, 18.
[402] Vgl *Mesquita Sushila,* Politix 14/2003, 18.
[403] Vgl *Janz Ulrike/Kronauer Rita*, Das heterosexistische Patriarchat pflanzt sich fort – Lesben gegen Reproduktions- und Gentechnologien, beiträge zur feministischen theorie und praxis, Nirgendwo und überall. Lesben, Heft 25/26 (1989) 176.

Ein Paradebeispiel heterosexistischer Normsetzung stellte der erst am 28. Februar 2003 außer Kraft getretene § 209 StGB dar[404], der unter dem Titel „Gleichgeschlechtliche Unzucht mit Personen unter achtzehn Jahren" geschlechtliche Handlungen von Personen männlichen Geschlechtes, die das neunzehnte Lebensjahr vollendet hatten mit Personen männlichen Geschlechtes, die das vierzehnte, aber noch nicht das achtzehnte Lebensjahr vollendet hatten, mit einer Freiheitsstrafe von sechs Monaten bis zu fünf Jahren bedrohte.

§ 209 StGB sah somit für Verhaltensweisen, die weder im heterosexuellen noch im lesbischen Bereich Gegenstand einer Strafverfolgung werden konnten, eine Strafdrohung vor. Ziel dieser Regelung war auch nicht etwa die Verhinderung sexueller Gewalt, für die die – geschlechtsneutral ausgestalteten – §§ 201 ff StGB Vorsorge treffen. Die Intention des § 209 StGB lag in der Kriminalisierung einverständlicher sexueller Beziehungen zwischen mündigen Personen.[405]

Die Beschränkung der Strafbarkeit auf sexuelle Handlungen zwischen Männern wurde damit begründet, dass sich eine gleichgeschlechtliche Triebrichtung bei Frauen nicht in gleicher Weise auswirke wie bei Männern, die Einpassung in gegebene gesellschaftliche Strukturen dadurch nicht in gleichem Maße erschwert werde und sie nach außen hin nur wenig in Erscheinung trete.[406]

Das Strafrecht gibt Aufschluss darüber, was in einer Gesellschaft als schützenswert angesehen wird. § 209 StGB brachte nicht nur den rechtlichen Zwang zum Ausdruck, mit dem die „heterosexu-

---

[404] BGBl 1974/60 zuletzt geändert durch BGBl 1988/599; § 209 StGB wurde durch das Erkenntnis des VfGH vom 24.6.2002, G 6/02 aufgehoben.

[405] Vgl *Schäffer-Ziegler Sabine*, Reformversuche im österreichischen Sexualstrafrecht, in *Floßmann Ursula* (hg), Fragen 90.

[406] 39 BlgNR XII. GP 15.

elle Orientierung der rechtlich geordneten Gesellschaft"[407] aufrecht erhalten werden sollte, sondern auch die grundsätzliche Abwertung weiblicher Sexualität. Frauen werden im Recht zwar grundsätzlich durch ihre Körperlichkeit definiert, die wiederum mit ihrer Sexualität oder ihrer Fähigkeit zur Fortpflanzung gleichgesetzt wird[408], die Fähigkeit zu einer von Männern unabhängigen Sexualität wird ihnen jedoch abgesprochen. Weibliche Homosexualität scheint weniger gefährlich, da sie an der grundsätzlichen Verfügbarkeit von Frauen nichts ändert.

Aufgrund der herrschenden gesellschaftlichen Verhältnisse erscheint die Annahme einer „natürlichen, heterosexuellen Wahl" der meisten Frauen verfehlt. Wenn die Frage, ob unter den Bedingungen einer Männerherrschaft überhaupt von einem „Einverständnis" der Frauen gesprochen werden kann, nicht gestellt wird, kann die bedeutsame Rolle, die der Heterosexualität bei der Aufrechterhaltung des Patriarchats zukommt, nicht angemessen untersucht werden.

Feministische Historikerinnen haben aufgezeigt, wie mit Hilfe von Frauenlöhnen, erzwungenem „Müßiggang" von Frauen des Mittelstandes, fehlender oder qualitativ schlechterer Ausbildung für Frauen und der Mystifizierung des „persönlichen" Bereichs Frauen in Abhängigkeit von Männern gehalten wurden.[409] In dem Maß, in dem sich für Frauen die Möglichkeit eröffnete, ohne Männer eine Wirtschafts-, Lebens- und Liebesgemeinschaft einzugehen, wurden lesbische Frauen pathologisiert und als „krankhaft" und „abnorm" bezeichnet.[410] Das Eingehen einer Ehe bzw einer heterosexuellen Lebensgemeinschaft stellte daher weiterhin

---

[407] Vgl *Leukauf Otto/Steininger Herbert*, Kommentar zum Strafgesetzbuch (1974), § 220, 981 und § 221, 982.

[408] Vgl *Platt Sabine*, STREIT 2/94, 58.

[409] Vgl *Rich Adrienne*, Zwangsheterosexualität und lesbische Existenz, in *List Elisabeth/Studer Herlinde* (hg), Denkverhältnisse 273.

[410] Vgl *Brück Brigitte* et al, Feministische Soziologie^2 173.

für einen Großteil der Frauen die einzige Möglichkeit dar, nicht in Armut und sozialer Ächtung leben zu müssen.[411]

Feministische Analysen, die Sexualität grundsätzlich als Heterosexualität begreifen, produzieren ihrerseits Ausschlüsse und Diskriminierungen. Solange heterosexuelle Frauen als das Allgemeingültige vorausgesetzt werden, ist ein Infragestellen oder Aufbrechen der allgemein angenommenen und unterstellten, institutionalisierten Heterosexualität nicht möglich.[412]

C. Methoden

Feministische Analyse des Rechts bedeutet **Kritik am Inhalt des geltenden Rechts und an seiner herrschenden Auslegung**. Eine wichtige Aufgabe feministischer Rechtskritik ist es aufzuzeigen, wo Rechtsnormen die traditionelle Rollenverteilung fortschreiben. Da nur mehr wenige Normen ausdrücklich an das Merkmal „Geschlecht" anknüpfen, muss die feministische Rechtsanalyse Benachteiligungen von Frauen vielfach erst sichtbar machen.[413]

Darüber hinaus muss sich die feministische Rechtswissenschaft mit den Methoden der Rechtsauslegung auseinandersetzen. Ganz allgemein kann festgestellt werden, dass die juristische Auslegung keine exakte Methode ist. In den meisten Fällen wird eine Entscheidung zwischen mehreren Auslegungsgrundsätzen und

---

[411] Vgl *Rich Adrienne* in *List Elisabeth/Studer Herlinde* (hg), Denkverhältnisse 269.

[412] Vgl *Hark Sabine*, Eine Frau ist eine Frau, ist eine Frau, ... – Lesbische Fragen und Perspektiven für eine feministische Gesellschaftsanalyse und -theorie, beiträge zur feministischen theorie und praxis, Der neue Charme der sexuellen Unterwerfung, Heft 20/1987, 90.

[413] Vgl *Sacksofsky Ute*, Was ist feministische Rechtswissenschaft? ZRP 2001/9, 412ff.

Auslegungsmöglichkeiten notwendig sein.[414] Feministische Juristinnen werfen der traditionellen Rechtswissenschaft vor, „dass sich die behauptete Objektivität in selbstgenügsamen, auf formale Technik verkürzten Standards der herkömmlichen Methodenlehre erschöpfe"[415]. Der unreflektierte Gebrauch der klassischen juristischen Methoden macht eine Analyse, weshalb formale Rechtsgleichheit soziale Ungleichheit zwischen den Geschlechtern weiterbestehen lässt, unmöglich.[416]

Da Frauenrechte gegen überkommene Verhaltensweisen und Ansichten durchgesetzt werden müssen, stellen Beurteilungsspielräume und das dem rechtsanwendenden Organ im Einzelfall zugestandene Ermessen regelmäßig eine Einbruchsstelle für geschlechtsspezifische Vorurteile und eine Frauen diskriminierende Praxis dar.[417] So genannte neutrale Begriffsbestimmungen weisen in hohem Maße diskriminierendes Potential auf. So konnte beispielsweise nachgewiesen werden, dass eine am Täter und seinen Vorstellungen orientierte Definition sexueller Diskriminierung keinen ausreichenden Opferschutz bietet, sondern eher geneigt ist, Benachteiligungen fortzusetzen.[418] Um dem diskriminierenden Potential derart neutraler Begriffsbestimmungen zu begegnen, schlägt die deutsche Rechtswissenschafterin *Susanne Baer* vor, nicht etwa zu fragen, was eine wie auch immer geartete „Allgemeinheit" als „sexuell" ansieht, sondern zu untersuchen, „ob Menschen, die gleichberechtigt miteinander umgehen wollen, ein Verhalten als Diskriminierung ansehen würden."[419] Explizit sexuelle Handlungen würden in jedem Fall eine Belästigung indi-

---

[414] Vgl *Zippelius Reinhold*, Juristische Methodenlehre[8] (2003) 10.
[415] *Limbach Jutta* in *Gerhard Ute/Limbach Jutta* (hg), Rechtsalltag 174.
[416] Vgl *Limbach Jutta* in *Gerhard Ute/Limbach Jutta* (hg), Rechtsalltag 175.
[417] Vgl *Gerhard Ute*, Atempause 134.
[418] Vgl *Baer Susanne*, Würde oder Gleichheit? Zur angemessenen grundrechtlichen Konzeption von Recht gegen Diskriminierung am Beispiel sexueller Belästigung am Arbeitsplatz in der Bundesrepublik Deutschland und den USA (1995) 253.
[419] *Baer Susanne*, Würde oder Gleichheit? 253.

zieren, während bei anderen Handlungen nach weiteren Umständen geforscht werden müsse, die auf einen Geschlechtsbezug hinweisen könnten. Eine derartige Auslegung wäre nicht an der Täterperspektive oder an dominanten Wertvorstellungen orientiert, es gelänge ihr vielmehr, auf gruppenbezogene Benachteiligungen adäquat zu reagieren.[420]

Bei dem Versuch, der **Frauenperspektive im Recht** in angemessener Weise Rechnung zu tragen, kann eine – zumindest gedanklich vollzogene – **neue Systematisierung des Rechts** helfen.

„Derartige Diskussionen um weibliche Rechte und Versuche ihrer Formulierung durch Frauen erscheinen interessant, spannend und wichtig, um überhaupt einmal festzustellen, welche *anderen* Inhalte sich hierbei im einzelnen ergeben; denn es sind teilweise erhebliche Unterschiede gegenüber dem geltenden Recht, zB hinsichtlich der Regelungsbereiche, Prioritäten und Wertsetzungen zu vermuten."[421]

Versuche einer Neusystematisierung des Rechts, wie sie etwa für das skandinavische Recht die norwegische Juristin *Tove Stang Dahl*[422] vorgenommen hat, die sich bei der Einteilung des Rechts in Bereiche wie Geburtenrecht und Hausfrauenrecht an traditionell weiblichen Lebenszusammenhängen orientiert, ermöglichen es, aufzuzeigen, welche Rechtsgebiete sich ausschließlich an männlichen Idealen orientieren und weibliche Lebensverläufe außer Acht lassen. Langfristiges Ziel feministischer Rechtswissenschaft sollte jedoch nicht die Aufsplitterung des Rechts in Frauenrechte und Männerrechte, sondern ein grundsätzliches Infragestellen der sozialen Konstrukte „Frauen" und „Männer" und ein **Aufbrechen der gesellschaftlich geprägten Geschlechterrollen** sein.

---

[420] Vgl *Baer Susanne*, Würde oder Gleichheit? 253.
[421] *Platt Sabine*, STREIT 2/94, 63; Hervorhebung im Original.
[422] Vgl *Stang Dahl Tove*, FrauenRecht. Eine Einführung in feministisches Recht (1992).

Forderungen feministischer Rechtswissenschafterinnen nach einer Neu- und Umgestaltung des Rechts werden häufig einen Wegweiser in die Zukunft darstellen und sind daher auch als Beitrag zur Rechtspolitik zu verstehen. Darüber darf jedoch nicht vergessen werden, dass sich die feministische Rechtswissenschaft auch mit der Lösung ganz konkreter juristischer Probleme zu befassen hat und sich dabei regelmäßig innerhalb des Rahmens des geltenden Rechts bewegt. Diesbezüglich besteht ihre Aufgabe darin, diesen Rahmen zu erweitern und aufzusprengen, indem sie eine **neue Auslegung des vorhandenen Rechtskanons** erarbeitet.[423] Die herkömmlichen juristischen Methoden – Wortinterpretation, historische, systematische und teleologische Auslegung – orientieren sich jeweils am Leitbild der durch die Rechtsnorm geschützten Interessen. Aufgabe der feministischen Rechtswissenschaft ist es nun, die rechtlich relevanten Interessen zu vervollständigen, indem auch das Interesse an der Förderung tatsächlicher Gleichstellung von Frauen und Männern als Prämisse der Rechtsauslegung anerkannt wird. Die **Auslegung von Generalklauseln und unbestimmten Gesetzesbegriffen** hat daher immer auch **im Hinblick auf das Ziel einer geschlechtsbezogenen Gleichstellung** zu erfolgen.[424]

Die folgende Darstellung der juristischen Methoden ist nicht als abschließende Aufzählung zu verstehen, sondern ist auf jene Interpretationsarten beschränkt, mit denen Studierende im Rahmen ihres rechtswissenschaftlichen Studiums hauptsächlich konfrontiert werden. Eine umfassende Untersuchung durch die feministische Rechtswissenschaft, inwieweit die traditionellen Methoden der Rechtswissenschaft dazu beitragen, diskriminierende Regelungen fortzuschreiben, ist bislang noch nicht erfolgt. Die einzelnen Kritikpunkte sollen daher vor allem dazu anregen, die eigene

---

[423] Vgl dazu auch *Baer Susanne* in *Zentrum für interdisziplinäre Frauenforschung* (hg), Feministische Rechtswissenschaft 6.
[424] Vgl *Emmenegger Susan*, Feministische Kritik des Vertragsrechts. Eine Untersuchung zum schweizerischen Schuldvertrags- und Eherecht (1999) 46.

juristische Arbeitsweise im Hinblick auf geschlechtssensible Bereiche kritisch zu hinterfragen.

Wenn bei der Darstellung der einzelnen juristischen Methoden von weiblichen bzw männlichen Interessen oder Eigenschaften gesprochen wird, so resultiert dies nicht daraus, dass den Überlegungen zur Rechtsauslegung ein Differenzansatz zugrunde liegt, sondern aus der Tatsache, dass unsere Gesellschaft Frauen und Männer als unterschiedliche Wesen mit unterschiedlichen Eigenschaften, Erfahrungen und Lebenschancen konstruiert und dies dann dem Begriffspaar „weiblich" – „männlich" zuordnet.[425] Das bedeutet nicht, dass diese Unterschiede naturgegeben oder umstößlich sind, da sie aber die Lebensrealität von Frauen und Männern in entscheidender Weise prägen, müssen sie berücksichtigt werden, weil sonst die Diskriminierung von Frauen nur fortgesetzt wird. Eine der schwierigsten Aufgaben feministischer Juristinnen ist es daher, Rechtswissenschaft stets mit dem Blick auf die Lebenswirklichkeit von Frauen zu betreiben und aufzuzeigen, wo sich diese von der Lebensrealität von Männern unterscheidet und wie darauf durch das Recht angemessen reagiert werden kann, und gleichzeitig auf einen Abbau dieser Unterschiede hinzuwirken.

1. Wortinterpretation

Die Auslegung jedes Textes – also auch eines Gesetzestextes – beginnt mit dem **Wortsinn** und der Ermittlung der Bedeutung eines Ausdruckes im allgemeinen Sprachgebrauch bzw im besonderen Sprachgebrauch des betreffenden Gesetzes. In der Regel steckt der allgemeine Sprachgebrauch nur den äußersten möglichen Rahmen der Interpretation ab: Was jenseits des sprachlich möglichen Sinnes eines Ausdruckes liegt oder von ihm eindeutig ausgeschlossen wird, kann im Wege der Auslegung nicht mehr

---

[425] Vgl dazu auch *Platt Sabine*, STREIT 2/94, 58.

als maßgeblicher Wortsinn ermittelt werden. Die Wortinterpretation oder grammatikalische Interpretation zieht somit die rechtsstaatlich und demokratisch vorgegebene Grenze zwischen Rechtsauslegung und Rechtsfortbildung.[426]

Bei der Ermittlung des Bedeutungsgehaltes eines Ausdrucks darf nicht übersehen werden, dass auch der Wortsinn und der allgemeine Sprachgebrauch von den Mächtigen, in einer Gesellschaft Dominierenden geprägt wird. Die **Definitionsmacht** liegt daher in der Hand von Männern. Das Recht ist nun aber nichts anderes als ein Ausdruck dieser Definitionsmacht.

Als politisches Mittel leistet die (Rechts-)Sprache einen wesentlichen Beitrag zur Aufrechterhaltung des bestehenden Machtgefüges, indem sie etwa bestimmte Tatbestände nicht nennt und so von vornherein aus dem Rechtsgefüge ausschließt. Das real existierende **Machtgefälle zwischen Männern und Frauen** findet seine Entsprechung im Gebrauch der Sprache – zwischen gesellschaftlichem und politischen Status der Frau und der Sprache besteht eine enge Verbindung. Sprache lässt sich nicht losgelöst von den herrschenden gesellschaftlichen Verhältnissen verstehen, sondern ist ein Ausdruck von Dominanz und Herrschaftsanspruch.[427]

Wie machtvoll die Sprache im Rechtssystem ist, lässt sich an den Auseinandersetzungen um die Interpretation des Begriffs „dem Beischlaf gleichzusetzende geschlechtliche Handlung" in § 201 Abs 1 StGB, der die Strafbarkeit einer Vergewaltigung normiert, aufzeigen.[428] Die Reform des österreichischen Sexualstrafrechts 1989 war von der Intention getragen, die Vergewaltigung ge-

---

[426] Vgl *Kohler-Gehrig Eleonora*, Einführung in das Recht. Technik und Methoden der Rechtsfindung (1997) 65ff.
[427] Vgl *Grabrucker Marianne*, Die Ungleichbehandlung der Frau in der Rechtssprache, in *Battis Ulrich/Schultz Ulrike* (hg), Frauen im Recht (1990) 283f.
[428] Vgl zum Folgenden *Holzleithner Elisabeth*, Habermas, Unbestimmtheit und „beischlafsähnliche Handlungen", juridikum 4/96, 21ff.

schlechtsneutral zu fassen, was die Einbeziehung „beischlafsähnlicher Handlungen" in den Tatbestand des § 201 StGB notwendig machte. Da eine Legaldefinition „beischlafsähnlicher Handlungen" fehlt, kam es in der Judikatur und Kommentarliteratur zu intensiven Auseinandersetzungen über die Auslegung dieses Begriffes, wobei sich die Diskussion bald auf die Frage konzentrierte, ob der Penis des Vergewaltigers involviert sein muss oder nicht. Die vorwiegend opferzentrierte Sichtweise des OGH, der aus der Tatsache, dass das Eindringen des männlichen Gliedes in die Scheide einer Frau ohnehin einen Beischlaf darstellt, folgert, dass unter beischlafsähnlichen Handlungen andere Formen des Eindringens in die Scheide zu verstehen sind[429], wurde von der Lehre zum Teil heftig abgelehnt.[430] Während der OGH die Ansicht vertrat, es sei „auch mit dem Gesetzeswortlaut in Einklang zu bringen", dass der Gesetzgeber mit dem Begriff der beischlafsähnlichen Handlung andere Formen des Eindringens in die Scheide als tatbestandsmäßig erfassen wollte, soll es nach *Klaus Schwaighofer* „eine Vergewaltigung ... nur geben, wenn der Penis des Mannes ‚im Spiel' ist. Das dürfte auch dem allgemeinen Sprachgebrauch entsprechen." Sowohl der OGH als auch *Klaus Schwaighofer* bedienten sich zur Untermauerung ihrer Thesen der Wortinterpretation und nahmen entweder auf den Wortlaut der Norm oder ein als allgemein vorausgesetztes Sprachverständnis Bezug. *Elisabeth Holzleithner* weist zu Recht darauf hin, dass es sich bei der Interpretation des Begriffes „dem Beischlaf gleichzusetzende geschlechtliche Handlung" und den auf dieser Interpretation basierenden Urteilen letztlich um politische Entscheidungen handelt.

> „Gerichte legen fest, inwiefern und in welchen Grenzen welche Körper ‚vergewaltigt' werden können. Damit erweist sich Rechtsanwendung immer auch als Prolongation der Politik, was sich einfach daraus ergibt, dass jede ‚Bindung' an

---

[429] Vgl OGH vom 23.4.1992, 15 Os 11/92; JBl 1992, 729ff.
[430] Vgl dazu *Schwaighofer Klaus*, JBl 1992, 730ff.

Gesetzestexte nur deren Übermittlung an eine interpretative Praxis von RichterInnen, die vor dem Hintergrund einer sozialisationsbedingten Weltsicht entscheiden, darstellt."[431]

Die Diskussion über die Bedeutung des Ausdruckes „beischlafsähnliche Handlung" gibt auch Aufschluss darüber, wem die Fähigkeit zugestanden wird, Beischlaf zu haben. Dies sei nach einem Teil der Lehre[432] nämlich nur zwischen einer Frau und einem Mann oder zwischen zwei Männern, nicht aber zwischen zwei Frauen möglich. Frauen soll es dieser Ansicht zur Folge nicht einmal möglich sein, beischlafsähnliche Handlungen an anderen Frauen vorzunehmen.

Durch derartige Definitionen werden Menschen nicht nur als bestimmte geschlechtliche Wesen konstruiert, sondern es wird auch eine Unterscheidung zwischen möglicher und bedeutungsvoller Sexualität und unbedeutender Sexualität getroffen. Jener Teil der Lehre, der ausschließlich auf die Beteiligung des männlichen Geschlechtsteiles abstellt, bleibt einer männlichen Sichtweise verhaftet, für die Sexualität ohne männliche Beteiligung nicht vorstellbar ist. Frauen wird nach dieser Auffassung eine eigene, von Männern unabhängige Sexualität nicht zugestanden.

Die Rechtsprechung ist jenem Teil der Lehre, der für eine einschränkende Interpretation des Begriffes „beischlafsähnliche Handlung" eintritt, nicht gefolgt und wertete in einer neueren

---

[431] Vgl *Holzleithner Elisabeth*, juridikum 4/96, 25 (Hervorhebungen im Original).

[432] Vgl *Fegerl Gerald*, Das neue Sexualstrafrecht: Vergewaltigung und geschlechtliche Nötigung (1995) 26; *Pallin Franz* in *Foregger Egmont/ Nowakowski Friedrich* (hg), Wiener Kommentar zum Strafgesetzbuch, 4a. Lieferung, §§ 201 – 221 StGB (1991) Vor §§ 201ff StGB; aA offensichtliche *Schmoller Kurt*, Unzureichendes oder überzogenes Sexualstrafrecht? JRP 2001, 73, der darauf abstellen will, ob bei einer Handlung, in die das Geschlechtsorgan eines der Beteiligten involviert ist, die sexuelle Inanspruchnahme jener bei einem Beischlaf gleichkommt.

Entscheidung[433] auch das mehrmalige Einführen eines Fingers in den After des Opfers als beischlafsähnliche Handlung.

Zusammenfassend lässt sich festhalten, dass als maßgebliche Kriterien für die Einstufung einer Handlung als beischlafsähnlich die Intensität der sexuellen Inanspruchnahme des Opfers, die Schwere des sexuellen Eingriffs und des Ausmaßes der Demütigung und Erniedrigung des Opfers herangezogen werden sollten. Unter Zugrundelegung dieser Auffassung würden nicht nur Vaginal-, Anal- und Oralverkehr, sondern auch das Einführen von Gegenständen oder anderen Körperteilen in die Vagina oder den After des Opfers als beischlafsähnliche Handlungen zu werten sein, sofern ein vollständiges Eindringen als Charakteristikum der Beischlafsähnlichkeit vorliegt. Wird hingegen ein Finger oder Gegenstand in den Mund des Opfers eingeführt, so ist keine Beischlafsähnlichkeit gegeben, da keine geschlechtsspezifischen Körperteile des Opfers bzw Täters involviert sind und das Ausmaß der Demütigung und Erniedrigung des Opfers einem erzwungenen Beischlaf nicht gleichkommt.[434]

Solange grundlegende Begriffe der Rechtsordnung ausschließlich aus männlicher Sicht definiert werden, stellen sie ein Einfallstor für vielfältige Diskriminierungen dar. Aufgabe der feministischen Rechtswissenschaft ist daher nicht nur eine **Veränderung und Neuinterpretation des Rechts** sondern auch der (Gesetzes-) Sprache. Ein reflektierter Einsatz der Wortinterpretation kann dabei helfen, dieses Ziel zu erreichen.

Die meisten Wörter verfügen über einen gewissen **Bedeutungsspielraum**, infolgedessen können sie an die Vielgestaltigkeit der Lebensumstände und Rechtsprobleme sowie an einen Wandel der tatsächlichen Gesamtsituation und der herrschenden sozialethi-

---
[433] OGH 25.3.1996, 13 O 45/96 JBl 1997,403.

[434] Vgl *Balthasar Susanne*, Die Tatbestände der Vergewaltigung und sexuellen Nötigung. Eine rechtsvergleichende Betrachtung des deutschen und österreichischen Rechts mit Schwerpunkt im 20. Jahrhundert (2001) 400f.

schen Vorstellungen angepasst werden. Durch eine derartige Anpassung lässt sich auch ein Bedeutungswandel des Rechts vollziehen.[435] Damit es zu einem Umschwung aus feministischer Sicht kommen kann, ist es notwendig, dass Frauen entsprechenden Anteil an der Definitionsmacht erhalten.

2. Systematische Interpretation

Aufschluss über die Bedeutung einer Rechtsnorm gibt nicht nur ihr Wortlaut, sondern auch ihre **Stellung im System der Normen**. Gesetzliche Regelungen dürfen nicht für sich allein betrachtet werden, sondern erhalten ihren Sinn meist erst durch die Gesamtheit des Regelungsgefüges, dem sie angehören.

Der Bedeutungszusammenhang des Gesetzes ist auch dann von entscheidender Relevanz, wenn eine Norm unterschiedliche Interpretationen ermöglicht: Da angenommen werden kann, dass zwischen den einzelnen Gesetzesbestimmungen ein sachlicher Zusammenhang besteht, sind jene Interpretationsergebnisse auszuschließen, die mit anderen systematisch zugehörigen Normen im Widerspruch stehen. Dies entspricht auch dem Streben nach einer widerspruchsfreien Rechtsordnung.[436]

Die systematische Einteilung rechtlicher Regelungen vollzog sich bisher vor dem Hintergrund männlicher Lebensentwürfe, die als allgemeingültig vorausgesetzt wurden. Um die Problematik derartiger Systeme aufzeigen zu können, muss die feministische Rechtswissenschaft von **geschlechtsspezifischen Lebenswirklichkeiten** ausgehen. Die traditionelle Zuordnung von Frauen zum Familien- und Eherecht verschleiert, dass geschlechtsspezifische Zusammenhänge auch in anderen Rechtsgebieten von Bedeutung sind und bildet somit den Hintergrund für vielfältige

---
[435] Vgl *Zippelius Reinhold*, Juristische Methodenlehre[8] 47.
[436] Vgl *Kohler-Gehrig Eleonora*, Einführung 72; *Bydlinski Franz*, Juristische Methodenlehre und Rechtsbegriff (1982) 443f.

Diskriminierungen in der Praxis. Eine konsequent an weiblichen Lebenserfahrungen orientierte Systematik des Rechts ließe dagegen völlig neue Rechtsgebiete entstehen.[437]

Die klassische Rechtsauslegung nimmt Personen vorwiegend in rein analytischen Rollensegmenten wahr, die eine isolierte Betrachtung unter dem Gesichtspunkt eines bestimmten Rechtsgebietes erlauben.[438] Weibliche Lebens- und Arbeitszusammenhänge können so jedoch nicht angemessen analysiert werden, ebenso müssen dabei „die für Frauen typischen Überlappungen und vielfältigen Übergänge zwischen den verschiedenen Lebens- und Arbeitsweisen, etwa in Form der ehe- und familienbedingten Berufsunterbrechung, der Teilzeitarbeit oder als ‚mithelfende Familienangehörige‘, deren Belastungen und nachteiligen Auswirkungen sich die meisten Männer erfolgreich zu entziehen wissen"[439], außer Betracht bleiben. Systematische Interpretation bedeutet daher für feministische Rechtsanwenderinnen, möglicherweise weit über das unmittelbare Regelungssystem, in das eine Norm eingebunden ist, hinauszugehen und so Zusammenhänge aufzudecken, die bei der klassischen Auslegung nicht erkannt werden können. Verbindendes Element ist die **weibliche Lebensrealität**, da die systematische Nichtberücksichtigung speziell Frauen betreffender Zusammenhänge die lebenslange rechtliche Benachteiligung von Frauen zur Folge hat.[440]

Feministischen Juristinnen gelang es aufzuzeigen, dass etwa das Arbeits- und auch das Sozialrecht von einer Vorstellung des Normalarbeitnehmers ausgehen, die auf typisch männlichen Biographien und Lebensweisen basiert. Das Arbeitsrecht ist auf voll-

---

[437] Vgl *Baer Susanne*, Rechtswissenschaft, in *Braun Christina von/Stephan Inge* (hg), Gender–Studien: Eine Einführung (2000) 163; eingehend zur Neusystematisierung des Rechts vgl *Stang Dahl Tove*, FrauenRecht.

[438] Vgl *Lucke Doris*, Recht ohne Geschlecht? Zu einer Rechtssoziologie der Geschlechterverhältnisse (1996) 207.

[439] *Lucke Doris*, Recht ohne Geschlecht? 207 (Hervorhebungen im Original).

[440] Vgl *Lucke Doris*, Recht ohne Geschlecht? 207.

zeitbeschäftigte Erwerbstätige ausgerichtet, die von der Schule in eine Berufsausbildung und schließlich in eine Berufstätigkeit übergehen, die sie dann nicht mehr unterbrechen. Arbeitsrechtliche Normen, denen ein derartiges Idealbild zugrunde liegt, wirken sich auf alle Systeme sozialer Sicherung aus, werden aber in der Regel von Frauen und einigen „untypischen" Männern nicht verwirklicht. Dass bestimmte Gruppen von Menschen von einer Regelung nicht erfasst werden, stellt für sich allein noch keine Ungerechtigkeit dar.

> „Die Ungerechtigkeit beginnt erst, wenn sich herausstellt, dass bestimmte Menschen von der Norm nicht freiwillig abweichen, sondern vielmehr die Norm selbst davon lebt, dass bestimmte Menschen sie nicht erfüllen. Dabei zeigt sich dann auch, dass die offizielle Norm davon lebt, dass diejenigen, die von ihr nicht erfasst werden, eine andere, geheime Norm im Hintergrund des Rechts verwirklichen."[441]

Hinter dem Bild des Normalarbeitnehmers, wie ihn arbeits- und sozialrechtliche Regelungen kennen, verbirgt sich die **Schattennorm** der Hausfrau, die ihn und seine Kinder versorgt. Das komplexe Zusammenspiel von Norm und Schattennorm hat zur Folge, dass beispielsweise die Frage nach der Vereinbarkeit von Familie und Beruf auf strukturell bedingte Schwierigkeiten stößt und nicht durch die Veränderung einzelner Normen lösbar ist. Die Untersuchung einzelner Rechtsgebiete kann zwar bestimmte, Frauen diskriminierende Konstruktionen aufdecken, es gelingt ihr jedoch kaum, den Rahmen dieser Konstruktionen aufzubrechen. Um Geschlechterdisparitäten im Recht nachzuweisen, ist daher eine Ablösung von einer rein systemgebundenen Vorgehensweise nötig. Statt sich an den traditionellen Regelungssystemen des Rechts zu orientieren, muss eine geschlechtssensible Jurisprudenz

---

[441] *Baer Susanne* in *Braun Christina von/Stephan Inge* (hg), Gender-Studien 162.

die Lebenswirklichkeit zum Ausgangspunkt ihrer Analysen machen, um Frauen überhaupt in den Blick zu bekommen.[442]

3. Historische Interpretation

Gesetzliche Regelungen sind nicht nur in einen systematischen, sondern auch in einen **historischen Zusammenhang** eingebunden, der Aufschluss über den jeweiligen Sinn einer Norm geben kann. Vor- und Entstehungsgeschichte eines Rechtssatzes machen die Vorstellungen, Wertentscheidungen und Zwecke, die einem Gesetz zugrunde liegen, nachvollziehbar, wobei sich die historische Interpretation regelmäßig auf urkundliche Zeugnisse stützt. Durch die Einbeziehung von Materialien wie Gesetzesbegründungen und Protokollen der Gesetzgebungsverhandlungen soll der von den Gesetzgebungsorganen beabsichtigte Zweck einer Regelung näher erschlossen werden. Die so genannte „ratio legis" stellt zwar selbst keine Norm dar, hat aber insofern Bedeutung, als sie eine Begründung für eine gesetzliche Regelung liefern kann und daher für deren Verständnis und Anwendung herangezogen wird.[443]

Bei jeder historischen Auslegung ist darauf Bedacht zu nehmen, inwieweit sich die sozialen oder wirtschaftlichen Verhältnisse, von denen der historische Gesetzgeber ausging, verändert haben. Wenngleich nicht jeder **Wandel der Verhältnisse** eine Änderung des Norminhalts rechtfertigt, kann den geänderten Umständen zumindest teilweise durch eine am Zweck der Norm orientierte Interpretation Rechnung getragen werden. Stehen die Absichten des historischen Gesetzgebers mit jenen der gegenwärtigen Gesetzgebungsorgane in Widerspruch und kommen letztere im posi-

---

[442] Vgl *Baer Susanne* in *Braun Christina von/Stephan Inge* (hg), Gender-Studien 162f.

[443] Vgl *Bydlinski Franz*, Juristische Methodenlehre 449ff; *Zippelius Reinhold*, Methodenlehre[8] 44, 51.

tiven Recht zum Ausdruck, ist ebenfalls ein Abgehen von den Ergebnissen der historischen Auslegung geboten.[444]

Die historische Interpretation ist aufgrund ihrer **Bezugnahme auf außerrechtliche Materialien**, die nur die Vermutung der Richtigkeit für sich haben und aufgrund der Notwendigkeit der Berücksichtigung des Zeitfaktors und dem damit möglicherweise einhergehenden Bedeutungswandel nicht unproblematisch. Bedenken gegen die historische Interpretation seitens der feministischen Jurisprudenz ergeben sich vor allem aus der Überlegung, dass das Abstellen auf geschichtliche Auffassungen für **historisch marginalisierte Gruppen** häufig diskriminierende Auswirkungen hat.[445] So ist insbesondere die Beschränkung auf parlamentarische Materialien zur Erschließung des Willens der Gesetzgebungsorgane problematisch, da **Reformbewegungen**, die gerade wenn es um Frauenanliegen geht, meist außerparlamentarisch Platz griffen, bei einer derartigen Herangehensweise oft auch dann unberücksichtigt bleiben, wenn sie den Anstoß für Gesetzesveränderungen gaben. Im Parlament selbst waren Frauen lange Zeit überhaupt nicht vertreten und auch heute stellen sie mit 57 von 183 Abgeordneten des Nationalrates[446] noch nicht den Anteil, der ihrem Anteil an der Gesamtbevölkerung angemessen wäre.

Das Beharren auf dem historischen Element der Auslegung wird daher als Beispiel für die männliche Vorherrschaft in der Jurisprudenz verstanden. Eigenschaften und Merkmale werden aus männlicher Perspektive definiert und gelten dann als allgemeine Maßstäbe für angemessene Beziehungen zwischen Leben und Recht. Dabei wird jedoch nicht entsprechend berücksichtigt, dass Frauen vom Prozess der Rechtsentstehung lange Zeit hindurch weitestgehend ausgeschlossen waren. Darstellungen, die daher

---

[444] Vgl *Koziol Helmut/Welser Rudolf*, Bürgerliches Recht I[13] (2006) 24f.
[445] Vgl *Baer Susanne* in *Rust Ursula* (hg), Juristinnen 170.
[446] Vgl http://www.parlament.gv.at/portal/page?_pageid=907,860158&_dad=portal &_schema=PORTAL [2.7.2007].

zwangsläufig verzerrt sind, bilden heute immer noch die Grundlage dafür, juristische Interpretationen, die der historischen Auslegung widersprechen oder nicht auf der herrschenden Meinung beruhen, sowie rechtliche Initiativen von Frauen zu bekämpfen.[447]

Für Gruppen, die in der Geschichte des Rechts ausgegrenzt wurden, bietet die historische Interpretation daher oftmals eher die Möglichkeit einer negativen Bestandsaufnahme. Die Geschichte einer Regelung bzw eines Normenkomplexes nachzuvollziehen, kann dabei helfen, Unterdrückungsmechanismen aufzuzeigen und die mitunter offen diskriminierende Absicht des Gesetzgebers zu entlarven.

Andererseits zeigt eine nähere Auseinandersetzung mit der historischen Interpretation auch auf, dass die Aufarbeitung der Geschichte durch feministische ForscherInnen unerlässlich ist, um verzerrten historischen Darstellungen entgegenzuwirken. So blieb beispielsweise das Gleichbehandlungsgebot des Art 7 Abs 1 B-VG 1920 jahrzehntelang ineffektiv, da sich die Verfassungspraxis weigerte, ihm einen kompensatorischen Förderungsbedarf für Frauen zu entnehmen: Die Auffassung, der Staat sei verpflichtet, die formell verbürgte Gleichberechtigung der Frau mittels positiver Aktionen faktisch durchzusetzen, wurde von der herrschenden Verfassungslehre abgelehnt. Zur Untermauerung dieser These diente die Wortinterpretation, die eine Bevorzugung von Frauen durch das Recht nicht ermögliche. Die Bedeutung des Gleichheitssatzes wurde damit auf ein rein formales Differenzierungsverbot nach dem Geschlecht reduziert.[448]

Die Aufarbeitung des politischen Umfeldes durch die feministische Forschung ergab, dass der moralische Anspruch der Frauen auf Veränderung ihrer Lebensbedingungen bei der Kodifizierung

---

[447] Vgl *MacKinnon Catharine*, Auf dem Weg zu einer feministischen Jurisprudenz, STREIT 1-2/93, 5.
[448] Vgl *Floßmann Ursula* in *Deixler-Hübner Astrid* (hg), Stellung 210.

der österreichischen Bundesverfassung allgemeine Akzeptanz fand. Zwar finden sich in den Gesetzesmaterialien zu Art 7 B-VG 1920 keine direkten Hinweise auf die Alte Frauenbewegung, da Frauen bis 1918 im Parlament gar nicht vertreten waren und auch danach in den Ausschüssen zur Erstellung der Verfassung nicht federführend beteiligt waren, doch lässt sich zeitgenössischen Aussagen entnehmen, dass die Verdienste der Frauen bei Gesetzesnovellen nicht unberücksichtigt blieben. Folgende Stellungnahme findet sich zur Einführung des aktiven und passiven Wahlrechts für Frauen:

> „Die Leistungen der Frauen im Kriege sind bekannt und sie mussten zu einer Änderung der Gesetzgebung hinsichtlich der Beteiligung der Frauen an dem öffentlichen Leben führen. Die dauernde Mitwirkung der Frauen an aller materieller und geistiger Arbeit der Nation ist durch den Krieg eine historische Tatsache geworden und wir müssen daher selbstverständlich dieser Tatsache auch in der Gesetzgebung durch die Heranziehung der Frauen im öffentlichen Leben Rechnung tragen."[449]

Art 7 Abs 1 B-VG 1920 wurde als Auftrag an die Gesetzgebungsorgane verstanden, Diskriminierungen von Frauen zu beseitigen und frauenfördernde Maßnahmen zu setzen, um auf eine tatsächliche Gleichstellung der Geschlechter hinzuwirken. Nur durch die völlige Ausblendung der Geschichte der Alten Frauenbewegung war es der Rechtslehre möglich gewesen, dem Gleichheitssatz seinen emanzipatorischen Gehalt lange Zeit abzusprechen und Frauen die Einlösung dieses Versprechens des Verfassungsgesetzgebers zu verweigern.[450] Erst 1998 wurde das **Prinzip der materiellen Gleichheit** durch eine Erweiterung des Gleichheitsgrundsatzes ausdrücklich in die Verfassung aufgenommen. Abs 2 des Art 7 B-VG lautete nunmehr:

---

[449] Provisorische Nationalversammlung, Stenographische Protokolle der 10. Sitzung, 18. Dezember 1918, 321.
[450] Vgl *Floßmann Ursula* in *Deixler-Hübner Astrid* (hg), Stellung 210ff.

„Bund, Länder und Gemeinden bekennen sich zur tatsächlichen Gleichstellung von Mann und Frau. Maßnahmen zur Förderung der faktischen Gleichstellung von Frauen und Männern insbesondere durch Beseitigung tatsächlich bestehender Ungleichheiten sind zulässig."

Bei Art 7 Abs 2 B-VG handelt es sich um eine **Staatszielbestimmung betreffend die Herstellung der faktischen Gleichberechtigung von Frauen und Männern**, die allerdings gegenüber der Einzelnen keine unmittelbare Wirkung entfaltet. Es besteht daher kein Grundrecht auf faktische Gleichberechtigung, das allenfalls vor dem Verfassungsgerichtshof durchsetzbar wäre.[451] Zur Bedeutung dieser Staatszielbestimmung für die Auslegung von Normen siehe unten.

4. Teleologische Interpretation

Die objektiv-teleologische Auslegung fragt nach **Sinn und Zweck einer Norm**. Zu deren Ermittlung orientiert sie sich vor allem an allgemeinen rechtsethischen Prinzipien wie Gerechtigkeit, sozialem Ausgleich und Rechtssicherheit. Die solcherart gewonnenen Interpretationsergebnisse können nicht nur über die Absicht des historischen Gesetzgebers hinausgehen, sondern auch von ihr abweichen, etwa wenn ursprünglich verfolgte Zwecke hinfällig geworden sind oder aufgrund gewandelter Umstände nicht mehr als tragbar erscheinen.[452]

Die rechtsethischen Prinzipien, von denen die objektiv-teleologische Auslegung ihren Ausgang nimmt, werden zum Teil unterschiedlich geregelt. Zwischen einzelnen dieser Prinzipien kann es zu **Widersprüchen** kommen, da sie selbst verschiedene

---

[451] Vgl *Ulrich Silvia*, Innerstaatliche Dimensionen, in *Neuhold Brita/Pirstner Renate/Ulrich Silvia*, Menschenrecht – Frauenrechte. Internationale, europarechtliche und innerstaatliche Dimensionen (2003) 234.
[452] Vgl *Koziol Helmut/Welser Rudolf*, Bürgerliches Recht I^{13} 25f.

IV. Feministische Rechtswissenschaft und ihre Methoden

Zwecke verfolgen. Rechtliche Regelungen sind immer auch Ergebnis eines Interessenausgleichs. Im Rahmen der Interpretation ist daher stets zu prüfen, zugunsten welchen Prinzips die in den einzelnen gesetzlichen Regelungen zum Ausdruck kommende **Interessensabwägung** ausschlägt.[453]

Wie die feministische Rechtskritik aufgezeigt hat, birgt auch das Abstellen auf übergeordnete Prinzipien, auf die sich rechtliche Regelungen zurückführen lassen, zahlreiche Probleme. Widerstreitende Prinzipien lassen oft keine eindeutigen Schlüsse zu. So kann beispielsweise der Grundsatz der Nichteinmischung in das Familienleben ein gänzlich anderes Ergebnis erfordern, als der Grundsatz des Kinderschutzes.[454] Ebenso besteht ein Konflikt zwischen dem Recht auf Privatsphäre und dem Recht auf Schutz der Unversehrtheit. Während es die Achtung der Privatsphäre einer Person ermöglichen soll, ihre eigenen Interessen zu verfolgen, soll der Staat durch Schutzgesetze Beeinträchtigungen durch andere verhindern.[455] Das Recht auf Privatsphäre wird daher einerseits durch das Recht anderer Personen auf Achtung ihrer Privatsphäre, andererseits durch Gesetze zum Schutz des Einzelnen beschränkt. Allein mit den Mitteln der Rechtsauslegung lässt sich aber oft nicht feststellen, welches rechtsethische Prinzip höherwertig ist und welchem daher in einem bestimmten Fall der Vorzug zu geben ist.[456]

Da die Rechtsordnung von einem männlichen Menschenbild geprägt ist, basieren auch die im Recht zum Ausdruck kommenden Prinzipien auf **geschlechtsspezifischen Wertvorstellungen**. Die Auslegung des Rechts mit Hilfe moralischer Wertungen stellt

---

[453] Vgl *Bydlinski Franz*, Juristische Methodenlehre 410ff.
[454] Vgl *Olsen Frances*, Kritische Justiz 1990, 314.
[455] Vgl *Olsen Frances*, Statutory Rape: A Feminist Critique of Rights Analysis, in *Bartlett Katharine/Kennedy Rosanne* (ed), Feminist Legal Theory: Readings in Law and Gender (1991) 305.
[456] Vgl *Olsen Frances* in *Bartlett Katharine/Kennedy Rosanne* (ed), Feminist Legal Theory 305.

daher auch deshalb eine mögliche Einbruchstelle für diskriminierende Praktiken dar, weil sie eine Rechtsauslegung im Interesse derer erlaubt, die die (Definitions-)Macht besitzen und die moralischen Standards innerhalb einer Gesellschaft festlegen.[457]

Schließlich hat die fortdauernde Diskriminierung von Frauen in hohem Maße Anpassung zur Folge. Diese Anpassung wird allerdings nicht mehr als solche erlebt, sondern als „Normal-" oder „Naturzustand" empfunden. Wird nun diese Anpassung als Maßstab für Gerechtigkeit oder als Ausgangspunkt rechtlicher Wertungen herangezogen, so setzt sich der gesellschaftliche status quo fort. Ein Ende der Diskriminierung ist auf diese Weise nicht zu erreichen.[458]

Um auf die De-facto-Gleichstellung von Frauen und Männern hinzuwirken, müssen **Frauenförderung und Gleichstellung als tragende Prinzipien der Rechtsauslegung** anerkannt werden. Die Interpretation rechtlicher Regelungen sollte sich immer auch an dem Ziel der tatsächlichen Gleichstellung von Frauen und Männern orientieren. Bislang fehlt allerdings eine entsprechende Berücksichtigung dieser Prinzipien bei der Rechtsauslegung.

Eine an der Gleichstellung von Frauen und Männern orientierte Interpretation einfachgesetzlicher Normen würde auch die Staatszielbestimmung des Art 7 Abs 2 B-VG gebieten.[459] Ferner ist zu beachten, dass durch die Anerkennung des Prinzips „**Gender Mainstreaming**" durch die Europäische Union Regierungen und andere Entscheidungsorgane aufgefordert wurden, „geschlechtsspezifische Belange in die Konzeption aller Politiken und Programme einzubeziehen, so dass vor dem Fällen von Entscheidun-

---

[457] Vgl *Gerhard Ute* in *Rust Ursula* (hg), Juristinnen 142.
[458] Vgl *Baer Susanne*, Würde oder Gleichheit? 165.
[459] Vgl *Ulrich Silvia* in *Neuhold Brita/Pirstner Renate/Ulrich Silvia*, Menschenrechte – Frauenrechte 235.

gen die Folgen für Männer bzw Frauen analysiert werden."[460] Der Vertrag von Amsterdam verpflichtet auf europäischer Ebene zum Prinzip des Mainstreaming und normiert in Art 2 und 3 EGV die Beseitigung von Ungleichheiten und die Gleichstellung von Frauen und Männern als ausdrückliche Aufgaben und Zielsetzungen der Gemeinschaft. Über diese internationale Verpflichtung hinaus hat sich Österreich die Beachtung des Gender-Mainstreaming-Prinzips bereits im Jahr 2000 zur Regierungsaufgabe gemacht. Im Sinne der Mitteilung der Europäischen Kommission über die Einbindung der Chancengleichheit dürften sich die Bemühungen um die Erlangung der Chancengleichheit daher nicht länger „auf die Durchführung von Sondermaßnahmen für Frauen" beschränken, vielmehr seien „zur Verwirklichung der Gleichberechtigung ausdrücklich sämtliche allgemeinen politischen Konzepte und Maßnahmen einzuspannen."[461] Die Anerkennung des Prinzips der Gleichstellung von Frauen und Männern als tragendes Rechtsprinzip ist daher ein längst überfälliger, wichtiger Schritt in diese Richtung.

D. Zusammenfassung und Ausblick

Unter dem Begriff „Feministische Rechtswissenschaft" lässt sich eine Unzahl verschiedener Strömungen zusammenfassen, die im Einzelnen mitunter voneinander abweichende Theorien und Ansätze vertreten. Eben so wenig wie es daher „die" feministische Rechtswissenschaft als einheitliche Richtung gibt, existiert eine einzige richtige Methode feministischer Rechtswissenschaft. Neueren Ansätzen in der feministischen Jurisprudenz kommt kein genereller Vorrang vor älteren Strömungen zu, vielmehr geht es darum, auf die vielfältigen Arten geschlechtsspezifischer Diskri-

---

[460] Europäische Kommission, Leitfaden zur Bewertung geschlechtsspezifischer Auswirkungen, http://www.europa.eu.int/comm/employment_social/equ_opp/gender/gender_de.pdf [29.8.2003] 2.

[461] KOM (96) 67.

minierung möglichst flexibel und unter **Heranziehung sämtlicher sich bietender Methoden** zu reagieren.[462]

Gemeinsames Ziel feministischer Juristinnen ist hierbei das Aufdecken von Bereichen, von denen Frauen ausgeschlossen sind und die Untersuchung, wo **Geschlecht im Recht** jeweils eine Rolle spielt, inwieweit das Geschlecht das Rechtsverhältnis oder das Geschlechterverhältnis das Recht prägt. Die unterschiedlichen Herangehensweisen an diese Aufgaben machen feministische Rechtswissenschaft und ihre Methoden zu einem lebendigen, vielfältigen und von unterschiedlichen Auffassungen geprägten Diskussionszusammenhang.[463]

Die feministische Rechtswissenschaft muss sich grundsätzlich auch der oben dargelegten „klassischen" juristischen Methoden unter Berücksichtigung ihrer Schwachstellen und der daraus resultierenden Möglichkeit diskriminierender Ergebnisse bedienen. „Blinde Flecken" im Recht, die Frauen nicht wahrnehmen oder bewusst ausschließen, lassen sich allerdings nicht mit Hilfe der herkömmlichen Interpretationsmethoden, sondern nur durch eine Veränderung der Perspektive erkennen. **Geschlechtssensible Analysen des Rechts** ermöglichen einen derartigen Perspektivenwechsel und damit ein Aufspüren diskriminierender Regelungen.[464] Feministische Analyse des Rechts bedeutet dabei das **Stellen der Frauenfrage** in allen Rechtsbereichen und in sämtlichen Teildisziplinen des Rechts.[465]

---

[462] Vgl *Autor/innenkollektiv*, Einleitung, in *Foljanty Lena/Lembke* Ulrike (hg), Feministische Rechtswissenschaft 22; *Platt Sabine*, STREIT 2/94, 61.
[463] Vgl *Sacksofsky Ute*, ZRP 2001/9, 417.
[464] Vgl zum Folgenden *Baer Susanne* in *Floßmann Ursula* (hg), Feministische Jurisprudenz 17.
[465] Vgl *Sacksofsky Ute*, ZRP 2001/9, 412; unter Bezugnahme auf *Bartlett Katherine T.*, Feminist Legal Methods, in *Bartlett Katharine T./Kennedy Rosanne* (ed), Feminist Legal Theory (1991) 370.

IV. Feministische Rechtswissenschaft und ihre Methoden

Feministische Juristinnen mussten bereits früh erkennen, dass die **Verwirklichung formaler Gleichheit** allein nicht ausreicht, um die Lebensbedingungen von Frauen zu verändern. Frauenrechte wurden weder bei der Gesetzgebung, noch bei ihrer Interpretation und Umsetzung ernst genommen, die Dominanz männlicher Interessen bestand weiter fort. Die männliche Sicht auf das Recht und die Orientierung rechtlicher Regelungen an männlichen Lebensmustern blieben ungebrochen. Es war zwar gelungen, den **Zusammenhang zwischen Ungleichheit und Gewalt** sichtbar zu machen, beseitigt wurde er damit jedoch noch nicht.[466] Daraus erwuchs die Erkenntnis, dass die Realisierung formaler Gleichheit sich sogar aggressiv frauenfeindlich auswirkt, wenn nicht gleichzeitig die **de-facto-Gleichstellung der Geschlechter** erreicht wird.[467]

Feministische Rechtswissenschafterinnen kamen aufgrund dieser Erfahrungen zu dem wichtigen Schluss, dass das Recht seinen Ausgangspunkt im Alltag von Frauen finden muss. Daran knüpfte die Erkenntnis an, dass neben der Doppelmoral, die in der bürgerlichen Gesellschaft in Bezug auf die Geschlechter herrscht, auch ein **Doppelrecht für Frauen und Männer** existiert.

„Zentrale Begriffe unserer Rechtsordnung werden anders verstanden, je nachdem, ob es sich um Männer oder um Frauen handelt. ... Dies bedeutet, dass einheitliche, angeblich objektiv und sachliche Normen unter ihrer Oberfläche unterschiedliche Regelungssysteme für Männer und Frauen aufweisen, die im patriarchalen Recht von der männlichen Sichtweise bestimmt und ihr untergeordnet sind. Es setzt

---

[466] Vgl *Degen Barbara*, Die Zweisprachigkeit der Normen – feministische Erfahrungen, in *Verein Pro FRI* (hg), Recht Richtung Frauen 347.

[467] Vgl *Siegmund-Ulrich Silvia*, Feminismus und Recht in Österreich, in *Dohnal Johanna* (hg), Test the West – Geschlechterdemokratie und Gewalt (1993) 60. Vgl dazu auch Kapitel „Der Gleichheitssatz".

sich – häufig bei formal gleichem Recht – eine männliche Dominanzregel durch."[468]

Es gelingt allerdings, diese unterschiedlichen Regelungssysteme als einheitliche, neutrale und gleichsam natürliche Rechts- und Gerechtigkeitssysteme darzustellen und mit Hilfe der abstrakten und universellen Begrifflichkeiten des Rechts die zugrunde liegenden Regelungsmuster zu verdecken. So entsteht ein Ordnungssystem, das vor allem dann überzeugend und stabil wirkt, wenn es den Anschein der „Natürlichkeit" für sich beansprucht.

Feministische Rechtswissenschaft hat mit zahlreichen Schwierigkeiten zu kämpfen. Jene Strömungen, die sich darauf beschränkten, gleiche Rechte für Frauen und Männer einzufordern, mussten früh erkennen, dass die Erlangung formaler Gleichheit zwar einen wichtigen Schritt darstellt[469], ohne gesellschaftliche Veränderungen aber noch kein Ende der Benachteiligung von Frauen bedeutet. An Differenzansätzen orientierte feministische Rechtswissenschafterinnen, die versuchen, Gerechtigkeitsmodelle ohne einen männlichen Maßstab zu entwickeln und den Unterschied der Geschlechter affirmativ zu berücksichtigen, laufen dagegen Gefahr, gesellschaftlich bedingte Unterschiede und Hierarchien zwischen Frauen und Männern zu perpetuieren, statt auf ihren Abbau hinzuwirken.[470]

Dennoch sind sowohl Gleichheits- als auch Differenzansätze unverzichtbares Instrumentarium feministischer Rechtswissenschaft. Die Tatsache, dass beide Strömungen ihre Berechtigung im Rahmen der Rechtsanalyse haben, weist auf den **Methodenpluralismus** hin, der für die feministische Jurisprudenz kennzeichnend ist. Feministische Rechtswissenschaft muss einerseits konkrete Lösungsvorschläge für die Praxis erarbeiten, anderer-

---

[468] *Degen Barbara* in *Floßmann Ursula* (hg), Feministische Jurisprudenz 48f.
[469] Ausführlich dazu *Floßmann Ursula* in *Deixler-Hübner Astrid* (hg), Stellung 215.
[470] Vgl *Baer Susanne* in *Floßmann Ursula* (hg), Feministische Jurisprudenz 13.

seits versuchen, den durch das geltende Recht gesteckten Rahmen zu erweitern beziehungsweise aufzusprengen. Um diese Ziele zu erreichen, müssen sich feministische Juristinnen sowohl der klassischen Methoden der Rechtserkenntnis bedienen, als auch neue Wege der Rechtsanwendung und Rechtsauslegung erschließen. Zahlreiche ältere feministische Arbeiten kritisierten zwar die Ungleichbehandlung von Frauen und Männern und forderten ein stärker an der Lebensrealität von Frauen orientiertes Rechtssystem, blieben aber dogmatisch der traditionellen Rechtswissenschaft verhaftet. Die norwegische Juristin *Tove Stang Dahl* trat etwa dafür ein, dass die empirisch erforschte Wirklichkeit den Ausgangspunkt für eine juristische Theorie und Praxis bilden solle, „bei der ansonsten der rechtsdogmatische Ansatz durchaus im traditionellen Sinne beibehalten wird."[471]

Jüngere Arbeiten haben dagegen aufgezeigt, „dass dogmatisch orientierte, also immanente Schwachstellenanalysen nicht oder nicht immer ausreichen, um die Einseitigkeit des juristischen Diskurses aufzubrechen."[472] So vertritt die deutsche Rechtswissenschafterin *Susanne Baer* einen dreistufigen Ansatz feministischer Rechtserkenntnis und nennt als erstes und unverzichtbares Element feministischer Rechtswissenschaft die **Analyse von Geschlecht im Recht**. Hierbei ist anzumerken, dass sich vor allem jüngere feministische Arbeiten mit der Kategorie „Geschlecht" befassen, während in älteren Arbeiten der Schwerpunkt eher bei „Frauen" liegt. Das muss keinen Widerspruch darstellen, solange Frauen nicht als „monolithische Einheit"[473] aufgefasst werden. *Baer* warnt allerdings mit Recht davor, über der Beschäftigung mit dem Geschlecht im Recht zu übersehen, dass es konkret um die Diskriminierung von Frauen durch Männer mit dem Ziel eines Vorteils für Männer geht. Der Kategorie Geschlecht sei dennoch der Vorzug vor einem Fokus auf Frauen zu geben, weil sie

---

[471] *Stang Dahl Tove*, FrauenRecht 53.
[472] *Baer Susanne* in *Floßmann Ursula* (hg), Feministische Jurisprudenz 17.
[473] *Baer Susanne* in *Floßmann Ursula* (hg), Feministische Jurisprudenz 18.

zugleich deutlich mache, dass es so etwas wie „die Frau" schlechthin nicht gibt. Die soziale Konstruktion „Frau" erhält nur dann Relevanz, wenn in ihr eine Unterscheidung von „Männern" zum Ausdruck kommt, die sich regelmäßig als Diskriminierung darstellt. Geschlecht wird von *Baer* als Instrument der Hierarchisierung entlarvt, das nicht zuletzt auch durch das Recht konstituiert wird.

Auf der nächsten Stufe untersucht *Baer* die **Verknüpfung zwischen Leben und Recht**. Solange die Lebensrealität von Frauen keine Berücksichtigung erfährt, schreibt die Rechtswissenschaft nur den im geltenden Recht ohnehin schon angelegten Vorzug einer männlichen Sichtweise fort. Der feministischen Rechtswissenschaft geht es dagegen um eine **Erweiterung der traditionellen dogmatischen Perspektive**. Ihren Ausgangspunkt stellt die Lebensrealität dar und zwar die geschlechtsspezifisch wahrgenommene Lebenswirklichkeit von Frauen und Männern. Damit erteilt sie der Dominanz rein männlicher Erfahrungen, die häufig als Grundlage rechtlicher Ordnungen dienten und dienen, eine deutliche Absage.[474]

Die feministische Rechtswissenschaft darf sich allerdings nicht damit begnügen, die Lebenswirklichkeit aus Urteilssachverhalten abzuleiten, da es dabei insbesondere dann zu Verkürzungen kommen kann, wenn das Recht bestimmte Fälle entweder gar nicht wahrnimmt, oder von bestimmten Personen nicht in Anspruch genommen wird. Auch die Ausklammerung „irrelevanter" Fakten durch die richterliche Wahrnehmung oder die Übernahme diskriminierender Alltagsvorstellungen trägt zu Verzerrungen bei. Feministische Juristinnen sind daher bei der Erforschung der Lebensrealität stets auch auf die Erkenntnisse der Sozialwissenschaften und deren Geschlechtssensibilität angewiesen. Dies bedingt die **Transdisziplinarität feministischer Rechtswissen-**

---

[474] Vgl *Baer Susanne* in *Braun Christina von/Stephan Inge* (hg), Gender-Studien 160.

schaft, die sonst in den Grenzen traditioneller Rechtserkenntnis gefangen bleibt.[475]

Weitgehend akzeptiert innerhalb der Frauenbewegung ist die Erfahrung, dass es den „einen" Frauenstandpunkt nicht gibt und sich auch weibliche Lebenszusammenhänge voneinander unterscheiden. Frauen sind je nach ethnischer Herkunft, sozialer Position, sexueller Orientierung und vielen anderen Umständen mit unterschiedlichsten Arten der Diskriminierung konfrontiert. Jede feministische Untersuchung muss daher neben den Unterschieden zwischen den Geschlechtern auch die **Unterschiede zwischen Frauen** berücksichtigen und zulassen und somit vielfältigsten Perspektiven Eingang in den rechtlichen Diskurs ermöglichen.[476]

In einem letzten Schritt bricht *Baer* mit der von der traditionellen Rechtswissenschaft geforderten **Objektivität** und **Neutralität**, die durch die feministische Rechtswissenschaft als männlichen Zielen verpflichtet entlarvt werden konnten. Damit überhaupt von feministischer Rechtswissenschaft gesprochen werden kann, ist es notwendig, die scheinbare Neutralität und Objektivität des Rechts aus bestimmten Gründen, mit einer bestimmten Perspektive und einem allgemein bestimmten Ziel – nämlich der tatsächlichen Gleichstellung von Frauen und Männern – zu kritisieren. Der Blick, den die feministische Rechtswissenschaft dabei auf Recht, Staat und Gesellschaft wirft, ist nicht nur ein kritischer, sondern auch ein geschlechtssensibler.[477]

---

[475] Vgl *Baer Susanne* in *Floßmann Ursula* (hg), Feministische Jurisprudenz 19ff.
[476] Vgl *Sacksofsky Ute*, ZRP 2001/9, 417.
[477] Vgl *Baer Susanne* in *Floßmann Ursula* (hg), Feministische Jurisprudenz 21f.

V. Der Gleichheitsgrundsatz

A. Die Verankerung des Gleichheitsgrundsatzes

Eine erste **verfassungsrechtliche Gleichheitsgarantie** enthielt Art 2 des Staatsgrundgesetzes über die allgemeinen Rechte der Staatsbürger aus 1867 (StGG 1867)[478].

> „Vor dem Gesetz sind alle Staatsbürger gleich."

Inhalt und Reichweite des Gleichheitssatzes waren allerdings in doppelter Hinsicht beschränkt. Eine Verbesserung der Rechtsstellung der Frau hatte diese Norm schon deshalb nicht zur Folge, da die einfachgesetzliche Ungleichbehandlung weiter bestehen blieb. Art 2 StGG garantierte lediglich die gleiche, willkürfreie Anwendung von Rechtsvorschriften auf alle NormadressatInnen.[479] Das damalige Reichsgericht war mangels einer Kompetenz zur Normenkontrolle nicht befugt, gehörig kundgemachte Gesetze im Hinblick auf ihre Übereinstimmung mit den Staatsgrundgesetzen zu prüfen. Einfache Gesetze, die Frauen diskriminierten, konnten nicht wegen Verfassungswidrigkeit angegriffen werden. Zwischen dem allgemein formulierten Gleichheitspostulat und dem einfachgesetzlichen Rechtsstatus von Frauen bestand daher ein Widerspruch: Frauen waren in ihrer Grundrechtssubjektivität gegenüber Männern beschränkt.[480] Sie blieben weiterhin vom Wahlrecht und von akademischen Bildungseinrichtungen ausgeschlossen, durften zahlreiche Berufe nicht ausüben und waren im

---

[478] RGBl 1867/142.

[479] Vgl *Ulrich Silvia* in *Neuhold Brita/Pirstner Renate/Ulrich Silvia*, Menschenrechte – Frauenrechte 227.

[480] Vgl *Floßmann Ursula*, Männliche Rechtsstrategien zur Minimierung der sozialen Sprengkraft des Gleichheitssatzes. Ein Beitrag zur beschränkten Rechtssubjektivität der Frau, in *Mesner Maria/Steger-Mauerhofer Hildegard* (hg), Der Tod der Olympe de Gouges. 200 Jahre Kampf um Gleichberechtigung und Grundrechte (1994) 51.

Ehe- und Familienrecht dem Mann untergeordnet. Art 2 StGG gewährleistete nur **Gleichheit vor dem Gesetz**.[481] Darüber hinaus wurde der Gleichheitssatz als **Programmsatz für die künftige Gesetzgebung** empfunden. Seine Zielsetzung war die Beseitigung ständischer Differenzierungen, eine mechanische Gleichstellung aller StaatsbürgerInnen war hingegen nicht intendiert.[482]

Das B-VG 1920[483] untersagte in Art 7 Abs 1 erstmals ausdrücklich Differenzierungen nach dem Geschlecht:

„Alle Bundesbürger sind vor dem Gesetz gleich. **Vorrechte der Geburt, des Geschlechtes, des Standes, der Klasse und des Bekenntnisses sind ausgeschlossen**."[484]

Der **Gleichheitsgrundsatz des Art 7 Abs 1 B-VG** besteht seitdem aus einem allgemeinen (Satz 1) und einem speziellen (Satz 2) Gleichheitsgebot. Er bindet nicht nur die Verwaltung, sondern auch die Gesetzgebung. Einfache Gesetze müssen sowohl in ihrer Anwendung als auch inhaltlich dem Gleichheitssatz entsprechen.

B. Der Gleichheitsgrundsatz in der Judikatur des VfGH

1. Grundlegende Kritikpunkte

Einer umfassenden Entdiskriminierung des Rechts durch Art 7 B-VG stehen die Auslegungsgrundsätze, die der VfGH zur Gleichheitsprüfung entwickelt hat, entgegen.[485] Durch die restrik-

---

[481] Vgl *Ulrich Silvia* in *Neuhold Brita/Pirstner Renate/Ulrich Silvia*, Menschenrechte – Frauenrechte 227.

[482] Vgl *Baur Christine*, Rechtliche Grundlagen und Begriffe, in *Baur Christine/Fleischer Eva/Schober Paul*, Gender Mainstreaming 47 (49).

[483] BGBl 1920/1.

[484] Hervorhebung durch die Verf.

[485] Vgl *Ulrich Silvia* in *Neuhold Brita/Pirstner Renate/Ulrich Silvia*, Menschenrechte – Frauenrechte 227.

tive Judikatur des VfGH wird der Gleichheitssatz über weite Strecken seiner Sprengkraft beraubt. Dem Prinzip der **Gleichheit im Gesetz**[486] folgend sind unterschiedliche gesetzliche Regelungen für Frauen und Männer dann zulässig, wenn sie sachlich gerechtfertigt sind. Die Frage nach der **sachlichen Rechtfertigung** einer Regelung beurteilt der VfGH anhand der **Unterschiede im Tatsächlichen**. Eine unterschiedliche Behandlung von Frauen und Männern durch das Gesetz verstößt dann nicht gegen den Gleichheitssatz, wenn sich diese Unterschiede auch in der Lebenswirklichkeit widerspiegeln. Dabei erachtet es der VfGH für zulässig, dass der Gesetzgeber von einer **Durchschnittsbetrachtung** ausgeht und auf den Regelfall abstellt, einzelne Härtefälle haben nicht die Gleichheitswidrigkeit eines Gesetzes zur Folge. Damit wird jedoch die männlich dominierte Lebensrealität zum Prüfmaßstab für die Zulässigkeit einer Frauen und Männer unterschiedlich behandelnden Regelung. Patriarchale Rechtsvorschriften verstoßen nicht gegen den Gleichheitssatz, solange die patriarchalen Lebensbedingungen statistisch signifikant bleiben.[487]

Zu kritisieren ist auch die **Vernachlässigung des speziellen Verbotes der Vorrechte des Geschlechts** gem Art 7 Abs 1 Satz 2 B-VG zugunsten des allgemeinen Gleichheitsgebots. Der weite Differenzierungsspielraum des allgemeinen Gleichheitsgebots führt gerade in Fragen der Geschlechtergleichheit zu einer höheren „Ausnahmefreundlichkeit" und zu einer diesbezüglichen Überbewertung des gesetzgeberischen Gestaltungsspielraums durch den VfGH. Wertungsunterschiede bei der Beurteilung ähnlicher Sachverhalte wie etwa der Mehrfachbelastung von Frauen durch Beruf und Familie führen zu mitunter diametral entgegengesetzten Entscheidungen des Gerichtshofs.[488] Durch die oftmals

---

[486] *Ulrich Silvia* in Neuhold Brita/Pirstner Renate/Ulrich Silvia, Menschenrechte – Frauenrechte 227.

[487] Vgl *Siegmund-Ulrich Silvia*, Zur Ambivalenz des gleichen Rechts, ÖZP 1994/2, 152.

[488] Vgl *Sporrer Anna*, Die Gleichheit von Frauen und Männern, in *Machacek Rudolf/Pahr Willibald P./Stadler Gerhard* (hg), Grund- und Menschenrechte

geradezu beliebig erscheinenden Argumente des VfGH werden einerseits überkommene Rollenstereotypen im Geschlechterverhältnis legitimiert, andererseits wird die formale Gleichstellung der Geschlechter durch die Aufhebung jener Bestimmungen vorangetrieben, die auf dem Gedanken eines Nachteilsausgleichs für die strukturellen Benachteiligungen von Frauen in der Gesellschaft basieren.[489]

2. Kritik an der historischen Entwicklung der Judikatur

a. Erste Ansätze der Entdiskriminierung

Die Prüfmaßstäbe, derer sich der Gerichtshof zur Lösung geschlechtsspezifischer Gleichheitsfragen bedient, machten – wie *Anna Sporrer* anhand einer umfangreichen Analyse der Judikatur des VfGH zum Gleichheitssatz nachweist – eine grundsätzliche Wandlung vom speziellen zum allgemeinen Gleichheitsgebot durch. In seiner **anfänglichen Judikatur** ging der VfGH von der **speziellen Gleichheitsverbürgung** des Verbots der Vorrechte des Geschlechts in Art 7 Abs 1 Satz 2 B-VG aus und erachtete eine ungleiche Behandlung der Geschlechter nur dann für gerechtfertigt, wenn diese durch die **„Natur des Geschlechts"** vorgegeben würde.[490] Diese Judikaturlinie umfasst jene Erkenntnisse, die von *Brigitte Hornyik* als **„statische" Judikatur** bezeichnet werden, weil die Natur des Geschlechts als bekannt vorausgesetzt wurde – der VfGH führte an keiner Stelle aus, was unter der „Natur der Frau" zu verstehen sei – und die Möglichkeit einer

---

in Österreich. Band 3, 50 Jahre Allgemeine Erklärung der Menschenrechte – Wesen und Werte (1997) 937f.
[489] Vgl *Siegmund-Ulrich Silvia*, ÖZP 1994/2, 152.
[490] Vgl *Sporrer Anna* in *Machacek Rudolf/Pahr Willibald P./Stadler Gerhard* (hg), Grund- und Menschenrechte in Österreich 927.

diesbezüglichen gesellschaftlichen Veränderung dabei außer Betracht blieb.[491]

Besondere Bedeutung im Rahmen dieser Judikaturlinie hat das Erkenntnis über die Nichtzulassung von Frauen zum Platzwagenlenkerdienst[492] aus 1926. Der VfGH vertrat die Auffassung, dass zwar Art 7 B-VG einer Ungleichbehandlung der Geschlechter an und für sich nicht entgegenstehe, allerdings müsse die ungleiche Behandlung ihre Rechtfertigung in der „Natur des weiblichen Geschlechts" finden. Der Ausschluss von Frauen vom Platzwagenlenkerdienst sei hingegen nicht durch die „Natur des weiblichen Geschlechts" gerechtfertigt und daher als gleichheitswidrig aufzuheben.

In dieser anfänglichen Judikatur zum Gleichheitssatz des B-VG 1920 schlug der VfGH also durchaus fortschrittliche Wege ein. Die Bezugnahme auf die „Natur des weiblichen Geschlechts" erscheint vor dem Hintergrund feministischer Forschungsergebnisse zwar verfehlt, dennoch gelangte der Gerichtshof mit dieser Begründung anfangs zur Aufhebung der diskriminierenden Regelung. Aufgrund ihrer Unbestimmtheit barg diese Argumentation allerdings die Gefahr einer Einbruchsstelle für traditionelle Rollenvorstellungen.

b. Rückfall in patriarchale Rollenvorstellungen

Die politischen Ereignisse nach 1926 verhinderten eine kontinuierliche Fortführung der Judikatur zur Gleichheit der Geschlechter. Die Verfassungsnovelle 1929 hatte vorgeblich eine Entpolitisierung des VfGH zum Ziel gehabt, in Wahrheit bewirkte die

---

[491] Vgl *Hornyik Brigitte*, Sind Männer gleicher? Die Judikatur des Verfassungsgerichtshofes zur Gleichheit von Mann und Frau als Spiegel gesellschaftlicher Wertmaßstäbe und ihrer Veränderung (1919-1993), in *Mesner Maria/Steger-Mauerhofer Hildegard* (hg), Tod der Olympe de Gouges 68f.
[492] VfSlg 651/1926.

V. Der Gleichheitsgrundsatz

Neuregelung des Vorschlagsrechts für die Verfassungsrichter jedoch eine Umpolitisierung. 1933 erfolgte schließlich die Ausschaltung des VfGH, der erst 1945 seine Handlungsfähigkeit wiedererlangte.[493] Eine Anknüpfung an die frühere frauenfreundliche Judikatur erfolgte allerdings nur punktuell[494], vielmehr benutzte der VfGH das „Natur der Frau"-Argument nunmehr dafür, diskriminierende Bestimmungen als gleichheitskonform zu bestätigen. Das Erkenntnis des VfGH über die Raucherinnenkarten[495] aus 1946, mit dem die geringere Zuweisung von Rauchwaren an Frauen im Rahmen der Rationierungsmaßnahmen der Nachkriegszeit als gleichheitskonform bestätigt wurde, ist signifikant für den Paradigmenwechsel. Obwohl es noch zur statischen Judikaturlinie zählt, markiert es bereits die **Abwendung vom speziellen hin zum allgemeinen Gleichheitssatz** des Art 7 Abs 1 B-VG.[496] Die Beschwerdeführerinnen hatten beim VfGH eine Verletzung des Gleichheitssatzes geltend gemacht, da einerseits Frauen über 55 Jahre keinen Anspruch auf eine Raucherkarte

---

[493] Vgl *Floßmann Ursula/Kalb Herbert*, Geschichte 385, 400.

[494] 1956 hob der Gerichtshof mit einer gleich gelagerten Begründung wie im Erkenntnis über die Nichtzulassung von Frauen zum Platzwagenlenkerdienst das Nachtarbeitsverbot für Wiener Taxilenkerinnen (VfSlg 1979/1956) als gleichheitswidrig auf. Die Bestimmung [§ 15 der Verordnung des Landeshauptmannes von Wien vom 3. April 1954, betreffend den Maximaltarif für das Wiener Platzfuhrwerksgewerbe (Taxitarif 1954) und Änderung der Betriebsordnung, LGBl Nr 13), gegen die sich die Beschwerde richtete, hatte Wagenlenkerinnen das Beziehen von Taxistandplätzen zwischen 22 und 6 Uhr untersagt. Der VfGH kam unter Berufung auf das Erkenntnis über den Ausschluss von Frauen vom Platzwagenlenkerdienst zu folgendem Schluss: „Dieser Grundsatz (Art 7 B-VG, Anm) hindert ... nicht, dass die Geschlechter ausnahmsweise ungleich behandelt werden, doch darf dies nur dann geschehen, wenn die ungleiche Behandlung ihre Rechtfertigung in der Natur des Geschlechtes findet. Da ein Grund zur Nichtzulassung von Personen weiblichen Geschlechtes zum Platzwagenlenkerdienst ... aus der Natur des weiblichen Geschlechtes nicht abgeleitet werden kann, bedeutet das Verbot des in Prüfung gezogenen § 15 die Schaffung eines Vorrechtes für die männlichen Taxilenker, das mit dem Gleichheitsgrundsatz nicht in Einklang zu bringen ist."

[495] VfSlg 1526/1946.

[496] Vgl *Sporrer Anna* in *Machacek Rudolf/Pahr Willibald P./Stadler Gerhard* (hg), Grund- und Menschenrechte in Österreich 928.

hatten, andererseits Frauen nur eine Frauenraucherkarte erhielten, durch die ihnen eine geringere Menge an Rauchwaren zugewiesen wurde, als mit Männerraucherkarten erhältlich waren. Der VfGH stellte fest, dass sich die Vorschriften über die Versorgung der Bevölkerung mit Bedarfsgegenständen am Bedarf des jeweiligen Bevölkerungskreises orientieren müssten. Allgemeine Zielrichtung sei „eine **möglichst gerechte Berücksichtigung aller Staatsbürger nach einem sachlich gerechtfertigten objektiven Maßstab**[497]." Weiters führte der Gerichtshof aus:

„Eine Verletzung des Gleichheitssatzes könnte in einer solchen Maßnahme nur dann erblickt werden, wenn in Wahrheit nicht dieser, nach allgemeinen Momenten geschätzte Bedarf, sondern andere in der Qualität der betreffenden – bevorzugten oder benachteiligten – Gruppen gelegene Momente erwiesenermaßen den Grund für die Differenzierung bilden würden."

Im gegenständlichen Fall könne nur dann von einer Verletzung des Gleichheitssatzes ausgegangen werden, „wenn die ungleiche Beteilung der Männer und Frauen erwiesenermaßen nicht im Interesse einer möglichst gerechten Bedarfsdeckung, sondern aus anders gearteten Erwägungen erfolgt wäre." Da jedoch die Austria Tabakwerke A.G. als belangte Behörde nach Ansicht des VfGH glaubwürdig ausführte, dass der Bedarf von Männern an Rauchwaren im Durchschnitt um ein Vielfaches höher sei als der Bedarf von Frauen und der Gerichtshof diese Begründung durch die Erfahrungen des täglichen Lebens bestätigt fand, sah er in der angefochtenen Zuweisung keine Einräumung eines Vorrechts an das männliche Geschlecht. Überhaupt würde durch den Gleichheitssatz nur eine Einräumung derartiger Vorrechte ausgeschlossen, nicht aber „eine unterschiedslose Gleichstellung der Geschlechter in allen Fragen" angestrebt. Eine un-

---

[497] Hervorhebung durch die Verf.

terschiedliche Behandlung der Geschlechter sei daher zulässig, „wenn sie in **objektiven Merkmalen**[498] begründet ist oder aus der **Natur und Eigenart des betreffenden Geschlechtes**[499] sich ergibt".

Das Erkenntnis über die Raucherinnenkarte nahm eine Zwischenstellung in der Judikatur des VfGH zum Gleichheitssatz ein. Die Natur des Geschlechts fand zwar noch Erwähnung, zur Rechtfertigung wurden jedoch bereits die **Kriterien des allgemeinen Gleichheitsgrundsatzes** herangezogen: Rechtliche Unterschiede zwischen Frauen und Männern sollten dann zulässig sein, wenn sie entweder durch Unterschiede im Tatsächlichen oder durch Unterschiede im Rechtlichen sachlich gerechtfertigt werden konnten.[500]

c. Dynamisierende Vertretbarkeits- und Verhältnismäßigkeitskontrolle zugunsten von Männern

Im Anschluss an die Große Familienrechtsreform, die unter dem massiven Druck der Frauenbewegung in den 70er Jahren stattgefunden hatte (vgl dazu Kapitel „Gleichstellungspolitik – Gleichstellungsrecht"), vollzog sich ein erneuter Wandel in der Rechtsprechung des VfGH zum Gleichheitssatz. Zahlreiche der nun ergangenen Erkenntnisse ordnet Hornyik einer **„dynamischen" Judikaturlinie** zu, die sich verstärkt an den Veränderungen der gesellschaftlichen Verhältnisse, insbesondere der Änderung der Stellung der Frau in der Gesellschaft, orientiert. Die Möglichkeit der Veränderung der gesellschaftlichen Verhältnisse findet sich in diesen Erkenntnissen ausdrücklich als Beurteilungskriterium für

---

[498] Hervorhebung durch die Verf.
[499] Hervorhebung durch die Verf.
[500] Vgl *Sporrer Anna* in Machacek Rudolf/Pahr Willibald P./Stadler Gerhard (hg), Grund- und Menschenrechte in Österreich 928.

die Auslegung des Gleichheitssatzes.[501] Zu den wichtigsten Entscheidungen, die auf die Rolle der Frau, ihre Stellung in der Familie und im Erwerbsleben und auf das geänderte Rollenbild von Frauen Bezug nehmen, zählen beispielsweise das Witwerpensionserkenntnis[502] und das Pensionsaltererkenntnis[503].

Durch die Familienrechtsreform hatte das **Prinzip der formalrechtlichen Gleichstellung** von Frauen und Männern Eingang in das Familienrecht gefunden. Diese Entwicklung bedingte eine **Änderung der Judikatur des VfGH**, der nunmehr verstärkt auf das rechtliche Umfeld zu prüfender Regelungen abstellte. Dadurch konnten erstmals geänderte gesellschaftliche Verhältnisse Eingang in die Rechtsprechung des VfGH zum Gleichheitssatz finden. Die beim VfGH angefochtenen Regelungen über die Witwerpension[504] stellten Frauen besser als Männer. Während Witwen generell Anspruch auf Hinterbliebenenversorgung zukam, bestand ein solcher Anspruch für Witwer nur, wenn die Ehefrau ihren Lebensunterhalt überwiegend bestritten hatte und wenn und solange sie erwerbsunfähig und bedürftig waren. Eine Witwenpension gebührte dagegen ohne diese Voraussetzungen. Der VfGH legte dar, dass die Hinterbliebenenpension einen Ersatz für die ausbleibenden Unterhaltsleistungen des verstorbenen Versicherten darstellen solle und daher vor dem Hintergrund der entsprechenden Regelungen des ABGB über die Unterhaltsleistungen während der Ehe gesehen werden müssen. Des weiteren führte der Gerichtshof aus, dass Änderungen im Bereich eines Rechtsgebietes (im gegebenen Fall des Ehe- und Familienrechts), die die maßgeblichen tatsächlichen Verhältnisse für ein anderes Rechtsgebiet (des Pensionsrechts) ändern, bei der Beurteilung der

---

[501] Vgl *Hornyik Brigitte* in *Mesner Maria/Steger-Mauerhofer Hildegard* (hg), Tod der Olympe de Gouges 72.
[502] VfSlg 8871/1980.
[503] VfGH 6.12.1990, G 223/88.
[504] § 259 Abs 1 ASVG idF des Art XIV Z 5 des Bundesgesetzes BGBl 1978/280; § 78 GSPVG; § 74 Abs 1 B-PVG idF des Art XVI Z 1 des Bundesgesetzes BGBl 1978/280.

Verfassungsmäßigkeit der Regelung dieses anderen Rechtsgebietes zu berücksichtigen sind. Es sei daher „die Sachlichkeit einer unterschiedlichen sozialversicherungsrechtlichen Behandlung von Mann und Frau unter Berücksichtigung der gesamten Verhältnisse einschließlich der durch die Umgestaltung des Familienrechts geschaffene(n) Lage zu beurteilen."

Der VfGH hielt angesichts der Veränderung der rechtlichen und gesellschaftlichen Umstände ein Festhalten am früheren Rollenbild von Frau und Mann für sachlich nicht gerechtfertigt. Die Zahl der erwerbstätigen Frauen wurde zum Entscheidungszeitpunkt als beträchtlich eingestuft und damit die entscheidungsrelevante Prognose verknüpft, die Abkehr des Familienrechts vom Modell der Hausfrauenehe werde die Berufstätigkeit von Frauen in Zukunft weiter begünstigen. Regelungen, die an das traditionelle Rollenbild von Frauen und Männern in der Ehe anknüpften, stünden daher mit dem Gleichheitssatz in Widerspruch. Der VfGH entschied, dass die benachteiligenden Bestimmungen über die Gewährung der Witwerpension gleichheitswidrig und daher aufzuheben waren.

Zur Beurteilung der Gleichheitskonformität im Witwerpensionserkenntnis ging der Gerichtshof nicht von einer Durchschnittsbetrachtung aus, sondern nahm an, dass die Orientierung des Familienrechts an einem partnerschaftlichen Modell eine alsbaldige Veränderung in der Hinterbliebenenversorgung zur Folge haben werde. Bei einem konsequenten Abstellen auf die Durchschnittsbetrachtung hätte nämlich die **weibliche Lebensrealität** in der Hinterbliebenenversorgung zum Zeitpunkt der Entscheidung des VfGH in den Blick genommen werden müssen und – das ist unbestritten – zu einem anderen Prüfungsergebnis geführt.[505]

Frauen mussten allerdings in den Folgejahren die Erfahrung machen, dass die **dynamisierende Vertretbarkeits- und Verhält-**

---

[505] Vgl *Siegmund-Ulrich Silvia*, ÖZP 1994/2, 152.

nismäßigkeitskontrolle des VfGH, die zu einer Beseitigung von formalrechtlich Männer benachteiligenden Normen führte, kaum je zu ihren Gunsten ausschlug. Während diskriminierende Regelungen, die auf einem patriarchalen Gesellschaftsbild beruhten, weiterhin unter dem Gesichtspunkt der Durchschnittsbetrachtung geprüft wurden, blieb die Durchschnittsbetrachtung ausgeblendet, wenn Normen zur Prüfung gelangten, die vereinzelt Männer benachteiligten.[506] Diese **Dynamisierung formaler Gleichheit** durch den VfGH ohne die gleichzeitige Beseitigung gesetzlicher Regelungen, die Frauen diskriminierten, und ohne eine entsprechende Förderung der faktischen Gleichheit von Frauen und Männern erwies sich als äußerst frauenfeindlich.

So wurden auch die Bestimmungen über das unterschiedliche Pensionsanfallsalter von Frauen und Männern[507] als gleichheitswidrig aufgehoben. In seinem Erkenntnis konstatierte der VfGH zwar, dass trotz der Veränderung der gesellschaftlichen Stellung der Frauen Benachteiligungen wie Doppelbelastung und Ausbildungsdefizite durch früher abgebrochene Ausbildungen noch nicht verschwunden seien. Der Gerichtshof stellte auch fest, dass meistens die Frauen die Verantwortung für Pflege und Erziehung der Kinder und für die Obsorge für Angehörige träfe. Dennoch kam der VfGH zu dem Schluss, dass ein bloßes Anknüpfen einer als Ausgleich für diese Benachteiligungen gedachten Begünstigung an das Geschlecht für die sachliche Rechtfertigung einer Regelung nicht ausreiche, da dies dazu führen könnte, dass gerade jene Frauen, die keiner der oben genannten Belastungen unterliegen und deren Biographie „männlichen" Lebensmustern entspricht, Vorteile durch das niedrigere Pensionsanfallsalter erlangen, während benachteiligte Frauen häufig aufgrund fehlender Versicherungszeiten gar nicht in der Lage seien, die begünstigenden Regelungen in Anspruch zu nehmen:

---

[506] Vgl *Siegmund-Ulrich Silvia*, ÖZP 1994/2, 152f.
[507] § 236 ASVG, BGBl 1955/189 idF BGBl 1984/484; § 253b ASVG, BGBL 1955/189 idF BGBl 1987/609.

„Die angefochtenen Regelungen, die allgemein bloß nach dem Geschlecht unterscheiden und Frauen als eine einheitliche Gruppe Männern gegenüberstellen, berücksichtigen in Wahrheit nicht jene Besonderheiten, die zu ihrer Rechtfertigung dienen sollen. Sie kommen vorwiegend jenen Frauen zugute, deren Rollenbild sich von jenem der Männer nicht unterscheidet, während jene Frauen, die durch Haushaltsführung und Obsorge für Angehörige besonders belastet sind, von solchen Regelungen in wesentlich geringerem Maße Gebrauch machen können. Das unterschiedliche Maß der Belastung von Frauen und die tatsächliche körperliche Beanspruchung findet in derart undifferenzierten Regelungen keinen Niederschlag."

An dieser Argumentation fällt vor allem auf, dass der VfGH nicht so sehr die unterschiedliche Behandlung von Frauen und Männern durch die pensionsrechtlichen Regelungen wertete, sondern sich auf die Ungleichbehandlung zwischen verschiedenen Frauengruppen konzentrierte.[508] Die **strukturelle Benachteiligung** von Frauen auf dem Arbeitsmarkt, die von einer Familienbindung und von Kindern unabhängig ist, blieb dagegen bei dieser Entscheidung außer Betracht. Eine entsprechende Berücksichtigung diskriminierender Strukturen hätte die **Zulässigkeit eines typisierenden Nachteilsausgleiches** ergeben müssen. Der VfGH hat jedoch durch sein Erkenntnis über das unterschiedliche Pensionsanfallsalter den verfassungsrechtlichen Auftrag an den Gesetzgeber zur Herstellung materieller Gleichheit verneint.[509]

---

[508] Vgl *Pesendorfer Christine*, (Un-)Gleichheit der Geschlechter, ecolex 1992, 601.
[509] Vgl *Siegmund-Ulrich Silvia*, ÖZP 1994/2, 153.

d. Arbeitsrechtlicher Schutz für Frauen unter patriarchalen Vorzeichen

Weitere Entscheidungen zum Gleichheitssatz wie etwa das Nachtarbeitserkenntnis zeigten auf, dass jene Erkenntnisse, die eine Prüfung Frauen benachteiligender Regelungen zum Gegenstand hatten, nie auf die vom VfGH im Witwerpensions- und im Pensionsanfallsaltererkenntnis entwickelten dynamischen Prüfmaßstäbe rekurrierten.[510] Im Hinblick auf das spezielle Nachtarbeitsverbot für Frauen hatte der VfGH in einem ersten Erkenntnis[511] 1988, dass sich mit dem Nachtarbeitsverbot für Bäckereiarbeiterinnen auseinandersetzte, festgestellt:

„Das Nachtarbeitsverbot für Bäckereiarbeiterinnen als solches ist nicht etwa auf die Eigenart der in Bäckereien anfallenden Arbeiten, sondern auf den allgemeinen Schutz der Frauen vor Nachtarbeit zurückzuführen und insofern nur Teil eines allgemeinen Verbotes der Frauennachtarbeit."

Die ungünstigen Auswirkungen der Nachtarbeit seien unbestritten, nicht hinlänglich geklärt sei dagegen, ob die Nachtarbeit als solche für Frauen mit mehr Nachteilen verbunden sei als für Männer. Der Gerichtshof führte weiter aus, dass jedoch gerade Frauen häufig einem besonderen Druck zur Übernahme von Nachtarbeit ausgesetzt seien, da sie es ihnen ermögliche, „sich tagsüber häuslichen Angelegenheiten zu widmen." Das Nachtarbeitsverbot für Bäckereiarbeiterinnen sei daher aufgrund des international anerkannten Schutzbedürfnisses der Frauen – der VfGH berief sich hier insbesondere auf das 89. Übereinkommen der Konferenz der Internationalen Arbeitsorganisation über die Nachtarbeit der Frauen im Gewerbe[512], das in Österreich mit 5.10.1951 in Kraft getreten war – gerechtfertigt. Die zweite Ent-

---

[510] Vgl *Siegmund-Ulrich Silvia*, ÖZP 1994/2, 154.
[511] VfSlg 11774/1988.
[512] BGBl 1950/229.

scheidung zum Nachtarbeitsverbot[513] aus 1992 nahm auf das Erkenntnis zum Pensionsanfallsalter Bezug und führte aus, „dass das traditionelle Rollenbild der Frau in der Haushaltsführung und Kindererziehung nur allmählich einem partnerschaftlichen Verhalten weicht". Unbestritten sei auch nach wie vor,

„... dass Frauen bisher die Hauptlast der Haushaltsführung und Kindererziehung trugen und noch immer tragen, sodass verheiratete Frauen ebenso wie Frauen, die in einer Lebensgemeinschaft mit einem Mann leben, vor allem aber Frauen, denen die Obsorge für Kinder oder sonstige Angehörige obliegt und die überdies berufstätig sind, in der Regel einer doppelten Belastung ausgesetzt waren und noch sind."

Anders als beim niedrigeren Pensionsanfallsalter von Frauen handle es sich beim Nachtarbeitsverbot nicht um einen adäquaten Ausgleich für eine etwaige Doppelbelastung, es gehe vielmehr darum, der konkreten Gefahr einer Mehrbelastung durch die Nachtarbeit entgegenzuwirken. Der VfGH erachtete es für eine legitime Entscheidung des Gesetzgebers, Frauen vor derartigen Mehrbelastungen zu schützen:

„Der Gerichtshof kann dem Gesetzgeber daher nicht entgegentreten, wenn er bei Abwägung der mit der Maßnahme verbundenen Vor- und Nachteile annimmt, dass ein wirksamer Schutz vor jenem besonderen Druck auf Frauen zur Übernahme von Nachtarbeit – wie auch sonst häufig im Arbeitsrecht – nur durch ein generelles Verbot der Beschäftigung von Frauen in der Nacht gewährleistet ist, und dabei jenen, die dieses Schutzes aufgrund ihrer günstigeren Lage nicht (mehr) bedürfen, zumutet, in Solidarität mit den Schutzbedürftigen auf Nachtarbeit zu verzichten."

---

[513] VfSlg 13038/1992.

Zwischen dem Erkenntnis über das unterschiedliche Pensionsanfallsalter von Frauen und Männern und der Entscheidung über das Nachtarbeitsverbot besteht ein auffallender Widerspruch. Während im ersten Fall jenen **Frauen, die nicht das traditionelle Rollenbild verwirklichen**, das Übergewicht zuerkannt wurde, stellt die zweite Entscheidung auf **Frauen mit traditionellem Rollenverhalten** ab. Das Nachtarbeitserkenntnis rechtfertigte die Beibehaltung einer Regelung, die Frauen von Teilen des Arbeitsmarktes fernhielt und so in ihrer wirtschaftlichen Position schwächte, mit dem langsamen Platzgreifen des partnerschaftlichen Ehemodells. Im Rahmen des Pensionsaltererkenntnisses hatte hingegen gerade die partnerschaftliche Ausrichtung des Familienrechts den Ausschlag für die Aufhebung der entsprechenden Regelung gegeben.[514]

e. Fortschreibung überkommener Rollenverteilungen

In weiterer Folge stellte der VfGH fest, dass das durch den Gleichheitsgrundsatz normierte Sachlichkeitsgebot auch **mittelbare Diskriminierungen** aufgrund des Geschlechts verbiete (eingehend zum Begriff der mittelbaren Diskriminierung vgl Kapitel „Gleichstellungspolitik – Gleichstellungsrecht"). Anlass für diese Entscheidung war die dienstrechtliche Schlechterstellung teilzeitbeschäftigter VertragsassistentInnen[515] gegenüber UniversitätsassistentInnen. Die Gesamtverwendungsdauer von VertragsassistentInnen war ausnahmslos auf vier Jahre beschränkt. Ferner bestand nur für VertragsassistentInnen, nicht dagegen für UniversitätsassistenInnen die Möglichkeit einer Teilbeschäftigung nachzugehen. Der VfGH führte in seinem Erkenntnis zunächst aus, dass Art 7 B-VG einer unterschiedlichen Ausgestaltung des Dienstrechtes von privatrechtlichen und öffentlich-rechtlichen Bediensteten des Bundes grundsätzlich nicht entgegenstehe. Es

---

[514] Vgl *Hornyik Brigitte* in *Mesner Maria/Steger-Mauerhofer Hildegard* (hg), Tod der Olympe de Gouges 75.
[515] VfSlg 13558/1993.

V. Der Gleichheitsgrundsatz

sei daher zulässig, wenn der Gesetzgeber für UniversitätsassistentInnen ein öffentlich-rechtliches Dienstverhältnis vorsieht, die Aufnahme von VertragsassistentInnen hingegen nur ausnahmsweise und unter bestimmten Voraussetzungen zulässt. Dasselbe müsse auch für die Regelung gelten, die nur VertragsassistentInnen die Möglichkeit einer Teilbeschäftigung einräumt. Aufgrund des Zusammenspiels der einzelnen Regelungen gelangte der VfGH allerdings zu folgendem Schluss:

„Sieht man die ausnahmslose Beschränkung der Gesamtverwendungsdauer des Vertragsassistenten im Zusammenhang damit, dass nur das Dienstverhältnis des Vertragsassistenten eine Teilbeschäftigung ermöglicht, dann erweist sich diese Beschränkung als sachlich nicht zu rechtfertigen. ... Wenngleich es zutrifft, dass die Regelung ihrem Inhalt nach keine Differenzierung nach dem Geschlecht des Vertragsassistenten vornimmt, schlägt sie doch auf Grund der tatsächlichen Gegebenheiten überwiegend zum Nachteil solcher Vertragsassistentinnen aus, die sich infolge ihrer Belastung durch Haushaltsführung und Obsorge für Kinder und sonstige Angehörige außerstande sehen, ein – ausnahmslos Vollbeschäftigung erforderndes – Dienstverhältnis als Universitäts(Hochschul)assistent einzugehen."

Diese Ausführungen des Gerichtshofs erklärten erstmals – mehr als zehn Jahre nachdem der EuGH mittelbare Diskriminierungen als gleichheitswidrig qualifiziert hatte[516] – mittelbare Diskriminierungen für unzulässig, wobei besonders bemerkenswert ist, dass dieses Verbot bereits auf die Begründung des Arbeitsverhältnisses und die Arbeitsbedingungen bezogen wurde. Gleichzeitig instrumentalisierte der VfGH jedoch das Verbot mittelbarer Diskriminierung für die **Fortschreibung überkommener Rollenverteilungen und patriarchaler Interessen**: Die Berufsseg-

---

[516] Vgl die Nachweise bei *Wolfsgruber Claudia*, Gleichbehandlung und Frauenförderung im Arbeitsleben. Eine rechtshistorisch fundierte Untersuchung (2000) 202ff.

mente, die durch die Entscheidung über die teilzeitbeschäftigten VertragsassistentInnen für Frauen freigehalten werden sollten, boten kaum Aufstiegschancen, gewährleisteten aber eine optimale Vereinbarkeit mit traditionell „weiblichen Pflichten" wie der „Belastung durch Haushaltsführung und Obsorge für Kinder und sonstige Angehörige".[517]

f. Keine gesetzliche Verpflichtung zur sprachlichen Gleichbehandlung

Die Einführung eines neuen Abs 3 in Art 7 B-VG[518] brachte ein verfassungsgesetzlich gewährleistetes subjektives Recht auf **geschlechtergerechten Sprachgebrauch in Bezug auf Amtsbezeichnungen und Titel**.

„Amtsbezeichnungen können in der Form verwendet werden, die das Geschlecht des Amtsinhabers oder der Amtsinhaberin zum Ausdruck bringen. Gleiches gilt für Titel."

Bereits 1993 zeigte sich allerdings, dass der VfGH diesem Gebot zur sprachlichen Gleichbehandlung nur geringe Bedeutung zumaß. Im „Magistra-Erkenntnis" wandten sich zwei Absolventinnen des Diplomstudiums der Rechtswissenschaften an der Universität Wien, deren Antrag auf Verleihung des akademischen Grades „Magistra der Rechtswissenschaften" mit der Begründung abgewiesen wurde, im Gesetz sei die Verleihung dieses Grades nicht vorgesehen, sondern nur die des Grades „Magister der Rechtswissenschaften" bzw „Magister iuris", an den Gerichtshof. Die Beschwerdeführerinnen legten dar, dass bereits das allgemei-

---

[517] Vgl *Siegmund-Ulrich Silvia*, ÖZP 1994/2, 157. Dennoch ist die verfassungsgerichtliche Prüfung gesetzlicher Regelung auf ihre mittelbar diskriminierende Wirkung, die sich in jüngeren Entscheidungen des VfGH fortsetzt (vgl diesbezügliche Nachweise bei *Ulrich Silvia* in *Neuhold Brita/Pristner Renate/ Ulrich Silvia*, Menschenrechte – Frauenrechte 231, Fn 12), als Fortschritt zu werten.

[518] BGBl 1988/341.

ne Gleichheitsgebot des Art 7 Abs 1 B-VG die Verleihung des akademischen Grades in weiblicher Form gebietet. Art 7 Abs 3 B-VG sollte nur jenen verfassungsrechtlichen Bestimmungen derogieren, die Funktionsbezeichnungen ausschließlich in der männlichen Form enthalten, wie etwa „Minister" oder „Staatssekretär". Der VfGH orientierte sich dagegen an der Wortinterpretation:

> „Art 7 Abs 1 B-VG verwendet für alle Bundesbürger, also sowohl für jene weiblichen als auch für jene männlichen Geschlechts den Begriff Bundesbürger (**Bundesbürger im weiteren Sinne**[519]). In gleicher Weise verwendet Art 2 StGG den Begriff Staatsbürger, ohne nach dem Geschlecht zu unterscheiden. Die das Grundrecht auf Gleichheit schlechterdings konstituierenden Verfassungsrechtsvorschriften verwenden also den Oberbegriff Bundes- bzw Staatsbürger für alle Bürgerinnen und Bürger. In der Verwendung dieser Begriffe auch für Frauen liegt sohin keine Gleichheitsverletzung."

Die Bestimmung des Art 7 Abs 3 B-VG legte der VfGH äußerst restriktiv aus und entnahm ihr nur ein subjektiv-verfassungsrechtliches Recht auf die geschlechtsspezifische Verwendung von Amtsbezeichnungen und Titel, ein Recht auf geschlechts-spezifische Verleihung lehnte er dagegen ab. Darüber hinaus kam der VfGH zu dem Schluss:

> „Die Art und Weise, in der die Bundesverfassung das Problem geschlechtsspezifischer Bezeichnungen löst, ist als ein die gesamte Rechtsordnung beherrschender Grundsatz anzusehen, derart nämlich, dass der **geschlechtsneutrale Gebrauch der männlichen Sprachform**[520] durch den Gesetzgeber zulässig ist, einer Verwendung der Bezeichnung in ei-

---
[519] Hervorhebung durch die Verf.
[520] Hervorhebung durch die Verf.

ner das Geschlecht der betroffenen Person zum Ausdruck bringenden Form aber nicht entgegensteht. Durch diese Möglichkeit ist dem Gleichbehandlungsgebot des Art 7 Abs 1 B-VG und Art 2 StGG entsprochen. Aus dem Recht, einen akademischen Grad in weiblicher Form zu verwenden, ergibt sich kein Anspruch darauf, dass dieser auch in weiblicher Form verliehen wird."

Für *Brigitte Hornyik* markierte das „Magistra-Erkenntnis" ein Beispiel für den **Rückfall des VfGH in eine statische Argumentationslinie**. Die Begründung des Gerichtshofs setzte sich weder mit der gesellschaftlichen Situation der Frauen, noch mit den Auswirkungen und Implikationen rechtlicher Regelungen auf gesellschaftliche Phänomene auseinander.[521] Ferner wurde an diesem Erkenntnis deutlich, dass geschlechtsspezifische Differenz in der Judikatur des VfGH keine Anerkennung findet, wenn sie die Identität des Weiblichen festigt.[522]

Es bedurfte einer weiteren Verfassungsänderung[523], um den Anwendungsbereich des Art 7 Abs 3 B-VG auf akademische Grade und Berufsbezeichnungen auszuweiten:

„Amtsbezeichnungen können in der Form verwendet werden, die das Geschlecht des Amtsinhabers oder der Amtsinhaberin zum Ausdruck bringen. Gleiches gilt für Titel, akademische Grade und Berufsbezeichnungen."

Eine Verpflichtung der Gesetzgebung zum geschlechtsspezifischen Sprachgebrauch besteht jedoch nach wie vor nicht.

---

[521] *Hornyik Brigitte* in *Mesner Maria/Steger-Mauerhofer Hildegard* (hg), Tod der Olympe de Gouges 71.
[522] Vgl *Siegmund-Ulrich Silvia*, ÖZP 1994/2, 156.
[523] BGBl I 1998/68.

C. Gleichheit durch das Gesetz

1. Von der formalen zur materiellen Gleichheit

Judikatur und Lehre vertraten lange Zeit die Auffassung, der Gleichheitsgrundsatz gewährleiste nur rechtliche, also **formale Gleichheit**. Ein Auftrag an die Gesetzgebung, auf den Abbau faktischer Ungleichheiten zwischen den Geschlechtern hinzuwirken und diskriminierungsfreie Lebensverhältnisse herzustellen, sei ihm dagegen nicht zu entnehmen.[524] Feministische Rechtswissenschafterinnen setzten dieser Ansicht schon früh die historische Gewachsenheit des Gleichheitssatzes entgegen, die eindeutig in eine andere Richtung weist (vgl dazu die Ausführungen zur historischen Interpretation). Neben dem historischen Argument sprach sich auch die am 3.9.1981 als völkerrechtlicher Vertrag in Kraft getretene und von Österreich 1982[525] in innerstaatliches Recht transformierte **UN-Konvention zur Beseitigung jeder Form der Diskriminierung der Frau** (Convention on the elimination of all forms of discrimination against women – **CEDAW**) ausdrücklich für eine Politik der Beseitigung jeder Form der Diskriminierung der Frau mit allen geeigneten Mitteln aus.[526] Die CEDAW umfasst in ihren 16 inhaltlichen Artikeln sowohl bürgerliche und politische als auch wirtschaftliche, soziale und kulturelle Menschenrechte von Frauen. Sie stellt die wichtigste und umfassendste speziell mit Frauenfragen befasste Konvention der Vereinten Nationen dar und zählt zu den sechs wichtigsten internationalen Menschenrechtsdokumenten.[527] Die besondere Bedeutung der

---

[524] Vgl *Ulrich Silvia* in *Neuhold Brita/Pirstner Renate/Ulrich Silvia*, Menschenrechte – Frauenrechte 228.

[525] BGBl 1982/443.

[526] Vgl zum Folgenden *Ulrich Silvia* in *Neuhold Brita/Pirstner Renate/Ulrich Silvia*, Menschenrechte – Frauenrechte 236ff.

[527] Die anderen fünf sind der Internationale Pakt über wirtschaftliche, soziale und kulturelle Rechte; der Internationale Pakt über bürgerliche und Politische Rechte, die Europäische Menschenrechtskonvention, die Amerikanische Menschenrechtskonvention und die Afrikanische Charta der Menschenrechte und Rechte der Völker (Banjul Charta). Eingehend dazu *Neuhold Brita* in

CEDAW liegt darin, dass sie nicht nur vom Gedanken der Geschlechtsneutralität und herkömmlichen Gleichheitsverbürgungen getragen ist, sondern positive Maßnahmen zur Förderung von Frauen vorsieht.[528] Vorübergehende Sondermaßnahmen zur beschleunigten Herbeiführung der De-facto-Gleichberechtigung von Frauen und Männern werden durch die Konvention für zulässig erklärt. Allerdings hat Österreich einen Erfüllungsvorbehalt gem Art 50 Abs 2 B-VG zur CEDAW abgegeben, die Konventionsbestimmungen sind daher innerstaatlich nicht unmittelbar anwendbar. Dennoch besteht die völkerrechtliche Verpflichtung, für die tatsächliche Verwirklichung des Gleichheitsgrundsatzes zu sorgen. Ab dem Zeitpunkt der Transformation der CEDAW in innerstaatliches Recht hätte Art 7 B-VG im Lichte der Konvention ausgelegt werden müssen. Gerade diese Auswirkungen der CEDAW wurden aber von einem Teil der Lehre abgelehnt, der insbesondere die Förderung von Frauen durch leistungsgebundene Quoten als verfassungswidrig einstufte. Resultat dieser Auffassung war die **Schaffung einer eigenen Verfassungsbestimmung** in § 39 Abs 2 UOG 1993, um im Sinne der CEDAW die verfassungsrechtliche **Zulässigkeit vorübergehender Sondermaßnahmen** im Universitätsbereich eindeutig festzulegen. Grundlegende Bedeutung erlangte die Frage der Zulässigkeit von Sondermaßnahmen, als 1993 durch das Bundes-Gleichbehandlungsgesetz erstmals auf einfachgesetzlicher Ebene eine leistungsgebundene Quotenregelung eingeführt wurde. Die Verfassungskonformität dieser Bestimmung wurde von feministischen Juristinnen mit Hinweis auf die ergänzende Verfassungsbestimmung des § 39 Abs 2 UOG bejaht, von Teilen der Lehre jedoch angezweifelt. Seitens des VfGH erfolgte keine Prüfung der einfachgesetzlichen Quotenregelung. Um diesen Auffassungsunterschieden ein Ende zu machen, forderten Feministinnen die Klarstellung der Zulässigkeit vorübergehender Sondermaßnah-

---

Neuhold Brita/Pirstner Renate/Ulrich Silvia, Menschenrechte – Frauenrechte 49ff.

[528] Vgl *Neuhold Brita* in *Neuhold Brita/Pirstner Renate/Ulrich Silvia*, Menschenrechte – Frauenrechte 51.

men in Art 7 B-VG selbst zu verankern.[529] Ausdrücklich wurde das **Prinzip der materiellen Gleichheit** durch die Gesetzgebung erst im Zuge der Verfassungsnovelle 1998 als neuer Abs 2 in Art 7 B-VG eingefügt.

„Bund, Länder und Gemeinden bekennen sich zur tatsächlichen Gleichstellung von Mann und Frau. Maßnahmen zur Förderung der faktischen Gleichstellung von Frauen und Männern, insbesondere durch Beseitigung tatsächlich bestehender Ungleichheiten sind zulässig."

Diese Staatszielbestimmung verpflichtet sämtliche Gebietskörperschaften, mit allen zulässigen Mitteln auf die Schaffung geschlechterdemokratischer Lebensverhältnisse hinzuwirken. Es handelt sich hierbei um die Herstellung von **Gleichheit durch das Gesetz**. Ein Grundrecht auf die Herstellung materieller Gleichheit wird damit nicht begründet, die Einzelne hat folglich auch keinen rechtlich durchsetzbaren Anspruch auf geschlechtergerechtes Handeln des Staates.[530]

2. Die Individualbeschwerde nach dem Fakultativprotokoll zur CEDAW

Das **Fakultativprotokoll zur UN-Konvention zur Beseitigung jeder Form von Diskriminierung der Frau** ist am 22. Dezember 2000 in Kraft getreten, die entsprechende Transformation in das österreichische innerstaatliche Recht erfolgte am 28. Novem-

---

[529] 1995 gab es eine diesbezügliche Initiative der damaligen Frauenministerin *Johanna Dohnal* zur Reform des Art 7 B-VG; auch das Frauenvolksbegehren 1997 enthielt neben anderen Punkten als zentrale Forderung die verfassungsrechtliche Verankerung einer Verpflichtung der Gebietskörperschaften zum aktiven umfassenden Abbau der Benachteiligung von Frauen, vgl *Ulrich Silvia* in *Neuhold Brita/Pirstner Renate/Ulrich Silvia*, Menschenrechte – Frauenrechte 238.

[530] Vgl *Ulrich Silvia* in *Neuhold Brita/Pirstner Renate/Ulrich Silvia*, Menschenrechte – Frauenrechte 234.

ber 2000.[531] Dieses Fakultativprotokoll ermöglich ein **Individualbeschwerdeverfahren**[532], um die Durchführung der Konvention in den Vertragsstaaten besser überwachen zu können. Die Individualbeschwerde sieht für jede Frau, die sich durch die Republik Österreich in ihren in der CEDAW verankerten Rechten verletzt fühlt, die Möglichkeit vor, sich an das **CEDAW-Komitee** zu wenden. Dem CEDAW-Komitee gehören 23 unabhängige Expertinnen an, die die Einhaltung der in der Konvention enthaltenen Verpflichtungen überwachen. Eine derartige Konventionsverletzung kann einerseits durch Akte der Gesetzgebung, (Verwaltungs-)Maßnahmen oder Unterlassungen des Staates, andererseits aber auch durch Dritte erfolgen, da die Vertragsstaaten der CEDAW verpflichtet sind, Frauen vor Diskriminierungen durch Private zu schützen. Eine Verletzung der Konvention ist also immer dann gegeben, wenn ein Vertragsstaat nicht alle geeigneten Maßnahmen ergreift, um Diskriminierungen von Frauen zu verhindern und die tatsächliche Gleichstellung zu fördern.[533]

Die **Zulässigkeit einer Individualbeschwerde** hängt weiter davon ab, dass alle zur Verfügung stehenden innerstaatlichen Rechtsbehelfe ausgeschöpft worden sind. Für das österreichische Recht bedeutet das, dass im Verwaltungsverfahren die Gerichtshöfe des öffentlichen Rechts, VfGH und VwGH, im gerichtlichen Verfahren, soweit möglich, der OGH angerufen worden sein müssen. Nur wenn eine unangemessen lange Verfahrensdauer zu befürchten ist oder das innerstaatliche Verfahren voraussichtlich keine wirksame Abhilfe bietet, kann die Individualbeschwerde vor Ausschöpfung des innerstaatlichen Instanzenzuges angestrebt

---

[531] BGBl III 2000/206.

[532] Neben dem Individualbeschwerdeverfahren ist als zweites neues Verfahren zur besseren Durchsetzung der CEDAW auch ein Untersuchungsverfahren vorgesehen, dieses wird allerdings vom CEDAW-Komitee von Amts wegen eingeleitet und bietet daher keinen individualrechtlichen Schutz.

[533] Vgl *Sporrer Anna*, Das Fakultativprotokoll zur UN-Konvention zur Beseitigung jeder Form von Diskriminierung der Frau, in *Floßmann Ursula* (hg), Fragen 211f.

werden. Ferner darf es sich auch nicht um eine Frage handeln, die bereits vom CEDAW-Komitee untersucht wurde oder die bereits im Rahmen eines anderen internationalen Untersuchungs- oder Streitbeilegungsverfahrens der Vereinten Nationen geprüft worden ist oder gerade geprüft wird.[534]

Gelangt eine zulässige Individualbeschwerde an das Komitee der CEDAW, so übermittelt dieses die Beschwerde an den Vertragsstaat, der verpflichtet ist, innerhalb von 6 Monaten eine Stellungnahme dazu abzugeben. Anschließend wird der Fall vom Komitee geprüft und das Ergebnis sowie allfällige Empfehlungen der Beschwerdeführerin und dem betroffenen Vertragsstaat übermittelt. Innerhalb weiterer 6 Monate hat nun der Vertragsstaat eine schriftliche Antwort an das Komitee zu geben.[535] Die Antwort soll Angaben über alle unter Berücksichtigung der Auffassungen und Empfehlungen des Komitees getroffenen Maßnahmen enthalten.

Wie aus der Darstellung des Individualbeschwerdeverfahrens ersichtlich wird, handelt es sich dabei um so genannte „**soft-law**"-Mechanismen, die Kooperationsbereitschaft des jeweiligen Vertragsstaates voraussetzen. In völkerrechtlicher Hinsicht besteht allerdings aufgrund der Ratifikation der CEDAW und des Fakultativprogramms eine Verpflichtung des Staates, den Empfehlungen und Aufforderungen des Komitees nachzukommen. Es kann daher sowohl auf internationaler als auch auf nationaler Ebene politischer und moralischer Druck auf die einzelnen Vertragsstaaten ausgeübt werden, den Empfehlungen des CEDAW-Komitees tatsächlich zu entsprechen.[536]

---

[534] Vgl *Ulrich Silvia* in Neuhold Brita/Pirstner Renate/Ulrich Silvia, Menschenrechte – Frauenrechte 243f.
[535] Vgl *Sporrer Anna* in Floßmann Ursula (hg), Fragen 212.
[536] Vgl *Sporrer Anna* in Floßmann Ursula (hg), Fragen 214.

D. Zusammenfassung und Ausblick

Insgesamt lässt sich feststellen, dass die **Vernachlässigung des speziellen Gleichheitsgebotes** des Art 7 Abs 1 Satz 2 B-VG durch die Judikatur des Verfassungsgerichtshofs die Entwicklung eines eigenständigen Prüfungsmaßstabes zur Beurteilung der Geschlechtergerechtigkeit gesetzlicher Regelungen verhinderte. Der VfGH wendet in Fragen der Gleichbehandlung von Frauen und Männern keinen über das Gebot der Sachgerechtigkeit hinausreichenden strengeren Prüfungsmaßstab an als in sonstigen Fragen der Ungleichbehandlung.[537] Feministische JuristInnen mahnen daher zu Recht eine Änderung des verfassungsrechtlichen Gleichheitsverständnisses ein. Eine Differenzierung zwischen allgemeinem Sachlichkeitsgebot und speziellem Gleichbehandlungsgebot der Geschlechter, die generelle und spezifische Prüfungsmaßstäbe für die Zulässigkeit von Ungleichbehandlungen ermöglicht, wäre ein wichtiger Schritt in Richtung Geschlechterdemokratie.[538]

Die Novelle 1998 mit ihrem Bemühen, die integrative und antidiskriminierende Wirkung des Gleichheitsgrundsatzes zu stärken, muss im Rahmen eines großen **geschlechterdemokratischen Reformprozesses** gesehen werden, dem die Mehrdimensionalität des Gleichheitsgebotes im Sinne formaler und materieller Gleichheit zugrunde liegt. Problematisch erscheint, dass der in hohem Maß ausdifferenzierte verfassungsrechtliche Schutz vor geschlechtsspezifischen Diskriminierungen durch Art 7 Abs 1 Satz 2 und Abs 2 B-VG neue Auslegungsprobleme im Verhältnis zum allgemeinen Gleichheitssatz aufwerfen wird und so zur Produktion von Ein- und Ausschlüssen beiträgt. So wird im Hinblick auf die Gleichheitsverbürgung durch Art 7 B-VG zu klären sein, ob die Zulässigkeit von Sondermaßnahmen zugunsten anderer

---

[537] Vgl *Ulrich Silvia* in *Neuhold Brita/Pirstner Renate/Ulrich Silvia*, Menschenrechte – Frauenrechte 229.

[538] Vgl *Ulrich Silvia*, Was schützt der Gleichheitsgrundsatz? juridikum 4/01, 178; grundlegend bereits *Siegmund-Ulrich Silvia*, ÖZP 1994/2, 157.

benachteiligter Gruppen in der geschlechtsspezifischen Norm des Art 7 Abs 2 B-VG oder im allgemeinen Gleichheitssatz des Abs 1 Deckung finden kann oder ob der Gleichheitssatz diesbezüglich nur einen partiellen Schutz garantiert.[539]

---

[539] Vgl *Ulrich Silvia*, juridikum 4/01, 175f.

VI. Gleichstellungspolitik – Gleichstellungsrecht

Im Rahmen der „Neuen Frauenbewegung" in Europa, die ihre Anfänge in den späten 1960er Jahren gefunden hat, lassen sich nicht nur auf theoretischer sondern auch auf gesellschaftlich-politischer und auf rechtlicher Ebene drei verschiedene Phasen erkennen, die durch unterschiedliche gesellschafts- und rechtspolitische Strategien bezüglich Gleichstellung der Geschlechter bestimmt sind. Trotz der zeitlichen Verzögerung, mit der Rechtsreformen Platz greifen, sind sie Ausdruck eines gesellschaftlichen Wandels und damit Beleg für den tief greifenden Erfolg der politischen Strategien der Neuen Frauenbewegung.

A. Von der Frauenpolitik zum Frauenrecht

Am Ende der 60er und am Anfang der 70er Jahre des 20. Jahrhunderts mehrten sich Proteste von Frauen gegen ihre rechtlichen und gesellschaftlichen Benachteiligungen. Unter dem Schlagwort „Gleichbehandlung" wehrten sie sich gegen den Ausschluss von Frauen aus Berufen und Bildungseinrichtungen, die ungleiche Behandlung bei der Entlohnung und vor allem gegen ihre familienrechtliche Unterordnung aufgrund der Normierung des Mannes als „Haupt der Familie".[540] Diese Phase des Aufbruchs war durch den Kampf gegen die gesetzlich verankerte, gesellschaftliche Bevormundung und für das Recht auf Selbstbestimmung getragen:

> „Privilegierte haben in der Geschichte ihre Rechte noch nie freiwillig preisgegeben. Deshalb fordern wir: Frauen müssen ein Machtfaktor innerhalb der ausstehenden Auseinandersetzungen werden! Frauen müssen sich selbst organisieren, weil

---

[540] Vgl *Rosenberger Sieglinde Katharina*, Gender Mainstreaming und Gleichstellungspolitik, juridikum 3/2000 136.

sie ihre ureigensten Probleme erkennen und lernen müssen, ihre Interessen zu vertreten."[541]

Diese Worte, die am ersten deutschen „Bundesfrauenkongress" am 11./12. März 1972 in Frankfurt beklatscht wurden, beschreiben sehr anschaulich die Situation von Frauen zu dieser Zeit. Die 1970er Jahre waren im westlichen Europa durch vielerlei Proteste gegen gesellschaftliche Missstände geprägt. So formierten sich anlässlich des amerikanischen Kriegseinsatzes in Vietnam politisch-soziale Protestbewegungen, die gegen die „kapitalistische Herrschaft" eintraten und an den Universitäten StudentInnenbewegungen, die sich für gesellschaftliche und bildungspolitische Reformen stark machten. Die Frauen, die sich in solchen Bewegungen engagierten, mussten feststellen, dass ihre „Genossen" Frauen ebenso „unterdrückten und ausbeuteten, wie dies in der übrigen Gesellschaft der Fall war"[542]:

„Menschheitsbefreier wollten die Genossen sein, Frauenunterdrücker wollten sie aber mindestens genauso gerne bleiben."[543]

Diese „Unterdrückung" und „Ausbeutung" wurde auch in der 2. Hälfte des 20. Jahrhunderts – in Tradition der im 18. Jahrhundert entwickelten Geschlechterlehre – mit dem „Natur der Frau"-Argument begründet. Eigenschaften, wie Güte, Häuslichkeit, Mütterlichkeit etc (vgl Tabelle oben), die Frauen von „Natur aus" hätten, wurden als Weiblichkeitsideale hochstilisiert.[544] Die Unzufriedenheit der Frauen mit diesen gesellschaftlichen Zuschreibungen und Zwängen, mit den Geschlechterrollen, die sie zu spielen hatten und vor allem die Tatsache, dass das auch in den

---

[541] *Schwarzer Alice*, So fing es an! Die neue Frauenbewegung (1983) 20.
[542] Vgl *Hochgeschurz Marianne*, Zwischen Anpassung und Widerstand. Die neue (west-)deutsche Frauenbewegung in *Hervé Florence* (hg), Geschichte der deutschen Frauenbewegung (1995) 157.
[543] Vgl *Schwarzer Alice*, Frauenbewegung 14.
[544] Vgl *Schwarzer Alice*, Frauenbewegung 7.

neuen, „weltverbesserischen" Bewegungen nicht anders war, wuchs beständig an und zwar in verschiedenen Ländern nahezu gleichzeitig und unabhängig voneinander. Das führte zur Bildung zahlreicher, oft sehr unterschiedlicher, autonomer Gruppen, in denen Frauen unter sich ihre Visionen, ihre Wünsche und Probleme diskutierten und die Erkenntnis bestätigt fanden, dass Diskriminierung kein individuelles, sondern ein gesellschaftliches Problem war.[545] Sie schlossen sich auf breiter Basis zu einer politischen Bewegung zusammen und traten vehement gegen die gängigen Geschlechterstereotype und für ihre Interessen auf. Die so entstandene „Neue Frauenbewegung" forderte als „Befreiungsbewegung" Selbstbestimmung in allen Lebensbereichen. Es handelte sich um **Interessenspolitik**[546], die hauptsächlich von Frauen und **für Frauen** getragen wurde. Diskriminierungen sollten beseitigt und Partizipationschancen in allen gesellschaftlichen Bereichen erhöht werden. Diese erste Phase der Neuen Frauenbewegung konnte vor allem auf rechtlicher Ebene große Erfolge verbuchen. Durch das mutige und hartnäckige Engagement dieser Frauen setzte Mitte der 1970er Jahre ein „legislativer Sanierungsprozess" der frauenfeindlichen Rechtsordnung ein.[547]

---

[545] Vgl *Dunst Claudia*, „Gender Mainstreaming" – das bessere Rezept für Chancengleichheit?! in *Allroggen Ulrike/Berger Tanja/Erbe Birgit* (hg), Was bringt Europa den Frauen? Feministische Beiträge zu Chancen und Defiziten der Europäischen Union (2002) 33.

[546] Vgl *Wetterer Angelika*, Strategien rhetorischer Modernisierung. Gender Mainstreaming, Managing Diversity und die Professionalisierung der Gender-Expertinnen, Zeitschrift für Frauenforschung und Geschlechterstudien, Heft 3/2002, 129ff.

[547] Vgl *Ulrich Silvia*, Gender Mainstreaming – Neue Perspektiven durch eine integrative Gleichstellungsstrategie, in *Eisenberger Iris* et al (hg), Norm und Normvorstellung. Festschrift für Bernd-Christian Funk zum 60. Geburtstag (2003) 597.

1. Entdiskriminierung des Rechts

Bis in die 70er Jahre des 20. Jahrhunderts wies die österreichische Rechtsordnung eindeutig patriarchale Züge auf, die Frauen im privatrechtlichen und im öffentlichrechtlichen Bereich stark benachteiligten.[548] Die schrittweise **Entdiskriminierung des Rechts** orientierte sich am **Prinzip formalrechtlicher Gleichbehandlung**. Beginnend mit der Einführung der Fristen-Indikationen-Lösung durch die Strafrechtsreform 1974[549] und der Einführung des partnerschaftlichen Ehemodells im Rahmen der Großen Familienrechtsreform wurden frauenfeindliche Vorschriften nach und nach aus dem Rechtsbestand beseitigt. Auf einem **Regel-Ausnahme-Verhältnis zum Prinzip der formalrechtlichen Gleichbehandlung** beruhende gesetzliche Sonderbestimmungen wie Mutterschutzbestimmungen und die Regelungen über den Schwangerschaftsabbruch, die Frauen in speziellen Situationen betreffen, blieben weiter bestehen.[550]

Trotz zahlreicher folgender Gesetzesnovellen kann der Abbau diskriminierender Regelungen noch nicht als abgeschlossen betrachtet werden. Insbesondere stehen einzelne Relikte der „alten" rechtlichen Ungleichheiten nach wie vor in Geltung, so etwa der Schadenersatz bei körperlicher Verunstaltung weiblicher Personen wegen Verhinderung ihres „besseren Fortkommens" (§ 1326 ABGB). Der Strafaufhebungsgrund bei Entführung und sexuellem Missbrauch einer „willen- und wehrlosen Frau" im Fall der Ehelichung der Frau durch einen an der Tat Beteiligten (§ 100 StGB) wurde erst durch das Strafrechtsänderungsgesetz 2004[551]

---

[548] Vgl *Ulrich Silvia* in *Eisenberger Iris* et al (hg), Norm und Normvorstellung 597.

[549] BGBl 1974/60.

[550] Vgl *Sporrer Anna* in *Machacek Rudolf/Pahr Willibald P./Stadler Gerhard* (hg), Grund- und Menschenrechte in Österreich 916.

[551] Bundesgesetz, mit dem das Strafgesetzbuch, die Strafprozessordnung 1975, das Gerichtsorganisationsgesetz, das Auslieferungs- und Rechtshilfegesetz

in den Straftatbestand „Entführung einer geisteskranken und wehrlosen Person" umgewandelt und geschlechtsneutral gefasst. Gleichzeitig hob das Strafrechtsänderungsgesetz die Privilegierung der Vergewaltigung und der geschlechtlichen Nötigung bei Begehung in Ehe oder Lebensgemeinschaft (§ 203 StGB) auf. Aber auch die allgemeine Geschlechtsblindheit der „neueren" Gesetzgebung stellt weiterhin eine Einbruchstelle für diskriminierende Regelungen dar.[552] Aufgabe der feministischen Rechtswissenschaft bleibt es daher, frauenfeindliche Normen aufzuspüren und auf ihre Beseitigung hinzuwirken.

a. Ausbau des Antidiskriminierungsrechts

Die formalrechtliche Gleichbehandlung von Frauen und Männern bedeutete einen wichtigen Schritt in Richtung eines diskriminierungsfreieren Geschlechterverhältnisses. Weitergehende feministische Rechtsvorhaben erforderten nun eine tiefer gehende Auseinandersetzung mit einem zentralen Begriff in der Diskussion um formale und materielle Geschlechtergerechtigkeit: der **Diskriminierung**.

Der ursprünglich neutrale Begriff der Diskriminierung – in seiner aus dem Lateinischen stammenden Bedeutung „Unterscheidung" – findet im modernen Sprachgebrauch vor allem im Sinne einer ungerechten oder ungerechtfertigten Ungleichbehandlung Verwendung.[553] Diskriminierung beschreibt eine „auf Vorurteilen beruhende Benachteiligung, die mit der Verwendung eines irrele-

---

und das Strafvollzugsgesetz geändert werden (Strafrechtsänderungsgesetz 2004), BGBl I 15/2004.

[552] So etwa das Verbot der Eizellspende nach § 3 Fortpflanzungsmedizingesetz, BGBl 1992/275 idF BGBl I 2004/163, das sterilen Frauen die Verwirklichung ihres Kinderwunsches verwehrt, während die Samenspende für sterile Männer gesetzlich zulässig ist, vgl *Ulrich Silvia* in *Eisenberger Iris* et al (hg), Norm und Normvorstellung 598.

[553] Vgl *Schiek Dagmar*, Differenzierte Gerechtigkeit. Diskriminierungsschutz und Vertragsrecht (2000) 24.

vanten Kriteriums verbunden ist"[554]. Aus politischer und menschenrechtlicher Perspektive weist der Begriff Diskriminierung eine negative Konnotation auf. So legt Art 1 der CEDAW fest, dass mit „,**Diskriminierung der Frau**' jede auf Grund des Geschlechts vorgenommene Unterscheidung, Ausschließung oder Beschränkung, die zum Ziel oder zur Folge hat, dass die von der Grundlage der Gleichberechtigung von Mann und Frau ausgehende Anerkennung, Inanspruchnahme oder Ausübung der Menschenrechte und Grundfreiheiten der Frau – gleich, welchen Familienstands – auf politischem, wirtschaftlichem, sozialem, kulturellem, staatsbürgerlichem oder anderem Gebiet beeinträchtigt oder vereitelt wird', bezeichnet wird. Damit wird neben ungerechtfertigten Ungleichbehandlungen auch auf die Vereitelung oder Beeinträchtigung des Genusses von Freiheiten im sozialen Leben Bezug genommen.[555] Kennzeichen von Diskriminierungen ist, dass es sich dabei um gruppenbezogenes Verhalten handelt.[556] Personen werden aufgrund ihrer Zugehörigkeit zu einer bestimmten Gruppe benachteiligt, ausgeschlossen oder unterdrückt, wobei über die Gruppenzugehörigkeit regelmäßig nicht selbst entschieden werden kann.[557] Unter Diskriminierung im juristischen Sinn sind ungleiche Behandlungen von Menschen zu verstehen, wenn die Rechtsordnung die Berücksichtigung jener Merkmale, an die die Ungleichbehandlung anknüpft, untersagt.[558]

Mit dem Gleichbehandlungsgesetz 1979 (GleichbG)[559] trat im österreichischen Recht erstmalig eine Legaldefinition der Diskri-

---

[554] *Jarosch Monika*, Frauenquoten in Österreich: Grundlagen und Diskussion (2001) 41.
[555] Vgl *Schiek Dagmar*, Gerechtigkeit 25.
[556] Vgl *Baer Susanne*, Würde oder Gleichheit? 49.
[557] Vgl *Jarosch Monika*, Frauenquoten 41.
[558] Vgl *Nickel Rainer*, Gleichheit und Differenz in der vielfältigen Republik. Plädoyer für ein erweitertes Antidiskriminierungsrecht (1999) 69.
[559] Bundesgesetz vom 23. Feber 1979 über die Gleichbehandlung von Frau und Mann bei Festsetzung des Entgelts (Gleichbehandlungsgesetz), BGBl 1979/108.

minierung in Kraft. Als Diskriminierung galt „jede benachteiligende Differenzierung, die ohne sachliche Rechtfertigung vorgenommen wird", eine entsprechende Definition enthielt auch das 1993 in Kraft getretene Bundes-Gleichbehandlungsgesetz (B-GBG)[560].

Mit der Novelle des **Bundes-Gleichbehandlungs-**[561] und des **Gleichbehandlungsgesetzes**[562] 2004 wurde im österreichischen Recht der Weg von einem Geschlechtergleichbehandlungsrecht hin zu einem umfassenderen **Antidiskriminierungsrecht**, das eine Vielzahl verpönter Anknüpfungsmerkmale kennt, beschritten. Den Anstoß für diese Entwicklung gab das europäische Gemeinschaftsrecht, insbesondere die so genannte Antirassismusrichtlinie[563] und die Rahmengleichbehandlungsrichtlinie[564] sowie die Richtlinie zur Änderung der Gleichbehandlungsrichtlinie[565].

---

[560] Bundesgesetz über die Gleichbehandlung von Frauen und Männern und die Förderung von Frauen im Bereich des Bundes (Bundes-Gleichbehandlungsgesetz – B-GBG), BGBl 1993/100.

[561] Bundesgesetz über die Gleichbehandlung im Bereich des Bundes (Bundes-Gleichbehandlungsgesetz – B-GlBG), BGBl 1993/100 zuletzt geändert durch BGBl I 2004/65. Mit der Novelle 2004 wurde die Abkürzung des Bundes-Gleichbehandlungsgesetzes von B-GBG in B-GlBG geändert.

[562] Bundesgesetz, mit dem ein Bundesgesetz über die Gleichbehandlung (Gleichbehandlungsgesetz – GlBG) erlassen und das Bundesgesetz über die Gleichbehandlung von Frau und Mann im Arbeitsleben (Gleichbehandlungsgesetz) geändert werden, BGBl I 2004/66. Mit der Novelle 2004 wurde die Abkürzung des Gleichbehandlungsgesetzes von GleichbG in GlBG geändert.

[563] Richtlinie 2000/43/EG des Rates vom 29. Juni 2000 zur Anwendung des Gleichbehandlungsgrundsatzes ohne Unterschied der Rasse oder der ethnischen Herkunft, ABl 2000 L 180 S 22.

[564] Richtlinie 2000/78/EG des Rates vom 27. November 2000 zur Festlegung eines allgemeinen Rahmens für die Verwirklichung der Gleichbehandlung in Beschäftigung und Beruf, ABl 2000 L 303 S 16.

[565] Richtlinie 2002/73/EG des Europäischen Parlaments und des Rates vom 23. September 2002 zur Änderung der Richtlinie 76/207/EWG des Rates zur Verwirklichung des Grundsatzes der Gleichbehandlung von Männern und Frauen hinsichtlich des Zugangs zur Beschäftigung, zur Berufsbildung und zum beruflichen Aufstieg sowie in Bezug auf Arbeitsbedingungen, ABl 2002 L 269 S 15.

In Umsetzung dieser Richtlinien weisen das B-GlBG und das GlBG nun jeweils einen ersten Teil auf, der die **Gleichbehandlung von Frauen und Männern in der Arbeitswelt** zum Gegenstand hat, während der zweite Teil der Gleichbehandlung in der Arbeitswelt ohne Unterschied der ethnischen Zugehörigkeit, der Religion oder Weltanschauung, des Alters oder der sexuellen Orientierung (**Antidiskriminierung**) gewidmet ist. Die §§ 1 und 16 GlBG definieren, was unter „Arbeitswelt" zu verstehen ist. Demnach ist das GlBG zunächst auf Arbeitsverhältnisse aller Art anzuwenden, die auf einem **privatrechtlichen Vertrag** beruhen. Das B-GlBG gilt dagegen für Bedienstete, die in einem **öffentlich-rechtlichen oder privatrechtlichen Dienstverhältnis zum Bund** stehen (§ 1 B-GlBG). Sind **Arbeitsverhältnisse zu Ländern und Gemeinden** betroffen, finden sich entsprechende Regelungen in **Landes-Gleichbehandlungs-** und **Landes-Antidiskriminierungsgesetzen**. Das GlBG enthält als dritten Teil Vorschriften über die Gleichbehandlung ohne Unterschied der ethnischen Zugehörigkeit in sonstigen Bereichen (**Antirassismus**). Hier sind vor allem Sozialschutz, soziale Vergünstigungen, Bildung und Zugang zu und Versorgung mit Gütern und Dienstleistungen, die der Öffentlichkeit zur Verfügung stehen, angesprochen (§ 30 GlBG). Soweit die Vorgaben der Rahmengleichbehandlungsrichtlinie das Verbot der Diskriminierung aus Gründen der Behinderung betreffen, finden sie im **Bundes-Behindertengleichstellungsgesetz**[566], im **Behinderteneinstellungsgesetz**[567] und im **Bundesbehindertengesetz**[568] ihre Umsetzung.

---

[566] Bundesgesetz, mit dem ein Bundesgesetz über die Gleichstellung von Menschen mit Behinderungen erlassen wird und das Behinderteneinstellungsgesetz, das Bundesbehindertengesetz, das Bundessozialamtsgesetz, das Gleichbehandlungsgesetz, das Bundesgesetz über die Gleichbehandlungskommission und die Gleichbehandlungsanwaltschaft sowie das Bundes-Gleichbehandlungsgesetz geändert werden, BGBl I 2005/82.

[567] Bundesgesetz vom 11. Dezember 1969 über die Einstellung und Beschäftigung Behinderter, BGBl 1970/22 zuletzt geändert durch BGBl I 2005/82.

Die Gleichbehandlungsgesetze untersagen **unmittelbare** und **mittelbare Diskriminierungen** aufgrund eines verpönten Merkmals. Ferner legen sie fest, dass **sexuelle Belästigung** als Diskriminierung aufgrund des Geschlechts gilt und eine Diskriminierung auch bei **Belästigung aufgrund eines verpönten Merkmals** und bei **Anweisung einer Person zur Diskriminierung** vorliegt (§§ 5-7, 19, 21 GlBG; §§ 4a, 8, 8a, 13a, 16 B-GlBG).

Eine **unmittelbare Diskriminierung** liegt vor, wenn eine Person aufgrund ihres Geschlechts bzw aufgrund eines anderen verpönten Merkmals in einer vergleichbaren Situation eine weniger günstige Behandlung erfährt, erfahren hat oder erfahren würde als eine andere Person (§§ 5 Abs 1, 19 Abs 1 GlBG; §§ 4a ABs 1, 13a Abs 1 B-GlBG). Das Vorliegen einer Diskriminierung wird vermutet, wenn eine Person ungünstiger behandelt wird als eine Vergleichsperson, wobei eine hypothetische Vergleichsperson ausreicht.[569] Bei der **offenen unmittelbaren Diskriminierung** wird das verpönte Merkmal ausdrücklich als Unterscheidungsmerkmal genannt, während die **versteckte unmittelbare Diskriminierung** zwar neutrale Regelungen oder Maßnahmen vorsieht, die darin enthaltenen Anforderungen in Wirklichkeit aber zB nur von Personen eines Geschlechts erfüllt werden können. Dagegen handelt es sich um eine **mittelbare Diskriminierung**, wenn dem Anschein nach neutrale Vorschriften, Kriterien oder Verfahren Personen, die einem Geschlecht angehören oder eines der anderen verpönten Merkmale aufweisen, in besonderer Weise gegenüber Personen des anderen Geschlechts bzw gegenüber anderen Personen benachteiligen können. Eine mittelbare Diskriminierung liegt allerdings nicht vor, wenn die betreffenden Vorschriften, Kriterien oder Verfahren durch ein rechtmäßiges Ziel sach-

---

[568] Bundesgesetz vom 17. Mai 1990 über die Beratung, Betreuung und besondere Hilfe für behinderte Menschen, BGBl 1990/283 zuletzt geändert durch BGBl I 2005/82.

[569] Vgl *Sturm Elisabeth*, Richtlinienumsetzung im neuen Gleichbehandlungsgesetz und Gleichbehandlungskommisssions-/Gleichbehandlungsanwaltschaftsgesetz, DRdA 6/2004, 574 (576).

lich gerechtfertigt und die Mittel zur Erreichung dieses Zieles angemessen und erforderlich sind (§§ 5 Abs 2, 19 Abs 2 GlBG; §§ 4a Abs 2, 13a Abs 2 B-GlBG). Unerheblich ist bei der mittelbaren Diskriminierung, ob eine Diskriminierungsabsicht vorliegt, auf sie kommt es gerade nicht an.[570] Während das Antidiskriminierungsrecht bei der unmittelbaren Diskriminierung also Sanktionscharakter aufweist, nimmt es bei der mittelbaren Diskriminierung vor allem eine Umverteilungsfunktion ein.[571] Die Rechtsfigur der mittelbaren Diskriminierung ermöglicht es, gesellschaftliche Unterschiede und die daraus resultierenden unterschiedlichen Auswirkungen von Rechtsnormen und Vorschriften zu berücksichtigen.[572]

Als Diskriminierung aufgrund des Geschlechts gilt auch die **sexuelle Belästigung** bzw die **Anweisung zur sexuellen Belästigung** einer Person. Eine sexuelle Belästigung liegt vor, wenn ein der sexuellen Sphäre zugehöriges Verhalten gesetzt wird, das die Würde einer Person beeinträchtigt und für die betroffene Person unerwünscht, unangebracht oder anstößig ist. Das Verhalten muss für die betroffene Person eine einschüchternde, feindselige oder demütigende Arbeitsumwelt schaffen oder der Umstand, dass die betroffene Person ein derartiges Verhalten seitens des/der Arbeitgebers/Arbeitgeberin bzw von Vorgesetzten oder KollegInnen zurückweist oder duldet zur Grundlage einer Entscheidung im Zusammenhang mit der Beschäftigung dieser Person gemacht werden (§ 6 GlBG; § 8 B-GlBG).

Einen relativ neuen Tatbestand stellt die **Belästigung** dar, die analog zur sexuellen Belästigung geregelt ist. Dabei ist zwischen **geschlechtsbezogener Belästigung** (§ 7 BlBG; § 8a B-GlBG) und **Belästigung aufgrund anderer verpönter Merkmale** zu unterscheiden (§ 21 GlBG; § 16 B-GlBG). Bei geschlechtsbezo-

---

[570] Vgl *Jarosch Monika*, Frauenquoten 44.
[571] Vgl *Gerlach Roland*, Gleichbehandlung und Umverteilung, DRdA 3/2004, 221 (223).
[572] Vgl *Jarosch Monika*, Frauenquoten 45.

gener Belästigung wird – im Unterschied zur sexuellen Belästigung – nicht auf die sexuelle Sphäre Bezug genommen.[573]

Darüber hinaus enthalten das GlBG und das B-GlBG ein **Gebot der geschlechtsneutralen und diskriminierungsfreien Stellenausschreibung** (§§ 9, 23 GlBG; §§ 7, 15 B-GlBG). Ausschreibungen dürfen keine Anmerkungen enthalten, die Rückschlüsse auf ein bestimmtes Geschlecht ermöglichen, es sei denn, ein bestimmtes Geschlecht ist eine unverzichtbare Voraussetzung für die Ausübung der betreffenden Tätigkeit. Derartige Ausnahmen sind jedoch eng auszulegen.[574]

b. Strukturelle Diskriminierung

Antidiskriminierungsrecht zielt darauf ab, Ungerechtigkeiten aufgrund eines bestimmten Merkmals zu vermeiden. Allerdings sind dem Antidiskriminierungsrecht auch Grenzen gesetzt. Diskriminierungsverbote legen zwar fest, dass sexistische oder rassistische Zuschreibungen beispielsweise beim Zugang zum Arbeitsmarkt keine Auswirkungen haben dürfen, die Konzepte Sexismus oder Rassismus an sich werden aber durch Diskriminierungsverbote nicht bekämpft. Darüber hinaus steht bei Antidiskriminierungsvorschriften die individuelle Benachteiligung im Vordergrund. Gesellschaftliche Rahmenbedingungen, die die Voraussetzung für Ungleichheiten bilden, sind nicht das Ziel der Veränderung. So ist etwa eine Besserstellung von Teilzeitarbeit-

---

[573] Die Beauftragung einer Frau mit Kaffeekochen oder untergeordneten Tätigkeiten trotz gleicher Qualifikation mit der Bemerkung, „als Frau könne sie ja nichts anderes" oder die Anbringung des Spruches „Frauen an den Herd" im Büro oder das Erzählen von abwertenden Witzen, die nichts mit der sexuellen Ebene zu tun haben, können zB geschlechtsbezogene Belästigungen darstellen; vgl *Naderhirn Johanna*, Die geplante Neuregelung des Gleichbehandlungsgesetzes. Einige (Auslegungs-)Probleme des Entwurfs, RdW 2003, 710 (714).

[574] Vgl *Naderhirn Johanna*, Die Neuregelung der Gleichbehandlung. Ein Überblick über die wesentlichen Punkte, RFG 2004, 186 (189).

nehmerInnen eine eindeutige Maßnahme zur Vermeidung von (indirekter) Diskriminierung aufgrund des Geschlechts, da Teilzeitarbeit vorrangig von Frauen geleistet wird, die geschlechtliche Arbeitsteilung an sich wird dadurch allerdings nicht verändert. Antidiskriminierung stellt folglich nur *eine* Strategie zur Verhinderung von Ungleichbehandlungen dar.[575]

Die Anerkennung der unmittelbaren und mittelbaren Diskriminierung schärfte zunehmend den Blick für die Realitätsferne geschlechtsneutral formulierter Rechtsnormen. Erst die Umsetzung des Konzepts der **strukturellen Diskriminierung** lieferte das notwendige Instrumentarium für die Analyse der fortdauernden Benachteiligung von Frauen. Strukturelle Diskriminierung bedeutet, dass Frauen aufgrund ihres Geschlechts geringere Chancen haben als Männer, sich am gesellschaftlichen Leben zu beteiligen, eigenes Einkommen zu erzielen, Funktionen innezuhaben und Tätigkeiten auszuüben, die als anstrebenswert erachtet werden.[576] Sämtliche Ursachen von gruppenspezifischen Nachteilen und Ungleichheiten, das **hierarchische Geschlechterverhältnis** und die **Asymmetrie der Macht** lassen sich in dem Begriff der strukturellen Diskriminierung zusammenfassen. Strukturelle Diskriminierung tritt in der geschlechtsspezifischen Sozialisation, in gesellschaftlichen und rechtlichen Normen, die auf dem hierarchischen Geschlechterverhältnis gründen und in der **horizontalen und vertikalen Segmentierung des Arbeitsmarktes** – darunter versteht man die Unterteilung der Berufsfelder in typisch weibliche und typisch männliche und den erschwerten Eintritt von Frauen in so genannte Männerberufe (horizontale Segmentie-

---

[575] Vgl *Stiegler Barbara*, Gender Mainstreaming, Frauenförderung, Diversity oder Antidiskriminierungspolitik – was führt wie zur Chancengleichheit? Zeitschrift für Frauenforschung und Geschlechterstudien, Heft 3/2005, 9 (15f).

[576] Vgl *Schiek Dagmar* et al, Frauengleichstellungsgesetze des Bundes und der Länder. Kommentar für die Praxis zum Frauenfördergesetz für den Bundesdienst und zu den Frauenfördergesetzen, Gleichstellungsgesetzen und Gleichberechtigungsgesetzen der Länder (1996) 248.

rung) sowie das Problem der schlechteren Aufstiegschancen von Frauen im Beruf (vertikale Segmentierung) – zutage.

Ein Wesensmerkmal der strukturellen Diskriminierung ist es, dass nicht unbedingt benachteiligende Personalentscheidungen für den Ausschluss von Frauen verantwortlich sind, sondern dass **auf Männer zugeschnittene Strukturen** Frauen von entsprechenden Positionen fernhalten.[577] Die Ungleichheiten, die der Begriff der strukturellen Diskriminierung erfasst, werden durch soziale Praktiken hervorgebracht. Resultat der geschlechtsspezifischen Sozialisation in Familie und Bildung ist ein hierarchisches Geschlechterverhältnis, das auf der Alleinzuständigkeit von Frauen für die privaten Reproduktionstätigkeiten aufbaut. Durch das tradierte Rollenverständnis werden Frauen in ihrer Entscheidungsfreiheit beschnitten, männliche Macht- und Wertvorstellungen prägen soziale und rechtliche Normen. Auf die direkte Absicht eines Einzelnen, jemanden zu diskriminieren, kommt es bei der strukturellen Diskriminierung, die einen Zustand und nicht eine individuelle diskriminierende Handlung in den Blick nimmt, nicht an. Als wichtiger Indikator für das Vorliegen diskriminierender Strukturen dient die zahlenmäßige Unterrepräsentation von Frauen in hohen Positionen und Funktionen im öffentlichen Bereich.[578]

2. Frauenförderung und Quotenregelung

Die Erkenntnis, dass die Politik der Gleichbehandlung sowie die bereits erzielten Erfolge der (formal)rechtlichen Gleichstellung der Geschlechter an der strukturellen Benachteiligung von Frauen, an geschlechtsspezifischen Rollenzuschreibungen und dergleichen kaum etwas änderten, führte in den 1980er Jahren zur Herausbildung neuer Strategien, die nicht nur die formale, recht-

---

[577] Vgl *Pfarr Heide*, Quoten sind nicht alles, aber ohne Quoten ist nichts, in *Arioli Kathrin* (hg), Quoten und Gleichstellung von Frau und Mann (1996) 4.
[578] Vgl *Jarosch Monika*, Frauenquoten 103ff.

liche sondern auch und vor allem die materielle, tatsächliche Gleichstellung der Geschlechter herbeiführen sollten. Frauen eroberten die institutionalisierte Politik; sie erreichten, dass Frauenpolitik als Politikfeld anerkannt und eigene Stellen, wie Frauenministerien, Frauenbeauftragte etc eingerichtet wurden. Die Strategien, die in dieser zweiten Phase der Gleichstellungspolitik entwickelt wurden, griffen im Rahmen der Frauenpolitik Platz: Frauenförderprogramme, Frauenförderpläne, Frauenprojekte sowie eigene „Frauentöpfe".

Zusätzlich wurden spezifische Maßnahmen entwickelt, um Frauen auch faktisch die Möglichkeit zu geben, ihre Rechtsgleichheit zu nutzen.[579] Rechtliche und faktische Ungleichheiten sollten durch **materielle Gleichheitsbestrebungen** beseitigt werden. Parallel zur Entdiskriminierung der Rechtsordnung entwickelte sich Gleichstellungsrecht im engeren Sinn in Form von **Maßnahmen der Frauenförderung**. Zu diesen Maßnahmen, die die Beseitigung der Unterrepräsentation von Frauen und die Herstellung geschlechterparitätischer Verhältnisse vor allem im Berufsleben zum Ziel haben, zählen neben den Instrumenten der Frauenpolitik auf rechtlicher Ebene vor allem Quotenregelungen.[580]

a. Affirmative-Action-Maßnahmen

Quoten basieren auf der Erkenntnis, dass sich Diskriminierungen nur beseitigen lassen, wenn die Aufhebung der durch die ungerechte Situation verursachten Benachteiligungen angestrebt wird.[581]

---

[579] Vgl *Kucsko-Stadlmayer Gabriele*, Europarechtliche Rahmenbedingungen der Frauenförderung, RZ 1999, 106.

[580] Vgl *Ulrich Silvia* in *Eisenberger Iris* et al (hg), Norm und Normvorstellung 598.

[581] Vgl *Jarosch Monika*, Frauenquoten 105.

"Ist Diskriminierung ... als umfassendes, alles durchdringendes Phänomen zu sehen, greift ein rechtliches Regime zu kurz, welches Diskriminierung nur anhand isolierbarer Faktoren bekämpfen will. Antidiskriminierungsregelungen können sich dann nicht auf den Ausgleich konkret nachweisbarer Schäden beschränken, sondern sie müssen ebenfalls umfassend sein und auf den Nachweis isolierter, individueller Ursachen verzichten. Frauenquoten sind eines der wenigen Mittel, die diese Voraussetzungen erfüllen."[582]

"Der Grundgedanke von Quotenregelungen für Frauen ist, dass sich die ungleiche Verteilung von Frauen und Männern in den verschiedenen Erwerbsbereichen und die ungleiche Verteilung in Führungspositionen zugunsten von Frauen numerisch, also quantitativ, verändern sollen. Quotenregelungen sollen damit die strukturelle Diskriminierung von Frauen zumindest in Teilbereichen aufheben."[583]

Mit dem Begriff „Quotierung" wird die bevorzugte Behandlung von Frauen und Angehörigen diskriminierter Minderheiten bei der Vergabe von Arbeits- und Ausbildungsplätzen, beziehungsweise generell bei der Vergabe jener Funktionen und Positionen, die in einer Gesellschaft zu besetzen sind, bezeichnet.[584] Quotenregelungen zählen zu den so genannten **„Affirmative-Action"-Maßnahmen**. Unter Affirmative-Action werden in den USA Pläne verstanden, die Beschäftigungshindernisse für benachteiligte Gruppen beseitigen und diese Gruppen mittels „positiver Maßnahmen" in alle Bereiche des Arbeitsmarktes integrieren sollen.

---

[582] *Sacksofsky Ute*, Die verfassungsrechtliche Beurteilung von Quotenregelungen in Deutschland, in *Arioli Kathrin* (hg), Quoten 35.
[583] *Jarosch Monika*, Frauenquoten 106.
[584] Vgl *Rössler Beate*, Quotierung und Gerechtigkeit: Ein Überblick über die Debatte, in *Rössler Beate* (hg), Quotierung 8.

VI. Gleichstellungspolitik - Gleichstellungsrecht

Sämtliche Affirmative-Action-Maßnahmen[585] verfolgen das Ziel, frühere und gegenwärtige Diskriminierungen am Arbeitsplatz zu überwinden und tatsächliche Chancengleichheit herzustellen.[586] Positive Aktionen, die auf die **Herstellung der tatsächlichen Gleichstellung von Frauen und Männern** hinwirken sollen, bilden die notwendige Ergänzung zur rein formalrechtlichen Gleichstellung, die allein nicht die nötige Durchschlagkraft hat, um eine Veränderung der bestehenden gesellschaftlichen Verhältnisse herbeizuführen. Sie dienen dem rascheren Abbau der Geschlechterdiskriminierung und der Herstellung der tatsächlichen Chancengleichheit.

Frauenquoten bezwecken konkret die **Anhebung der Repräsentation von Frauen** in wirtschaftlichen und politischen Hierarchien, um durch eine Neuverteilung der vorhandenen Arbeitsplätze und Funktionen mehr Gerechtigkeit in der Gesellschaft herzustellen. Sie stellen damit eine mögliche Form von Frauenförderungsmaßnahmen im Erwerbsleben dar.

Frauenförderung und Quotenregelungen basieren auf der **Forderung nach Gleichstellung**. Das bedeutet die gleiche Partizipation von Frauen und Männern in allen Lebensbereichen, eine Veränderung der Arbeits- und Lebenswelt und damit einhergehend ein Aufbrechen der traditionellen Rollenverteilung und der gesellschaftlich bedingten geschlechtsspezifischen Arbeitsteilung. Gleichstellung macht nicht bei formaler Rechtsgleichheit halt, sondern sieht Maßnahmen und Praktiken vor, die eine Berück-

---

[585] Neben Quotenregelungen zählen etwa auch die Verbesserung von Aus- und Weiterbildung, Anreizsysteme oder die Einrichtung von Stellen, die sich mit Gleichbehandlung auseinandersetzen zu positiven Aktionen.

[586] Vgl *Döring Matthias*, Frauenquoten und Verfassungsrecht. Die Rechtmäßigkeit „umgekehrter Diskriminierung" nach US-amerikanischem Verfassungsrecht und ihre Bedeutung für die Verfassungsmäßigkeit gesetzlicher Frauenquoten auf dem Arbeitsmarkt der deutschen Privatwirtschaft (1996) 16.

sichtigung weiblicher Lebensformen und Bedürfnisse sowie der ungleichen Ausgangschancen von Frauen ermöglichen.[587]

Das Dilemma jeglicher Quotenregelungen ist es allerdings, dass sie an jene Merkmale anknüpfen, die die Grundlage der Diskriminierung bilden, die überwunden werden soll. Dies kann dazu führen, dass Kategorien weiter aufrecht erhalten und Diskriminierungen im ungünstigsten Fall wiederholt werden.[588]

b. Quotenmodelle

Heide Pfarr unterscheidet folgende Grundformen von Frauenförderung und Quoten: Vereinbarkeitsprogramme, Sonderförderung, qualifikationsabhängige Entscheidungsquoten und Ergebnisquoten oder Zielvorgaben. **Vereinbarkeitsprogrammen** liegt der Gedanke zugrunde, dass Frauen durch Zeitmangel aufgrund von Beruf und Familienbetreuung Defizite auf dem Arbeitsmarkt haben. Sie zielen daher auf eine bessere Vereinbarkeit von Berufsarbeit und Familie ab, wobei familiäre Tätigkeiten weiterhin als eine von Frauen zu erledigende Aufgabe angesehen werden. Meist erfolgt weder eine Aufforderung an die Männer, ihre Familienpflichten zu übernehmen, noch ein Ausbau außerhäuslicher Kinderbetreuung. Derartige Programme sind daher kaum geeignet, traditionelle Rollenverteilungen aufzubrechen, sondern tragen vielmehr zu ihrer Verfestigung bei.[589] Ähnlich ernüchternde Erfahrungen schildert *Pfarr* im Bereich der **Sonderförderung** von Frauen, bei der bestimmte Positionen der Besetzung mit Frauen vorbehalten werden, um so den Anteil der Frauen zu erhöhen. Diese Programme können nur dann zu einer Veränderung gesellschaftlicher Strukturen beitragen, wenn gleichzeitig reguläre Stellen vorrangig mit Frauen besetzt werden. Keinesfalls darf

---

[587] Vgl *Jarosch Monika*, Frauenquoten 34.
[588] Vgl *Lembke Ulrike/Foljanty Lena*, Strategien und Politiken, in *Foljanty Lena/ Lembke Ulrike* (hg), Feministische Rechtswissenschaft 234 (238).
[589] Vgl *Pfarr Heide* in *Arioli Kathrin* (hg), Quoten 12.

eine Anrechnung von Sonderförderstellen auf die Berechnung der Frauenanteile erfolgen, da sonst die Gefahr besteht, dass Bewerberinnen auf die Sonderförderstellen abgedrängt werden, während reguläre Stellen weiterhin an Männer vergeben werden.[590]

Durch **qualifikationsabhängige Entscheidungsquoten** werden PersonalentscheiderInnen dazu angehalten, Frauen vorrangig zu berücksichtigen, wenn sie die gleiche Qualifikation aufweisen wie männliche Mitbewerber. Auch derartige Quoten stoßen auf zahlreiche Probleme. Zum einen greifen sie erst zu einem relativ späten Zeitpunkt ein und betreffen nur die Personalentscheidung als solche, Strukturen und Entscheidungsmuster, die Frauen vom Arbeitsmarkt und anderen Funktionen fernhalten, bleiben aber unangetastet. Zum anderen zwingen sie nicht zu positiven Aktivitäten zugunsten von Frauen.[591] Neben diesen strukturellen Mängeln, die die Phantasie unwilliger Personalentscheidender geradezu auf die mögliche Verhinderung von Frauen hinlenken, trägt auch die Tatsache, dass unmittelbare Diskriminierung immer seltener wird, während mittelbare Diskriminierung vergleichsweise häufig vorkommt, zur Ineffektivität qualifikationsabhängiger Entscheidungsquoten bei. Hier wären Regelungen zur Wahrung der Fairness im Vorfeld der Entscheidungen und zum Ausschluss diskriminierender Auswahlmechanismen notwendig.[592]

Statt qualifikationsabhängiger Entscheidungsquoten tritt *Pfarr* daher für ein Konzept **ergebnisorientierter Quoten** oder **Zielvorgaben** ein, die konkret festlegen, wo und wie viele Frauen zu berücksichtigen sind. Derartige Regelungen sehen vor, dass nach einer gewissen Zeit ein bestimmter, höherer Anteil an Frauen in den jeweiligen Bereichen erreicht werden muss. PersonalentscheiderInnen sind im Rahmen dieses Konzepts „MittäterInnen" der Gleichstellungsprogramme, können sie ihre Zielvorgaben

---

[590] Vgl *Pfarr Heide* in *Arioli Kathrin* (hg), Quoten 12f.
[591] Vgl *Pfarr Heide* in *Arioli Kathrin* (hg), Quoten 13.
[592] Vgl *Schiek Dagmar* et al, Frauengleichstellungsgesetze 364.

nicht erfüllen, so müssten die gesetzlichen Regelungen Sanktionen vorsehen. Desgleichen müssen die entsprechenden Regelungen so formuliert sein, dass eine Nichterfüllung der Quote weder begründet noch entschuldigt werden darf.[593] Nach *Pfarr* sind Ergebnisquoten, die die Ausschreibung bestimmter Stellen direkt für Frauen vorsehen und eine ausschließliche Suche nach Bewerberinnen zum Inhalt haben, jedenfalls dann nicht verfassungswidrig, wenn Frauen in dem betroffenen Bereich über einen längeren Zeitraum hinweg erheblich unterrepräsentiert sind. Ferner muss es sich um gezielte, kontrollierte, bedingte oder befristete Gleichstellungsprogramme handeln, die Männer nicht von allen Stellen ausschließen dürfen, sondern flexible Zielvorgaben beinhalten müssen.[594]

Grundsätzlich lassen sich **Erwerbsquoten** und **politische Quoten** unterscheiden, je nachdem, ob eine Erhöhung des Frauenanteils in wirtschaftlichen oder politischen Hierarchien angestrebt wird. Politische Quoten finden sich in Österreich in den jeweiligen Parteistatuten, sie stellen ein Mittel der Selbstbindung dar. Quotenregelungen sind in den Parteiprogrammen der SPÖ (40 %-Quote), der ÖVP (Mindestquote von einem Drittel für öffentliche Mandate) und der Grünen (50 %-Quote) enthalten. Die FPÖ schließt Quotenregelungen zugunsten von Frauen bislang aus.[595] Im Bereich der Privatwirtschaft, auf den das GlBG anzuwenden ist, gibt es in Österreich keine Quotenregelungen.[596] Für den öffentlichen Dienst sieht das **Bundesgleichbehandlungsgesetz (B-GlBG)** Quotenregelungen vor, die die Aufnahme, den berufli-

---

[593] Vgl *Pfarr Heide* in *Arioli Kathrin* (hg), Quoten 12, 17.
[594] Vgl *Pfarr Heide* in *Arioli Kathrin* (hg), Quoten 19.
[595] Eingehend zu den jeweiligen politischen Quotenregelungen *Jarosch Monika*, Frauenquoten 155ff; *Fürst Susanne*, Auf dem Weg zum modernen Gleichheitssatz. Eine Untersuchung der rechtlichen Zulässigkeit von Quotenregelungen aus feministischer Sicht (2001) 38ff.
[596] Zur Problematik frauenfördernder Vergabekriterien für den Bereich der Privatwirtschaftsverwaltung vgl *Ulrich Silvia*, Zur Frage der Zulässigkeit von frauenfördernden Vergabekriterien im öffentlichen Auftragswesen, in *Floßmann Ursula* (hg), Recht 94ff.

chen Aufstieg und die Aus- und Weiterbildung betreffen (§§ 11b – 11d B-GlBG). Die Aufnahme einer Quote zugunsten von Frauen in das öffentliche Dienstrecht signalisiert die Vorbildwirkung, die dem Staat als Dienstgeber zukommt. Die Selbstverpflichtung des Staates zur Frauenförderung in seiner Rolle als Dienstgeber wird allerdings durch die fortschreitende Privatisierung öffentlicher Aufgaben, durch die der Anwendungsbereich des B-GlBG zusehends eingeschränkt wird, mehr und mehr ausgehöhlt.

c. Vorrangregeln im Bundesdienst

Die Vorrangregeln des B-GlBG kommen zur Anwendung, wenn eine Bewerberin gleich geeignet ist wie der bestgeeignete Mitbewerber, wobei es auf das Vorliegen gleichwertiger Eignungsprofile ankommt. Es handelt sich also um **leistungsgebundene Vorrangregeln**, durch die das im Dienstrecht vorgesehene Prinzip der Besteignung beibehalten wird. Seit der Novelle des B-GBG 2001[597] ist im Rahmen der Quotenregelung eine so genannte **Öffnungsklausel** vorgesehen. Das bedeutet, dass die entsprechenden Vorrangregeln nur mehr dann zur Anwendung kommen, wenn nicht in der Person eines Mitbewerbers liegende Gründe überwiegen. Anlass für die Einführung der Öffnungsklausel, die eine deutliche Abschwächung der Quotenregelung bedeutet, war die Judikatur des EuGH[598], die Vorrangregeln ohne Öffnungsklausel für europarechtswidrig erklärte sowie ein einschlägiges Urteil des OGH[599].[600]

---

[597] BGBl I 2001/87.
[598] EuGH Rs C-409/95, EuGH Rs C-158/97; eingehend zur Frage der europarechtlichen Zulässigkeit von Quotenregelungen *Pirstner Renate*, Europarechtliche Dimensionen, in *Neuhold Brita/Pirstner Renate/Ulrich Silvia*, Menschenrechte – Frauenrechte 210ff.
[599] OGH 30.1.2001, 1Ob 80/00x.
[600] Vgl *Ulrich Silvia* in *Neuhold Brita/Pirstner Renate/Ulrich Silvia*, Menschenrechte – Frauenrechte 256ff.

Konkrete Gründe, bei deren Vorliegen die Durchbrechung des Vorranges zu Gunsten eines gleich geeigneten Mitbewerbers zulässig ist, werden im B-GlBG nicht genannt. Jedenfalls dürfen derartige Gründe keine unmittelbare oder mittelbare Diskriminierung zur Folge haben. Scheinbar neutrale Aspekte, die auf diskriminierende Weise einen Vorsprung des männlichen Mitbewerbers herbeiführen, scheiden daher als zulässige Rechtfertigung aus.[601] Als Beispiel für derart unzulässige Motive nennt *Gabriele Kucsko-Stadlmayr* etwa Alleinverdienereigenschaft, höheres Dienstalter, geringeres Lebensalter und höhere Mobilität. Dahinter verbirgt sich die Erkenntnis, dass manche geschlechtsneutral scheinenden Auswahlkriterien tendenziell faktische Nachteile für Frauen mit sich bringen. Es muss daher geprüft werden, ob die in Anschlag gebrachten Ernennungs- und Beförderungskriterien zu einer unverhältnismäßigen Bevorzugung als männlich geltender Eigenschaften und Lebensmuster auf Kosten so genannter weiblicher Fähigkeiten führen. Damit wird auch deutlich, dass es bei Quotenregelungen nicht um eine Diskriminierung von Männern, sondern lediglich um einen Ausgleich für die strukturelle Benachteiligung von Frauen geht.[602] Der OGH sieht allerdings in Verkennung des diskriminierenden Potentials dieses Grundes im Alleinverdienerstatus ein zulässiges Argument für die Bevorzugung einer Person.[603]

Die Quotenregelung des B-GlBG lässt sich als **flexible Ergebnisquote** bezeichnen, die bei einer statistisch nachweisbaren Unterrepräsentation von weniger als 40 Prozent zur Anwendung kommt. Die maßgeblichen statistischen Daten sind dem jeweiligen **Frauenförderungsplan** zu entnehmen.[604] Eine zwingende Anwendung der Vorrangregel erfolgt laut Gesetz „entsprechend

---

[601] Vgl *Ulrich Silvia* in Neuhold Brita/Pirstner Renate/Ulrich Silvia, Menschenrechte – Frauenrechte 260.

[602] Vgl *Kucsko-Stadlmayr Gabriele*, RZ 1999, 110.

[603] Vgl *Ulrich Silvia* in Neuhold Brita/Pirstner Renate/Ulrich Silvia, Menschenrechte – Frauenrechte 260.

[604] Vgl *Jarosch Monika*, Frauenquoten 65.

den Vorgaben des Frauenförderungsplans", der genau festlegt, in welchen Bereichen Frauen zu fördern sind und welche Steigerung des Frauenanteils in den jeweils kommenden zwei Jahren angestrebt wird. Eine Bevorzugung von Frauen ist nur bis zur Erreichung dieser zwei Jahre geltenden **Teilquote** vorgesehen. Wird die Teilquote bereits nach einem Jahr erreicht, so besteht darüber hinaus keine Verpflichtung zur Anwendung der Vorrangregel.[605]

d. Verfassungsrechtliche Zulässigkeit von Quoten

Die §§ 11b-11d B-GlBG machen bei gleicher Qualifikation mehrerer BewerberInnen das Geschlecht zum Auswahlkriterium für die Personalentscheidung. Da die Quotenregelung somit die rechtliche Ungleichbehandlung vergleichbarer Sachverhalte zur Folge hat und die österreichische Bundesverfassung in Art 7 Abs 1 B-VG Unterscheidungen aufgrund des Geschlechts grundsätzlich untersagt, erhebt sich die Frage nach ihrer **verfassungsrechtlichen Zulässigkeit**.[606] Erfordernisse der Qualifikation und das Leistungsprinzip bleiben durch die leistungsgebundene Quote des B-GlBG unangetastet, nur wenn mehrere KandidatInnen die gleiche Eignung aufweisen, gibt das Geschlecht den Ausschlag zugunsten der Frau. Objektiver Grund für diese Vorrangregel ist die Situation der Frauen im Bundesdienst. Die Segmentierung des Arbeitsmarktes auch auf diesem Sektor hat einen höheren Anteil weiblicher Bediensteter in unteren, niedrig entlohnten Verwendungsgruppen zur Folge, während der Frauenanteil in höheren, prestigeträchtigeren und besser bezahlten Funktionen vergleichsweise gering ist. Beim beruflichen Aufstieg sind Frauen

---

[605] Vgl *Ulrich Silvia* in *Neuhold Brita/Pirstner Renate/Ulrich Silvia*, Menschenrechte – Frauenrechte 256ff.

[606] Diese Frage stellte sich bereits hinsichtlich der §§ 42 und 43 B-GBG. Die Einführung des Abs 2 in Art 7 B-VG durch die Verfassungsnovelle 1998 hat die verfassungsrechtliche Zulässigkeit von Quotenregelungen festgestellt (siehe unten). Zur davor in der Rechtswissenschaft kontrovers diskutierten Frage der verfassungsrechtlichen Zulässigkeit von Quoten vgl die Darstellung in *Holzleithner Elisabeth*, Recht 63ff.

gegenüber ihren männlichen Kollegen deutlich benachteiligt.[607] Das Bestreben, diesen Unterschieden entgegenzuwirken, ist daher **sachlich gerechtfertigt**.

„Der eklatante Unterschied zwischen der Erwerbsquote der Frauen und ihr Anteil in den höheren Ebenen des Bundesdienstes kann nicht mehr mit Bildungsrückständen erklärt werden, sondern beruht auf Diskriminierung, die einen Großteil der berufstätigen Frauen im Laufe ihrer Karriere trifft und die eine Behandlung der Frauen als einheitliche (benachteiligte) Gruppe rechtfertigt."[608]

Das objektive Merkmal der Benachteiligung im Erwerbsleben, das Frauen verbindet, rechtfertigt die Anknüpfung an das subjektive Merkmal Geschlecht. Derart sachlich gerechtfertigte Quotenregelungen stehen daher nicht im Widerspruch mit dem Gleichheitssatz, sie müssen allerdings auch im Hinblick auf ihre **Verhältnismäßigkeit** geprüft werden. Hierbei stellt sich die Frage nach der **Eignung** und der **Erforderlichkeit** der Quotenregelung. Da die Quote Frauen faktischen Zugang zu Positionen ermöglicht, für die sie die entsprechende Qualifikation aufweisen und dadurch zu einer verstärkten Präsenz von Frauen vor allem auch in gehobenen Positionen beiträgt, ist sie geeignet, der beruflichen Benachteiligung entgegenzuwirken. Dieser grundsätzlichen Eignung stehen auch die oben bereits dargestellten strukturellen Mängel qualifikationsabhängiger Entscheidungsquoten nicht entgegen, sie geben allerdings Aufschluss darüber, weshalb die Erfolge der Quotenregelung bislang eher bescheiden geblieben sind.

Die Erforderlichkeit von Quotenregelungen ergibt sich aus der Tatsache, dass Diskriminierungsverbote, die nicht an aktive Maßnahmen zur Frauenförderung gekoppelt sind, nicht in der

---

[607] Vgl *Wolfsgruber Claudia*, Gleichbehandlung 170.
[608] *Fürst Susanne*, Gleichheitssatz 122.

Lage sind, die Gleichstellung der Geschlechter herbeizuführen.[609] Die Quoten des B-GlBG schränken die Einstellungschancen von Männern in gewissen Fällen ein, dies allerdings nur, bis in der jeweiligen Verwendungsgruppen der Frauenanteil 40 % beträgt. Dieser Einschränkung steht das wichtige Ziel der ausgewogenen Vertretung von Frauen und Männern im Bundesdienst und die damit verbundene raschere Herbeiführung der tatsächlichen Gleichstellung von Frauen und Männern gegenüber. Durch die Novellierung des Art 7 B-VG 1998[610] wurde die aktive Förderung von Frauen auf allen Gebieten als Staatszielbestimmung in der Bundesverfassung verankert und klargestellt, dass vorübergehende Sondermaßnahmen zur Herstellung der faktischen Gleichberechtigung von Frauen und Männern verfassungsrechtlich zulässig sind.[611] Die mit der Quotenregelung verbundenen Nachteile für Männer sind angesichts dieser Zielsetzungen weniger gravierend: Die Quotenregelung des B-GlBG erfüllt daher auch das Erfordernis der **Verhältnismäßigkeit im engeren Sinn**.

Trotzdem die Quotenregelungen des B-GlBG bzw des B-GBG nunmehr seit fast 10 Jahren in Geltung stehen, sind die direkten Lenkungseffekte, die bisher erzielt wurden, eher gering. Die Vorrangregeln kommen schon deshalb nur selten zum Tragen, weil es kaum einmal zur Feststellung gleicher Eignungsprofile kommt.[612] Qualifikationskriterien sind nach wie vor durch Männer, männliche Wertvorstellungen, Verhaltensweisen und Lebensmuster geprägt, häufig lässt sich das Merkmal Qualifikation derart beliebig ausfüllen, dass mittels veränderter Begründung die Bevorzugung von Männern fortgesetzt werden kann.[613] Trotz der ernüchternden Erfahrungen in Bezug auf die Durchschlagskraft derartiger Rege-

---

[609] Vgl *Fürst Susanne*, Gleichheitssatz 123.

[610] BGBl I 1998/68.

[611] Vgl *Ulrich Silvia* in *Neuhold Brita/Pirstner Renate/Ulrich Silvia*, Menschenrechte – Frauenrechte 235.

[612] Vgl *Ulrich Silvia* in *Eisenberger Iris* et al (hg), Norm und Normvorstellung 599.

[613] Vgl *Pfarr Heide* in *Arioli Kathrin* (hg), Quoten 7, 14.

lungen weisen aktive Maßnahmen der Frauenförderung wichtige indirekte Lenkungseffekte auf, da sie PersonalentscheiderInnen einerseits zu sorgfältigerer und objektiv nachvollziehbarer Eignungsbeurteilung zwingen, andererseits dienen sie der Bewusstseinsbildung.[614] Positive Aktionen zugunsten von Frauen sind daher nach wie vor unverzichtbares Instrumentarium sowohl der Gleichstellungspolitik als auch des Gleichstellungsrechts.

B. Von der Frauenpolitik zur Geschlechterpolitik

In den 1990er Jahren stellte sich schließlich heraus, dass – um es mit den Worten von *Elisabeth Holzleithner* auszudrücken – „sektorale" Frauenpolitik zu wenig ist:

> „Hier eine Frauenabteilung, dort ein Frauenministerium sind zwar Signale, haben aber zu wenig Wirkung, um strukturell nachhaltige Änderungen herbeizuführen."[615]

Der Terminus Frauenpolitik wurde daher zunehmend von Gleichstellungspolitik abgelöst. Unter dem Mantel der Gleichstellungspolitik können sowohl traditionelle Konzepte der Frauenförderung, als auch aktuelle Ansätze der Geschlechterpolitik Platz finden. Der Grund für die Ergänzung der traditionellen Gleichstellungspolitik mit geschlechterpolitischen Ansätzen lag in der verstärkt auftretenden **Kritik an der Frauenförderung**. Neben der Erkenntnis, dass sektorale Frauenpolitik zwar partiell wirkungsvoll, aber nicht ausreichend ist, gesellschaftliche Strukturen nachhaltig zu ändern, stehen dabei zwei Argumente im Fordergrund: Wenn „Frauenförderung" unreflektiert betrieben wird, **verfestigt** sie **Geschlechterstereotype**, anstatt gesellschaftliche Strukturen aufzubrechen. So impliziert etwa die Forderung nach besserer Vereinbarkeit von Familie und Beruf in Frauenförder-

---

[614] Vgl *Ulrich Silvia* in *Eisenberger Iris* et al (hg), Norm und Normvorstellung 599.
[615] *Holzleithner Elisabeth*, Recht 85.

plänen, dass Familienarbeit ausschließlich im Zuständigkeitsbereich von Frauen liegt und das unabhängig davon, ob sie berufstätig sind oder nicht. Das zweite Argument zielt darauf ab, dass Frauenförderung den Anschein vermitteln kann, **Frauen** hätten **Defizite**, die es auszugleichen oder aufzuholen gilt – nach dem Motto: „blame the victim". Im Fokus der Geschlechterpolitik stehen daher nicht mehr Frauen, die gefördert, deren Defizite beseitigt werden sollen, sondern Geschlecht, das hierarchische Geschlechterverhältnis und gesellschaftliche Strukturen, die es hervorbringen.[616] Während diese komplexen Zusammenhänge in der feministischen Forschung und Theoriebildung immer schon zentral waren, verkürzten sie sich auf politischer Ebene auf die „Frauenfrage" und rückten damit in Randbereiche ab. Mit dem – in der Politik der Gleichstellung – neuen Ansatz der Geschlechterpolitik wird nun ergänzend zu traditionellen Maßnahmen der Frauenförderung versucht, diese Thematiken in den Mittelpunkt des allgemeinen Interesses zu rücken.[617] Als Beispiel für diese Strategien soll hier Gender Mainstreaming genauer erörtert werden.

1. Gender Mainstreaming

Gender Mainstreaming ist als neues „Wundermittel" in Sachen Geschlechtergerechtigkeit spätestens seit der 4. Weltfrauenkonferenz 1995 sehr populär und scheinbar überall präsent. So verankerte die Europäische Union das Prinzip im Amsterdamer Vertrag, die österreichische Bundesregierung fasste Ministerratsbeschlüsse, das Land Oberösterreich hat eine Gender Mainstrea-

---

[616] Vgl *Wetterer Angelika*, Strategien 131; *Dunst Claudia* in *Allroggen Ulrike/Berger Tanja/Erbe Birgit* (hg), Was bringt Europa den Frauen? 34.

[617] Vgl *Baer Susanne*, Gender Mainstreaming als Operationalisierung des Rechts auf Gleichheit. Ausgangspunkte, Rahmen und Perspektiven in *Bothfeld Silke/Gronbach Sigrid/Riedmüller Barbara* (hg), Gender Mainstreaming – eine Innovation in der Gleichstellungspolitik. Zwischenberichte aus der politischen Praxis (2002) 43f.

ming-Arbeitsgruppe eingerichtet, in vielen Institutionen und Organisationen werden Gender Mainstreaming-Beauftragte installiert, Gender-ExpertInnen etabliert und eine kaum überschaubare Flut an Broschüren, Leitfäden und Handbüchern[618] überströmt den „Markt". Der folgende Abschnitt soll einen Überblick verschaffen, was sich hinter dem neuen „Patentrezept" für die Gleichstellung der Geschlechter verbirgt.

a. Begriffsbestimmung

Die Verwendung des englischsprachigen Begriffs „gender" in Gender Mainstreaming macht deutlich, dass es um Geschlechterverhältnisse geht, die kulturell und sozial bestimmt sind und immer wieder neu hervorgebracht werden.[619] Das, was Frausein und Mannsein in den westlichen Gesellschaften bestimmt, ist durch gesellschaftliche Strukturen, geschlechtsspezifische Rollenzuschreibungen, geschlechtsspezifische Sozialisation und Arbeitsteilung geprägt. Durch diese an sozialkonstruktivistische Theorien angelehnte Betrachtungsweise wird auch zum Ausdruck gebracht, dass das Geschlechterverhältnis und vor allem die Unterordnung der Frau nicht „naturbestimmt", sondern historisch gewachsen und damit veränderbar ist.[620]

„Mainstreaming" bedeutet, dass Gleichstellungspolitik aus den Rand- und Nischenbereichen heraustreten und zum zentralen Aspekt in allen erdenklichen Bereichen der Gesellschaft werden soll. Welche Neuerungen auch angedacht, (Rechts-)Bereiche

---

[618] Eine detaillierte Literaturübersicht findet sich auf der Homepage: http://www.gem.or.at/de/index.htm.

[619] Vgl *Stiegler Barbara*, Gender Mainstreaming 12; *Metz-Göckel Sigrid*, Gender Mainstreaming und Geschlechterforschung – Gegenläufigkeiten und Übereinstimmungen. Ein Diskussionsbeitrag, Zeitschrift für Frauenforschung und Geschlechterstudien, Heft 2+3/2003, 40 (43).

[620] Vgl dazu auch *Metz-Göckel Sigrid*, Gender Mainstreaming und Geschlechterforschung 43.

gestaltet, Firmen oder Betriebe umstrukturiert werden, das Geschlechterverhältnis soll als wesentliches Strukturmerkmal des gesellschaftlichen Lebens in den Blick genommen werden. Es handelt sich bei Gender Mainstreaming also um ein umfassendes, auf Institutionen und Organisationen ausgerichtetes Instrument, mit dem geschlechterpolitische Ziele verfolgt werden. Im Mittelpunkt steht dabei die Gender-Analyse, die nach den Mechanismen fragt, die geschlechtlich konnotierte Lebens- und Arbeitsweisen immer wieder reproduzieren. Das heißt, dass im Rahmen von Gender-Analysen nicht nur die Differenzen zwischen Frauen und Männern untersucht werden, sondern auch der Frage nachzugehen ist, auf welche Weise diese Differenzen hergestellt werden.[621]

b. Entstehungsgeschichte

Die Ursprünge des Gender Mainstreaming liegen im entwicklungspolitischen Kontext. Anfang der 1970er Jahre ist es engagierten Feministinnen gelungen, im entwicklungspolitischen Rahmen die spezifischen Probleme von Frauen in Afrika, Asien und Lateinamerika[622] überhaupt erst zum Thema zu machen. In staatlichen und nichtstaatlichen Institutionen der Entwicklungspolitik wurden Abteilungen oder Referate für Frauenanliegen eingerichtet und Frauenförderprojekte ins Leben gerufen. Die Situation der Frauen blieb aber als „Frauenfrage" an den Rand gedrängt. Es wurde vor allem kritisiert, dass die meisten Projekte zu klein wären und in vielen Fällen zu einer weiteren Erhöhung der Arbeitsbelastung der Frauen geführt hätten, ohne ihre Lebenssituation zu verbessern. Außerdem würden diese Maßnahmen, die sich direkt an Frauen richteten, Männer und gesellschaftliche Rahmenbedingungen völlig aus der Verantwortung entlassen und den Eindruck vermitteln, dass Entwicklungsdefizite

---

[621] Vgl *Stiegler Barbara*, Gender Mainstreaming 13.
[622] Vgl *Riedmüller Barbara*, Einleitung. Warum Geschlechterpolitik? in *Bothfeld Silke/Gronbach Sigrid/Riedmüller Barbara* (hg), Gender Mainstreaming 7.

bei den Frauen – die zu wenig Selbstvertrauen, Bildung etc hätten – zu verorten wären.[623] Deshalb stellten Feministinnen in den 1980er Jahren neue Forderungen: Frauen sollten entwicklungspolitische Ressourcen nicht nur in Form einzelner (Förder-)Projekte zur Verfügung gestellt bekommen, sondern auch in sämtliche Entscheidungsprozesse eingebunden werden, und das Geschlechterverhältnis müsse bei allen entwicklungspolitischen Maßnahmen grundlegend berücksichtigt werden, um alle zu treffenden Entscheidungen von Anfang an in Richtung Gleichstellung der Geschlechter zu lenken.[624] Bereits hier – in den frühen Anfängen von Gender Mainstreaming – werden **wesentliche Elemente des Konzepts** sichtbar: Zum einen die Erkenntnis, dass Geschlechtergerechtigkeit nur erreicht werden kann, wenn Fragen der **Gleichstellung** in allen Entscheidungsprozessen gleichermaßen wichtig genommen, **als Querschnittsaufgaben** wahrgenommen werden. Zum anderen die dem Gender Mainstreaming immanente **Doppelstrategie**: Die **traditionelle Gleichstellungspolitik** – Kompetenzen von Frauenbeauftragten, spezifische Frauenförderprogramme und -projekte etc – muss **erhalten** bleiben. **Zusätzlich** sollte die **Geschlechterperspektive** systematisch **in alle Bereiche** des „Mainstream" einfließen, um damit die Gesamtausrichtung der Entwicklungspolitik zu ändern. Außerdem wurde die Notwendigkeit erkannt, **Frauen** selbst **in die Entscheidungsprozesse** einzubinden und zu Akteurinnen, zu aktiven Beteiligten des Geschehens zu machen.

Im Rahmen der 3. und 4. Weltfrauenkonferenz der Vereinten Nationen fand die Strategie schließlich weltweit Eingang in den allgemeinen Geschlechterdiskurs. Das Konzept Gender Main-

---

[623] Vgl *Callenius Carolin*, Wenn Frauenpolitik salonfähig wird, verblasst die lila Farbe. Erfahrungen mit Gender Mainstreaming im Bereich internationaler Politik, in *Bothfeld Silke/Gronbach Sigrid/Riedmüller Barbara* (hg), Gender Mainstreaming 65ff.

[624] Vgl *Jegher Stella*, Gender Mainstreaming. Ein umstrittenes Konzept aus feministischer Perspektive, WIDERSPRUCH 44. Beiträge zu sozialistischer Politik. Feminismus, Gender, Geschlecht (23. Jg/1. Halbjahr 2003) 6.

streaming – 1985 auf der 3. Weltfrauenkonferenz in Nairobi noch im entwicklungspolitischen Zusammenhang diskutiert – wurde 1995 in § 202 der „Aktionsplattform"[625] der 4. Weltfrauenkonferenz in Peking zum allgemeinen politischen Prinzip erhoben:

„Bei der Auseinandersetzung mit der Frage der Mechanismen zur Förderung der Frau sollten die Regierungen und andere Akteure eine aktive und sichtbare Politik der **konsequenten Einbeziehung** einer **geschlechtsbezogenen Perspektive in alle Politiken und Programme** fördern, damit die Auswirkungen von Entscheidungen auf Frauen beziehungsweise Männer analysiert werden, bevor entsprechende Entscheidungen getroffen werden."[626]

Auch auf europäischer Ebene wurden 1995 wichtige Schritte zur Implementierung des Gender Mainstreaming gesetzt. Der Europarat richtete die oben bereits erwähnte ExpertInnenkommission ein und auch auf Gemeinschaftsebene wurde mit der Bestellung einer Gruppe von KommissarInnen, die das Konzept umsetzen sollten, eine erste maßgebliche Initiative zur Verankerung von Gender Mainstreaming gesetzt.[627] 1996 leitete die Europäische Kommission mit ihrer Mitteilung vom 21. Februar „über die Einbindung der Chancengleichheit in sämtliche politischen Konzepte und Maßnahmen der Gemeinschaft" [KOM(96) 67] die Etablierung des Gender Mainstreaming als Querschnittsaufgabe für alle Politikbereiche der EU – die ihren vorläufigen Höhepunkt in der Ver-

---

[625] Die Aktionsplattform ist das offizielle Schlussdokument der Weltfrauenkonferenz. Sie ist eine „Agenda zur Stärkung der Position der Frauen". Vgl *Voykowitsch Brigitte*, Aktionsplattform. Frauenpolitische Perspektiven nach der Weltfrauenkonferenz '95. Schriftenreihe der Bundesministerin für Frauenangelegenheiten Band 1 (1996) 13.
[626] http://www.un.org/Depts/german/conf/beijing/anh_2_8.html [10.10.2003] (Hervorhebung durch die Verf).
[627] Vgl *Pirstner Renate* in *Neuhold Brita/Pirstner Renate/Ulrich Silvia*, Menschenrechte – Frauenrechte 216.

ankerung im Vertrag zur Gründung der Europäischen Gemeinschaft (EGV) findet – ein.[628]

c. Rechtliche Verankerung

Die österreichische Rechtsordnung kennt keine Bestimmung, die die Umsetzung von Gender Mainstreaming zwingend vorschreibt. Eine gewisse Verbindlichkeit des Prinzips ergibt sich aber aus dem Europarecht.

Gender Mainstreaming wurde auf europarechtlicher Ebene durch den Vertrag von Amsterdam im EGV verankert. So normiert Art 2 EGV, dass es Aufgabe der Gemeinschaft ist, die Gleichstellung von Frauen und Männern zu fördern.[629] Art 3 Abs 1 EGV enthält eine Auflistung der Tätigkeiten der Gemeinschaft, wozu etwa eine gemeinsame Handelspolitik (lit b), eine gemeinsame Politik auf dem Gebiet der Landwirtschaft und der Fischerei (lit e), eine gemeinsame Politik auf dem Gebiet des Verkehrs (lit f), die Stärkung des wirtschaftlichen Zusammenhalts (lit k) oder die Förderung der Forschung und technologischen Entwicklung (lit n) zählen. Die in Art 3 Abs 1 sehr umfassend aufgelisteten Tätigkeiten, die vordergründig nichts mit dem Geschlechterverhältnis zu tun haben, werden durch Art 3 Abs 2 – der Kernbestimmung des Gender Mainstreaming – zu gleichstellungsrelevanten Bereichen erhoben:

„Bei allen in diesem Absatz genannten Tätigkeiten wirkt die Gemeinschaft darauf hin, Ungleichheiten zu beseiti-

---

[628] Vgl http://europa.eu.int/comm/employment_social/equ_opp/strategy_de.html #demo [30.9.2003].
[629] ABl 1997 C 340, 1 bzw BGBl III Nr. 86/1999, geändert durch: ABl 2001 C 80, 1 bzw BGBl III Nr. 4/2003.

gen und die Gleichstellung von Männern und Frauen zu fördern."[630]

Hier wird der Grundgedanke hinter Gender Mainstreaming deutlich: In einer geschlechtersegregierten Gesellschaft gibt es keine Politikbereiche, die geschlechtsneutral sind, die nichts mit dem Geschlechterverhältnis zu tun haben, die sich nicht in irgendeiner Weise auf das Geschlechterverhältnis auswirken. Um gesellschaftliche Strukturen, die Geschlechtsrollen hervorbringen, die Frausein und Mannsein bestimmen, nachhaltig zu ändern, ist es notwendig bei allen Tätigkeiten und in allen Bereichen die Geschlechterperspektive im Auge zu haben.

Diese Bestimmung des Amsterdamer Vertrages stellt grundsätzlich allerdings nur für die Organe der Gemeinschaft eine positive Verpflichtung dar. Die Gleichstellung von Frauen und Männern wird durch Art 2 iVm Art 3 Abs 2 EGV Aufgabe und Ziel der Gemeinschaft, die die europäischen Gesetzgebungs- und Vollziehungsorgane bindet. Sie bildet aber keine Grundlage für eine Verpflichtung zu einer rechtsverbindlichen Niederschrift oder zur konkreten Umsetzung des Prinzips in den Mitgliedsstaaten.[631] Aber die Mitgliedsstaaten sind gem Art 10 EGV verpflichtet, alle Maßnahmen zur Erfüllung der Vertragspflichten zu treffen, sowie alle Maßnahmen zu unterlassen, die der Verwirklichung der Vertragsziele entgegenstehen. *Silvia Ulrich* schließt daraus, dass Gender Mainstreaming als substantieller Bestandteil der Vertragstreue nach Art 10 EGV gedeutet werden könne und die Mitgliedsstaaten daher aktiv zur Gleichstellung von Frauen und

---

[630] ABl 1997 C 340, 1 bzw BGBl III Nr. 86/1999, geändert durch: ABl 2001 C 80, 1 bzw BGBl III Nr. 4/2003.

[631] *Baer Susanne* in *Bothfeld Silke/Gronbach Sigrid/Riedmüller Barbara* (hg), Gender Mainstreaming 50; *Ulrich Silvia* in *Eisenberger Iris* et al (hg), Norm und Normvorstellung 602; *Pirstner Renate* in *Neuhold Brita/Pirstner Renate/Ulrich Silvia*, Menschenrechte – Frauenrechte 222.

Männern beizutragen hätten.[632] Konkrete Bindungswirkung für die Mitgliedsstaaten entfaltet das Prinzip lediglich für einzelne spezielle Politikbereiche der EG, für die Gender Mainstreaming als Teil der Zielverwirklichung verankert ist.[633]

2. Gender Mainstreaming – die praktische Umsetzung

„Gender Mainstreaming ist kein Sonderangebot auf dem Wühltisch strategischer Optionen ... Gender Mainstreaming ist vielmehr ein ... Mittel, um Produkte angemessener zu gestalten."[634]

Gender Mainstreaming fordert, Geschlecht – und zwar die soziokulturelle Komponente der Geschlechterperspektive – als relevanten Faktor in allen Lebensbereichen und damit in allen politischen Feldern wahrzunehmen. Denn gesellschaftliche Wirklichkeiten sind mit Geschlechterverhältnissen verbunden und damit meist geschlechtsdifferenziert und hierarchisch ausgestaltet[635]. Gender wird also zu einer Kategorie, unter der Entscheidungsprozesse geprüft werden – soweit das Grundkonzept der Strategie. Wie nun Gender Mainstreaming in der praktischen Umsetzung tatsächlich auszusehen hat, ist nirgendwo eindeutig festgelegt. Die korrekte, die einzig richtige oder eine autorisierte, rechtlich verbindliche Darlegung wie die Strategie Gender Mainstreaming in der praktischen Umsetzung gestaltet sein soll, gibt es nicht. Das ist angesichts der Tatsache, dass diese Strategie in

---

[632] *Ulrich Silvia* in *Eisenberger Iris* et al (hg), Norm und Normvorstellung 602; vgl auch *Pirstner Renate* in *Neuhold Brita/Pirstner Renate/Ulrich Silvia*, Menschenrechte – Frauenrechte 222.

[633] Dazu ausführlich *Ulrich Silvia* in *Eisenberger Iris* et al (hg), Norm und Normvorstellung 603f.

[634] *Baer Susanne* in *Bothfeld Silke/Gronbach Sigrid/Riedmüller Barbara* (hg), Gender Mainstreaming 47.

[635] Vgl *Baer Susanne* in *Bothfeld Silke/Gronbach Sigrid/Riedmüller Barbara* (hg), Gender Mainstreaming 54.

allen erdenklichen Entscheidungsprozessen Berücksichtigung finden soll auch sinnvoll, da es ein für alle Politikbereiche und Organisationsstrukturen gleichermaßen brauchbares „Patentrezept" nicht geben kann. Allerdings gibt es einige Eckpunkte und Grundvoraussetzungen, die für Gender Mainstreaming in der Praxis zu berücksichtigen sind.

Ein im europäischen Raum auch wissenschaftlich breit akzeptiertes Dokument zu Gender Mainstreaming ist der für den Europarat 1998 erstellte Sachverständigenbericht[636] „Gender mainstreaming – Conceptual framework, methodology and presentation of good practices". Die darin enthaltene Definition des Gender Mainstreaming lautet:

> „Gender Mainstreaming besteht in der (Re-)Organisation, Verbesserung, Entwicklung und Evaluierung der Entscheidungsprozesse, mit dem Ziel, dass die an politischer Gestaltung beteiligten Akteure und Akteurinnen den Blickwinkel der Gleichstellung zwischen Frauen und Männern in allen Bereichen und auf allen Ebenen einnehmen."[637]

Daraus ergibt sich, dass Gender Mainstreaming für die Praxis ein Mittel der Prozessgestaltung darstellt, das darauf abzielt, alle Entscheidungsprozesse für die Gleichstellung der Geschlechter

---

[636] Final Report of Activities of the Group of Specialists on Mainstreaming (EG-S-MS) (1998); http://www.humanrights.coe.int/equality/Eng/WordDocs/EGSMS(98)%202%20rev%20-%20Final%20report%20mainstreaming%20May%202000.doc [18.9.2003].

[637] *Krell Gertraude/Mückenberger Ulrich*, Gender Mainstreaming: Chancengleichheit (nicht nur) für Politik und Verwaltung, in *Krell Gertraude* (hg), Chancengleichheit 63. Wir halten uns an die Übersetzung von *Gertraude Krell* und *Ulrich Mückenberger*, da es keine offizielle, deutsche Version dieses Europaratsdokuments gibt und die sehr weitverbreitete vom österreichischen Frauenministerium publizierte Übersetzung streckenweise gravierende Fehler aufweist.

nutzbar zu machen.⁶³⁸ In allen Phasen – von der Formulierung einer Maßnahme bis zur Implementierung – stellt die Gleichstellung der Geschlechter das Fundament dar, um Strukturen nachhaltig in Richtung Geschlechtergerechtigkeit zu verändern. Gender Mainstreaming nimmt die soziale Ungleichheit von Frauen und Männern in den Blick, und will die geschlechterunterschiedlichen Konsequenzen des Steuersystems, der Familienpolitik, der Umweltpolitik, der Beschäftigungspolitik etc wahrnehmen und verändern.⁶³⁹ Zur praktischen Umsetzung von Gender Mainstreaming bedarf es einiger Voraussetzungen:

Absolute **Grundvoraussetzung** für das Funktionieren von Gender Mainstreaming ist der **umfassende** politische und gesellschaftliche **Wille zur Gleichstellung der Geschlechter.** Durch Gender Mainstreaming sollen gesellschaftliche Strukturen, Strukturen einer Institution, einer Organisation, eines Unternehmens, einer Verwaltung etc verändert werden. Das ist nur möglich, wenn alle Beteiligten, und zwar unabhängig von ihrem Geschlecht, den Prozess mittragen.[640] Die Verantwortung für die Anwendung des Prinzips liegt zunächst bei den obersten EntscheidungsträgerInnen. Sie müssen in erster Linie den Willen zur Veränderung haben, ihr Einverständnis mit der Umsetzung kundtun, dafür Sorge tragen, dass die Gleichstellung der Geschlechter als wichtiges Ziel niedergeschrieben wird und auch die im Prozess anfallenden Kosten übernehmen. Gender Mainstreaming muss verbindlich angeordnet, Verfahren und Zuständigkeiten müssen klar festgelegt werden.[641] Aus diesem so genannten

---

[638] *Stiegler Barbara*, Wie Gender in den Mainstream kommt. Konzepte, Argumente und Praxisbeispiele zur EU-Strategie des Gender Mainstreaming, in *Bothfeld Silke/Gronbach Sigrid/Riedmüller Barbara* (hg), Gender Mainstreaming 20.

[639] *Rosenberger Sieglinde Katharina*, juridikum 3/2000, 137.

[640] Vgl *Jegher Stella*, Gender Mainstreaming 12ff; *Rosenberger Sieglinde Katharina*, juridikum 3/2000, 137.

[641] Vgl *Callenius Carolin* in *Bothfeld Silke/Gronbach Sigrid/Riedmüller Barbara* (hg), Gender Mainstreaming 76; *Stiegler Barbara* in *Bothfeld Silke/Gronbach Sigrid/Riedmüller Barbara* (hg), Gender Mainstreaming 26f.

"Top-down"-Prinzip wird deutlich, dass sich im Vergleich zu traditionellen gleichstellungspolitischen Ansätzen die AkteurInnen verändern. Gender Mainstreaming ist nicht Interessenpolitik, die von Frauen für Frauen und das zu meist in abgegrenzten Bereichen oder gesonderten Projekten betrieben wird, sondern Politik die (auch) Führungskräfte tragen – und das sind in westlichen Gesellschaften zum überwiegenden Teil Männer. Oberste EntscheidungsträgerInnen werden so zu (Mit-)TrägerInnen von Gleichstellungspolitik. Zur Problematik, die sich daraus ergeben kann, siehe unten.

Die Strategie Gender Mainstreaming setzt **umfassendes Wissen über** bestehende Ungleichheiten, über hierarchisch organisierte Differenzen im **Geschlechterverhältnis** voraus. Das bedeutet, dass sämtliches statistisches Datenmaterial geschlechtsspezifisch aufgeschlüsselt zur Verfügung stehen muss. Die genaue Kenntnis aktueller Zahlen und statistischer Fakten zum Geschlechterverhältnis ist notwendige Basis für die Entwicklung jeglicher gleichstellungspolitischer Strategie. Mindestens ebenso notwendig ist es aber zu wissen, worin die Ursachen für die gesellschaftliche Ungleichheit von Frauen und Männern liegen, wie diese Ungleichheit hergestellt, wie sie aufrechterhalten wird und schließlich wie sich die Geschlechterdifferenz auf gesellschaftliche Zusammenhänge auswirkt. Dieses Wissen stellt die Frauen- und Geschlechterforschung in breitem Umfang zur Verfügung. Ihre Analysen und Ergebnisse belegen, dass gender als soziale Institution eines der wichtigsten Ordnungsprinzipien westlicher Gesellschaften darstellt. Gender entscheidet etwa über die Verteilung von (unbezahlter und bezahlter) Arbeit (vgl Geschlechtersegmentierung am Arbeitsmarkt) und gleichzeitig auch darüber wie Arbeit bewertet wird. Das, was Frauen tun, wird als zweitrangig wahrgenommen, es erscheint weniger wert, weniger attraktiv und ist mit weniger Chancen verbunden, als jene Tätigkeiten, die Männern zugewiesen sind.[642]

Die praktische Umsetzung von Gender Mainstreaming ist nicht möglich ohne **klare Abläufe**, in deren Rahmen **Ziele** gesteckt, **konkrete Arbeitsschritte** festgelegt und vor allem **Verantwortliche** bestellt werden. Die Verantwortlichen sind für die Einhaltung der Gleichstellungsperspektive zuständig, legen über die einzelnen Arbeitsschritte Rechenschaft ab und tragen dafür Sorge, dass die gleichstellungsspezifischen Auswirkungen auch in der Evaluation eine wichtige Rolle spielen. Bei richtiger Umsetzung stellt Gender Mainstreaming eine Kombination von kosten- und personalintensiven Forschungs-, Management-, Trainings- und Evaluationsmethoden dar. Analytische, statistische und organisationspolitische Verfahrensschritte, wie etwa eine Bestandsaufnahme der Ist-Situation, die Zieldefinition und Planung von Maßnahmen zur Geschlechtergleichstellung und deren Umsetzung durch Entscheidungen und geänderte Ressourcenverteilung sind unerlässlich. Die Kriterien zur Anwendung dieser Verfahren müssen dabei von innen heraus aus der jeweiligen Organisation ermittelt und mit theoretischem Wissen über Frauenunterdrückung und Geschlechterverhältnisse fundiert werden.[643] Anstelle dieses umfangreichen Instrumenteneinsatzes wird allerdings in der organisationspolitischen Praxis häufig auf vereinfachte Verfahren, Handbücher und Leitfäden zurückgegriffen.[644] Als **Beispiel**, das sich in sehr unterschiedlichen Bereichen einset-

---

[642] Vgl *Lorber Judith*, Gender–Paradoxien, insb 279ff; *Stiegler Barbara* in *Bothfeld Silke/Gronbach Sigrid/Riedmüller Barbara* (hg), Gender Mainstreaming 25.

[643] Vgl *Schunter-Kleemann Susanne*, Gender Mainstreaming und die Ziele der Neuen Frauenbewegung(en) – Uneindeutigkeiten und der Verlust des Politischen, in *Gubitzer Luise/Schunter-Kleemann Susanne* (hg), Gender Mainstreaming – Durchbruch der Frauenpolitik oder deren Ende? (2006) 39 (52).

[644] Vgl *Schober Paul*, Projektumsetzung: Der lange Marsch zu gleichen Chancen, in *Baur Christine/Fleischer Eve/Schober Paul*, Gender Mainstreaming 139ff; *Jegher Stella*, Gender Mainstreaming 12ff; *Rosenberger Sieglinde Katharina*, juridikum 3/2000, 13.

zen lässt, soll hier das „**Sechs-Schritte-Modell**" von *Karin Tondorf*[645] hervorgehoben werden:

6 Schritte	Voraussetzungen
1. Definition der gleichstellungspolitischen Ziele - Welcher Soll-Zustand wird durch das zu entscheidende Vorhaben angestrebt?	Kenntnisse über Ist-Zustand, Zugrundelegung einschlägiger Rechtsnormen, Programme … Koordinierung mit allen betroffenen Bereichen
2. Analyse der Probleme und der Betroffenen - Welches sind die konkreten Hemmnisse auf dem Weg zu mehr Chancengleichheit? (diskriminierende Prinzipien, Verfahren, Instrumente …) - Welche Gruppen sind betroffen?	Wissen über Gleichstellungsproblematik, Zuarbeit und Unterstützung, zB Gutachten, Materialien, Schulungen
3. Entwicklung von Optionen - Welche Alternativen bestehen hinsichtlich der Realisierung?	Wie oben
4. Analyse der Optionen im Hinblick auf die voraussichtlichen Auswirkungen auf die Gleichstellung und Entwicklung eines Lösungsvorschlags - Welche Option lässt den höchsten Zielerreichungsgrad erwarten?	Analyse- und Bewertungskriterien

---

[645] *Tondorf Karin*, Gestaltung politischer Prozesse nach dem Prinzip des Gender Mainstreaming, in *Niedersächsisches Ministerium für Frauen, Arbeit und Soziales* (hg), Gender Mainstreaming Informationen und Impulse (2000) 9.

5. Umsetzung der getroffenen Entscheidung	
6. Erfolgskontrolle und Evaluation - Wurden die Ziele erreicht? - Ursachen für Nicht- oder Teilerreichung?	Daten über Zielerreichung, Berichtssystem, verpflichtende Ursachenanalyse

Das 6-Schritte-Modell als Anleitung für die Praxis zeigt, dass umfassendes Wissen aus der Frauen- und Geschlechterforschung bei der Umsetzung von Gender Mainstreaming den gesamten Prozess hindurch Voraussetzung ist. Die 6-Schritte-Methode beruht teilweise auf einer betriebswirtschaftlichen Logik, die auf die Genderperspektive umgelegt wird. Andere Instrumente, wie Gender Impact Assessment[646] oder die 3-R-Analyse[647], die im Rahmen von Gender Mainstreaming eigens entwickelt wurden, haben die Sichtbarmachung verborgener Geschlechterperspektiven in Organisationen zum Ziel.[648] Zu den weiteren neuen Maßnahmen zählt auch das „Gender Budgeting", bei dem das Budget eines Staates, einer Organisation(seinheit) oder Abteilung mit Blick auf die Geschlechterperspektive analysiert und budgetäre

---

[646] Gender Impact Assessment ist ein Analyseverfahren, um die Effekte geplanter Gesetzesvorhaben auf das Geschlechterverhältnis im Vorhinein zu bestimmen. Gesetze, Verordnungen und andere legistische Maßnahmen werden darauf untersucht, ob Gender Aspekte berücksichtigt werden und ob sie dem verfassungsrechtlichen Gleichstellungsgebot entsprechen, vgl *Schober Paul* in *Baur Christine/Fleischer Eva/Schober Paul*, Gender Mainstreaming 161.

[647] Bei der Mitte der 90er Jahre in Schweden entwickelten 3-R-Methode (Repräsentation – Ressourcen – Realität) werden Statistiken und Daten systematisch nach Geschlecht aufgeschlüsselt und anhand der genannten Prüfkriterien durchleuchtet, inwieweit die Chancengleichheit von Frauen und Männern realisiert ist, vgl *Schober Paul* in *Baur Christine/Fleischer Eva/Schober Paul*, Gender Mainstreaming 160.

[648] Vgl *Bendl Regine* in *Bendl Regine/Hanapi-Egger Edeltraud/Hofmann Roswitha* (hg), Interdisziplinäres Gender- und Diversitätsmanagement 55.

Maßnahmen entwickelt werden, die zur Herbeiführung von Geschlechtergerechtigkeit dienen sollen.[649]

3. Gender Mainstreaming – Risken

Gender Mainstreaming, wenn es so verstanden und praktiziert wird, wie es ursprünglich konzipiert und gefordert wurde – in allen Entscheidungsprozessen, in allen Bereichen die Geschlechterperspektive zu bedenken und zu fällende Entscheidungen in ihrer positiven Wirkung auf die Gleichstellung der Geschlechter abzuwägen – bietet große Chancen zur Herstellung von Geschlechtergerechtigkeit. Aber auch im Zusammenhang mit Gender Mainstreaming ist nicht alles Gold, was glänzt. Besondere Vorsicht ist dann geboten, wenn konservative Politiker, Manager, Professoren etc, die noch nie etwas von Frauenförderung wissen wollten, plötzlich Gender Mainstreaming betreiben und sich als Schutzheilige der Gleichstellungspolitik gebärden. Im Folgenden sollen daher Gefahren, die mit Gender Mainstreaming unweigerlich einhergehen, punktuell dargestellt werden.

Im Rahmen des Gender Mainstreaming-„**Top-Down-Prinzips**" sind es die Spitzen der Politik, der Verwaltung, der Universität, eines Unternehmens etc, die nicht nur festlegen dass, sondern auch wie Gender Mainstreaming umzusetzen ist. In traditionellen Ansätzen der Gleichstellungspolitik waren es Frauen, die aufgrund ihrer Erfahrungen, ihrer Betroffenheit Strategien entwickelten und für deren Umsetzung Sorge trugen. Hier besteht nun die große Gefahr, dass die „Tops" nicht im Einklang mit den Institutionen, mit den Frauen, die sich seit Jahren – gerüstet mit fundiertem Wissen aus der Frauen- und Geschlechterforschung – für Gleichstellung engagieren, agieren, sondern das, was sie für **Gleichstellungspolitik** halten, **von oben diktieren**. Oder, um es mit den Worten von *Stella Jegher* zu sagen:

---

[649] Vgl *Lichtenecker Ruperta/Salmhofer Gudrun* (hg), Gender Budgeting. Theorie und Praxis im internationalen Vergleich (2006)

„Dass die Ziele der in Chefetagen und Regierungen normalerweise dominierenden Männer plötzlich mit denjenigen von Feministinnen übereinstimmen sollten, ist tatsächlich kaum zu erwarten."[650]

Mit dieser **Verschiebung** der Verantwortlichkeit für Gleichstellungspolitik zu den obersten EntscheidungsträgerInnen verlagert sich auch die **Definitionsmacht**[651] von der „feministischen Basis" in die „Chefetagen", wo Frauen nach wie vor eher selten und feministische Grundsatzdiskussionen wohl überhaupt nicht anzutreffen sind.[652]

Besonders problematisch ist in diesem Zusammenhang das häufig **unreflektierte Anknüpfen an Geschlechterdifferenzen**.[653] So finden sich in Erklärungen, was Gender Mainstreaming ist, und in Anleitungen, wie es umgesetzt werden kann, immer wieder Passagen, die die Unterschiedlichkeit von Männern und Frauen hervorstreichen. Folgender Satz entstammt der Homepage der von der Österreichischen Bundesregierung mit Ministerratsbeschluss vom 11.7.2000 eingerichteten Interministeriellen Arbeitsgruppe Gender Mainstreaming:

„Gender Mainstreaming betrifft die politischen Konzepte im Allgemeinen und zielt darauf ab, dass bei der Planung politischer Strategien die **Besonderheiten, Interessen und Wert-**

---

[650] *Jegher Stella*, Gender Mainstreaming 12.
[651] Vgl *Wetterer Angelika*, Strategien 137.
[652] Vgl dazu auch *Schunter-Kleemann Susanne* in *Gubitzer Luise/Schunter-Kleemann Susanne* (hg), Gender Mainstreaming 55f.
[653] *Metz-Göckel Sigrid*, Etikettenschwindel oder neuer Schritt im Geschlechter- und Generationenverhältnis? Zur Karriere des Gender Mainstreaming in Politik und Wissenschaft, Zeitschrift für Frauenforschung und Geschlechterstudien, Heft 1+2/2002, 19f.

vorstellungen beider Geschlechter berücksichtigt werden.[654]"

Sätze wie diese vermitteln den Eindruck, Frauen und Männer wären grundverschiedene Wesen. Werden diese scheinbaren „Besonderheiten" nun in den Vordergrund gerückt und Maßnahmen auf die „unterschiedlichen Wertvorstellungen" von Frauen und Männern – was auch immer damit gemeint ist – abgestimmt, **verfestigt** das **Geschlechterstereotype** anstatt auf das Ziel Gleichstellung der Geschlechter hinzuwirken. Wenn Unterschiedlichkeiten zwischen Frauen und Männern zum „Dreh- und Angelpunkt aller Überlegungen"[655] werden, führt das dazu, dass diese Unterschiede verstärkt gesucht und auch gefunden werden. Tatsächlich gibt es zwischen Frauen und Männern bedeutend mehr Ähnlichkeiten als Verschiedenheiten. Das vehemente Betonen von Unterschiedlichkeiten führt nicht nur zu deren Verfestigung, sondern teilweise überhaupt erst zu ihrem Entstehen. Gerade Geschlechterdifferenzen sind aber – wie seit über 30 Jahren unterschiedlichste Disziplinen der Frauen- und Geschlechterforschung immer wieder nachgewiesen haben – die argumentative Voraussetzung für die Herausbildung eines hierarchischen Geschlechterverhältnisses und damit für die Benachteiligung von Frauen.

Obwohl immer wieder und von den unterschiedlichsten Stellen betont wird, dass **Gender Mainstreaming** nur funktionieren kann, wenn es als **Ergänzung zu frauenfördernden Maßnahmen**, zu bewährten Gleichstellungskonzepten verstanden wird, ist zu befürchten, dass eben diese zu Gunsten von Gender Mainstreaming ausgehebelt oder gegen Gender Mainstreaming ausgespielt werden. So besteht die Gefahr, dass Gender Mainstreaming als umfassende Strategie dargestellt wird und alle anderen Methoden damit als überflüssig betrachtet werden. Eine Sichtweise, die zur Folge hat, dass Frauenbeauftragte in Gender-

---

[654] http://www.imag-gendermainstreaming.at [9.10.2003] (Hervorhebung durch die Verf).

[655] *Wetterer Angelika*, Strategien 137.

Beauftragte umgewandelt werden, dass finanzielle Mittel von notwendigen Frauen(förder)projekten zu Gender-Initiativen fließen, dass es als völlig in Ordnung erachtet wird, wenn ein Mann Frauenminister ist und Frauenpolitik generell als unnötig und antiquiert abgetan wird. *Barbara Stiegler* geht davon aus, dass derartige Vorgehensweisen nicht als Missverstehen von Gender Mainstreaming, sondern als Missbrauch zu begreifen sind.[656]

Gender Mainstreaming ist zweifellos ein Konzept, das durch den Anspruch der umfassenden Integration der Geschlechterperspektive in alle Politikbereiche große Chancen für die Gleichstellung der Geschlechter eröffnet. Trotzdem ist eine gewisse Skepsis gegenüber dieser neuen Begeisterung für Gleichstellungspolitik angebracht. Deshalb ist es für den Erfolg dieses Konzepts besonders wichtig, kritisches Wissen aus der Frauen- und Geschlechterforschung in alle Bereichen, auf alle Ebenen, in alle Prozesse des Gender Mainstreaming umfassend einzubringen.

---

[656] *Barbara Stiegler* in *Bothfeld Silke/Gronbach Sigrid/Riedmüller Barbara* (hg), Gender Mainstreaming 38f.

VII. Literaturverzeichnis

- *Alder Doris*, Die Wurzel der Polaritäten. Geschlechtertheorie zwischen Naturrecht und Natur der Frau (1992)
- *Althoff Martina/Bereswill Mechthild/Riegraf Birgit*, Feministische Methodologien und Methoden. Traditionen, Konzepte, Erörterungen (2001)
- *Baer Susanne*, Feministische Ansätze in der Rechtswissenschaft. Zur großen Unbekannten im deutschen rechtswissenschaftlichen Diskurs und ihrer Integration in die juristische Ausbildung, in *Rust Ursula* (hg), Juristinnen an den Hochschulen – Frauenrecht in Lehre und Forschung (1997) 153
- *Baer Susanne*, Feministische Rechtswissenschaft und juristische Ausbildung, in *Floßmann Ursula* (hg), Feministische Jurisprudenz. Blicke und Skizzen (1995) 3
- *Baer Susanne*, Gender Mainstreaming als Operationalisierung des Rechts auf Gleichheit. Ausgangspunkte, Rahmen und Perspektiven, in *Bothfeld Silke/Gronbach Sigrid/Riedmüller Barbara* (hg), Gender Mainstreaming – eine Innovation in der Gleichstellungspolitik. Zwischenberichte aus der politischen Praxis (2002) 41
- *Baer Susanne*, Inexcitable Speech, in *Hornscheidt Antje/Jähnert Gabriele/Schlichter Annette* (hg), Kritische Differenzen – geteilte Perspektiven. Zum Verhältnis von Feminismus und Postmoderne (1998) 229
- *Baer Susanne*, Inklusion und Exklusion. Perspektiven der Geschlechterforschung in der Rechtswissenschaft, in *Verein Pro FRI* (hg), Recht Richtung Frauen. Beiträge zur feministischen Rechtswissenschaft (2001) 33
- *Baer Susanne*, Objektiv – neutral – gerecht? Feministische Rechtswissenschaft am Beispiel sexueller Diskriminierung im Erwerbsleben, KrVJSchr 2/1994, 154

- *Baer Susanne*, Rechtswissenschaft, in *Braun Christina von/Stephan Inge* (hg), Gender–Studien: Eine Einführung (2000) 155
- *Baer Susanne*, Thesen zur Einführung, in *Zentrum für interdisziplinäre Frauenforschung* (hg), Feministische Rechtswissenschaft, Bulletin Nr. 12/1996, 1
- *Baer Susanne*, Würde oder Gleichheit? Zur angemessenen grundrechtlichen Konzeption von Recht gegen Diskriminierung am Beispiel sexueller Belästigung am Arbeitsplatz in der Bundesrepublik Deutschland und den USA (1995)
- *Balthasar Susanne*, Die Tatbestände der Vergewaltigung und sexuellen Nötigung. Eine rechtsvergleichende Betrachtung des deutschen und österreichischen Rechts mit Schwerpunkt im 20. Jahrhundert (2001)
- *Baur Christine*, Rechtliche Grundlagen und Begriffe, in *Baur Christine/Fleischer Eva/Schober Paul*, Gender Mainstreaming in der Arbeitswelt. Grundlagenwissen für Projekte, Unternehmen und Politik (2005) 47
- *Bäumer Gertrud*, Die Geschichte der englischen Frauenbewegung, in *Lange Helene, Bäumer Gertrud* (hg), Handbuch der Frauenbewegung. Die Geschichte der Frauenbewegung in den Kulturländern I (1901) 225
- *Beauvoir Simone de*, Das andere Geschlecht. Sitte und Sexus der Frau (1949, dt. Ausgabe 1984)
- *Becker-Schmidt Regina*, Einheit – Zweiheit – Vielheit. Identitätslogische Implikationen in feministischen Emanzipationsprojekten, Zeitschrift für Frauenforschung und Geschlechterstudien, Heft 1+2/96, 5
- *Becker-Schmidt Regina/Knapp Gudrun-Axeli*, Feministische Theorien zur Einführung^2 (2001)
- *Beger Nico J./Baer Susanne/Silva Angela de*, Recht und Rechte: Zwischen legaler Anerkennung und kulturellpolitischer „Revolution". Ein Podiumsgespräch, in *quaestio* (hg), Queering Demokratie [sexuelle politiken] (2000) 182

- *Benke Nikolaus*, JuristInnenausbildung – ein feministischer Irrweg? JRP 1995/2, 90
- *Brück Brigitte* et al, Feministische Soziologie: Eine Einführung² (1997)
- *Bublitz Hannelore*, Judith Butler zur Einführung (2002)
- *Bussemer Herrad U.*, Bürgerliche Frauenbewegung und männliches Bildungsbürgertum 1860-1880, in *Frevert Ute* (hg), Bürgerinnen und Bürger. Geschlechterverhältnisse im 19. Jahrhundert (1988) 190
- *Butler Judith*, Das Unbehagen der Geschlechter (1991)
- *Butler Judith*, Kontingente Grundlagen: Der Feminismus und die Frage der „Postmoderne", in *Benhabib Seyla/Butler Judith/Cornell Drucilla/Fraser Nancy*, Der Streit um Differenz. Feminismus und Postmoderne in der Gegenwart (1995) 31
- *Butler Judith*, Körper von Gewicht. Die diskursiven Grenzen des Geschlechts (1995)
- *Bydlinski Franz*, Juristische Methodenlehre und Rechtsbegriff (1982)
- *Callenius Carolin*, Wenn Frauenpolitik salonfähig wird, verblasst die lila Farbe. Erfahrungen mit Gender Mainstreaming im Bereich internationaler Politik, in *Bothfeld Silke/Gronbach Sigrid/Riedmüller Barbara* (hg), Gender Mainstreaming – eine Innovation in der Gleichstellungspolitik. Zwischenberichte aus der politischen Praxis (2002) 63
- *Castro Varela María del Mar*, Queer the Queer! Queer Theory und politische Praxis am Beispiel Lesben im Exil, beiträge zur feministischen theorie und praxis, Lesbenleben quer gelesen, 52/99, 29
- *Cavarero Adriana*, Die Perspektive der Geschlechterdifferenz, in *Gerhard Ute/Jansen Mechtild/Maihofer Andrea/Schmid Pia/Schultz Irmgard* (hg), Differenz und Gleichheit. Menschenrechte haben (k)ein Geschlecht (1990) 95

- *Christiansen Kerrin*, Biologische Grundlagen der Geschlechterdifferenz, in *Pasero Ursula/Braun Friederike* (hg), Konstruktion von Geschlecht (1995) 13
- *Cordes Mechthild*, Die ungelöste Frauenfrage. Eine Einführung in die feministische Theorie (1995)
- *Crenshaw Kimberle*, Mapping the Margins: Intersectionality, Identity Politics, and Violence against Women of Colour, Stanford Law Review 1991, 1241
- *Degen Barbara*, Auf der Suche nach dem weiblichen Naturrecht, in *Floßmann Ursula* (hg), Feministische Jurisprudenz. Blicke und Skizzen (1995) 47
- *Degen Barbara*, Die Zweisprachigkeit der Normen – feministische Erfahrungen, in *Verein Pro FRI* (hg), Recht Richtung Frauen. Beiträge zur feministischen Rechtswissenschaft (2001) 341
- *Degen Barbara*, Ist das Recht männlich? in *Bundesministerin für Frauenangelegenheiten* (hg), Frauen und Recht (1994) 44
- *Degen Barbara*, Justitias mißratene Töchter – Feministische Ansätze in der Rechtswissenschaft, STREIT 1-2/93, 43
- *Deleuze Gilles*, Die Intellektuellen und die Macht. Gespräch zwischen Michel Foucault und Gilles Deleuze, in *Foucault Michel* (hg), Von der Subversion des Wissens (1987) 106
- *Dingler Johannes/Frey Regina/Frietsch Ute/Jungwirth Ingrid/Kerner Ida/Spottka Frauke*, Dimensionen postmoderner Feminismen. Plädoyer für Mehrstimmigkeit im feministischen Theoriekanon, Feministische Studien. Geschlechterstreit um 1900, 1/2000, 129
- *Dohm Hedwig*, Der Frauen Natur und Recht. Zur Frauenfrage zwei Abhandlungen über Eigenschaften und Stimmrecht der Frau (1876)
- *Döring Matthias*, Frauenquoten und Verfassungsrecht. Die Rechtmäßigkeit „umgekehrter Diskriminierung" nach US-amerikanischem Verfassungsrecht und ihre Bedeutung für die Verfassungsmäßigkeit gesetzlicher Frauenquoten auf dem Arbeitsmarkt der deutschen Privatwirtschaft (1996)

VII. Literaturverzeichnis

- *Duden Barbara*, Geschichte unter der Haut. Ein Eisenacher Arzt und seine Patientinnen um 1730 (1987)
- *Duden Barbara*, Vom „biologischen Geschlecht" zur „statistischen Differenz" – Was sind Frauen? Was sind Männer? Thesen zur Geschichte der Verkörperung des Unterschieds, in *Greif Elisabeth* (hg), Körper que(e)r denken. Tagungsband des 11. AbsolventInnentages der Johannes Kepler Universität Linz (2006) 7
- *Dunst Claudia*, „Gender Mainstreaming" – das bessere Rezept für Chancengleichheit?! in *Allroggen Ulrike/Berger Tanja/Erbe Birgit* (hg), Was bringt Europa den Frauen? Feministische Beiträge zu Chancen und Defiziten der Europäischen Union (2002) 31
- *Edlbacher Oskar*, Die Transsexualität im Zivil- und im Personenstandsrecht, ÖJZ 1981, 173
- *Eichinger Julia*, EU-Rechtsangleichung und österreichisches Frauenarbeitsrecht (1995)
- *Emmenegger Susan*, Feministische Kritik des Vertragsrechts. Eine Untersuchung zum schweizerischen Schuldvertrags- und Eherecht (1999)
- Europäische Kommission, Leitfaden zur Bewertung geschlechtsspezifischer Auswirkungen, http://www.europa.eu.int/comm/employment_social/equ_opp/gender/gender_de.pdf [29.8.2003]
- *Faffelberger Graciela Rosemarie*, Der Transsexuellenerlass. Über die rechtliche Stellung Transsexueller in Österreich, JAP 2006/07, 84
- *Fausto-Sterling Anne* et al, How Sexually Dimorphic Are We? Review and Synthesis, American Journal of Human Biology 2000/12, 151
- *Fausto-Sterling Anne*, Sich mit Dualismen duellieren, in *Pasero Ursula/Gottburgsen Anja* (hg), Wie natürlich ist Geschlecht? Gender und die Konstruktion von Natur und Technik (2002) 17

- *Fegerl Gerald*, Das neue Sexualstrafrecht: Vergewaltigung und geschlechtliche Nötigung (1995)
- Final Report of Activities of the Group of Specialists on Mainstreaming (EG-S-MS) (1998); http://www.humanrights.coe.int/equality/Eng/WordDocs/EGSMS(98)%202%20rev%20-%20Final%20report%20mainstreaming%20May%202000.doc [18.9.2003]
- *Fleischer Eva*, Zentrale Begriffe und ihre theoretische Verortung, in *Baur Christine/Fleischer Eva/Schober Paul*, Gender Mainstreaming in der Arbeitswelt. Grundlagenwissen für Projekte, Unternehmen und Politik (2005) 25
- *Floßmann Ursula*, Das Geschlechterverhältnis in der Rechtslehre Franz von Zeillers, in *Ogris Werner/Rechberger Walter* (hg), GS Herbert Hofmeister (1996) 179
- *Floßmann Ursula*, Die beschränkte Grundrechtssubjektivität der Frau. Ein Beitrag zum österreichischen Gleichheitsdiskurs, in *Gerhard Ute*, Frauen in der Geschichte des Rechts. Von der Frühen Neuzeit bis zur Gegenwart (1997) 293
- *Floßmann Ursula*, Männliche Rechtsstrategien zur Minimierung der sozialen Sprengkraft des Gleichheitssatzes. Ein Beitrag zur beschränkten Rechtssubjektivität der Frau, in *Mesner Maria/Steger-Mauerhofer Hildegard* (hg), Der Tod der Olympe de Gouges. 200 Jahre Kampf um Gleichberechtigung und Grundrechte (1994) 45
- *Floßmann Ursula*, Vom formalen zum feministischen Gleichheitsverständnis, in *Deixler-Hübner Astrid* (hg), Die rechtliche Stellung der Frau (1998) 209
- *Floßmann Ursula*, Frauenrechtsgeschichte. Ein Leitfaden für den Rechtsunterricht[2] (2006)
- *Floßmann Ursula/Gusenleithner Karin*, Teilzeitarbeit im feministischen Diskurs, in *Floßmann Ursula/Hauder Ilse* (hg), Recht auf Teilzeitarbeit für Eltern (1998) 5
- *Floßmann Ursula/Kalb Herbert*, Geschichte des öffentlichen Rechts II[2] (2003)

- *Foregger Egmont/Nowakowski Friedrich* (hg), Wiener Kommentar zum Strafgesetzbuch, 4a. Lieferung, §§ 201 – 221 StGB (1991)
- *Frevert Ute*, „Mann und Weib, und Weib und Mann". Geschlechter-Differenzen in der Moderne (1995)
- *Frevert Ute*, Bürgerliche Meisterdenker und das Geschlechterverhältnis. Konzepte, Erfahrungen, Visionen an der Wende vom 18. zum 19. Jahrhundert, in *Frevert Ute* (hg), Bürgerinnen und Bürger. Geschlechterverhältnisse im 19. Jahrhundert (1988)
- *Frey Regina*, Gender im Mainstreaming. Geschlechtertheorie und -praxis im internationalen Diskurs (2003)
- *Fürst Susanne*, Auf dem Weg zum modernen Gleichheitssatz. Eine Untersuchung der rechtlichen Zulässigkeit von Quotenregelungen aus feministischer Sicht (2001)
- *Garfinkel Harold,* Studies in Ethnomethodology (1967)
- *Gerhard Ute*, Atempause. Feminismus als demokratisches Projekt (1999)
- *Gerhard Ute*, Frauenforschung zu Recht, in *Rust Ursula* (hg), Juristinnen an den Hochschulen – Frauenrecht in Lehre und Forschung (1997) 140
- *Gerhard Ute*, Gleichheit ohne Angleichung. Frauen im Recht (1990)
- *Gerlach Roland*, Gleichbehandlung und Umverteilung, DRdA 3/2004, 221
- *Giese Cornelia*, Gleichheit und Differenz. Vom dualistischen Denken zur polaren Weltsicht (1990)
- *Gildemeister Regine*, Die soziale Konstruktion von Geschlechtlichkeit, in *Ostner Ilona/Lichtblau Klaus* (hg), Feministische Vernunftkritik. Ansätze und Traditionen (1992) 220
- *Gildemeister Regine*, Soziale Konstruktion von Geschlecht: Fallen, Missverständnisse und Erträgnisse einer Debatte, in *Rademacher Claudia/Wiechens Peter* (hg), Geschlecht – Ethnizität – Klasse. Zur sozialen Konstruktion von Hierarchie und Differenz (2001) 65

- *Gildemeister Regine/Wetterer Angelika*, Wie Geschlechter gemacht werden. Die soziale Konstruktion der Zweigeschlechtlichkeit und ihre Reifizierung in der Frauenforschung, in *Knapp Gudrun-Axeli/Wetterer Angelika*, Traditionen Brüche. Entwicklungen feministischer Theorie (1992) 201
- *Grabrucker Marianne*, „Typisch Mädchen..." Prägung in den ersten drei Lebensjahren. Ein Tagebuch[14] (2000)
- *Grabrucker Marianne*, Die Ungleichbehandlung der Frau in der Rechtssprache, in *Battis Ulrich/Schultz Ulrike* (hg), Frauen im Recht (1990) 281
- *Greif Elisabeth*, Körper an den Grenzen des Rechts. Transsexualität, Menschenrechte und nationales Recht, in *Dujmovits Elisabeth* et al (hg), Recht und Medizin (2006) 171
- *Greif Elisabeth*, Doing Trans/Gender. Rechtliche Dimensionen (2005)
- *Greif Elisabeth*, Der Schutz der sexuellen Ausrichtung durch das Gemeinschaftsrecht, in *Floßmann Ursula* (hg), Fragen zum Geschlechterrecht (2002) 151.
- *Harding Sandra*, Feministische Wissenschaftstheorie (1990)
- *Hark Sabine*, Durchquerung des Rechts. Paradoxien einer Politik der Rechte, in *quaestio* (hg), Queering Demokratie [sexuelle politiken] (2000) 28
- *Hark Sabine*, Eine Frau ist eine Frau, ist eine Frau, ... – Lesbische Fragen und Perspektiven für eine feministische Gesellschaftsanalyse und -theorie, beiträge zur feministischen theorie und praxis, Der neue Charme der sexuellen Unterwerfung, Heft 20/1987, 85
- *Hark Sabine*, Queer Interventionen, Feministische Studien. Kritik der Kategorie „Geschlecht", 2/1993, 103
- *Hauch Gabriella*, Frau Biedermeier auf den Barrikaden. Frauenleben in der Wiener Revolution 1848 (1990)
- *Hausen Karin*, Die Polarisierung der „Geschlechtscharaktere" – Eine Spiegelung der Dissoziation von Erwerbs- und Familienleben, in *Conze Werner* (hg), Sozialgeschichte der Familie in der Neuzeit Europas (1976) 363

- *Herzog Dagmar*, Wo liegt der Unterschied? Aufklärung und Frauenrechte in Deutschland, in *Schissler Hanna* (hg), Geschlechterverhältnisse im historischen Wandel (1993) 80
- *Hirschauer Stefan*, Wie sind Frauen, wie sind Männer? Zweigeschlechtlichkeit als Wissenssystem, in *Eifert Christiane/ Epple Angelika* et al (hg), Was sind Frauen? Was sind Männer? Geschlechterkonstruktionen im historischen Wandel (1996) 240
- *Hochgeschurz Marianne*, Zwischen Anpassung und Widerstand. Die neue (west-)deutsche Frauenbewegung, in *Hervé Florence* (hg), Geschichte der deutschen Frauenbewegung (1995) 155
- *Hofmann Roswitha*, Grundlagen der Gender- und Diversitätstheorien, in *Bendl Regine/Hanappi-Egger Edeltraut/ Hofman Roswitha*, Interdisziplinäres Gender- und Diversitätsmanagement. Einführung in Theorie und Praxis (2004) 159
- *Hofmann Roswitha*, Homophobie und Identität I: Que(e)r Theory, in *Hey Barbara/Pallier Ronald/Roth Roswith* (hg), Que[e]rdenken. Weibliche/männliche Homosexualität und Wissenschaft (1997) 105
- *Holzleithner Elisabeth*, Einschlüsse – Ausschlüsse – Verschiebungen: Facetten von Queer Legal Theory, Politix 14/2003, 4
- *Holzleithner Elisabeth*, Habermas, Unbestimmtheit und „beischlafsähnliche Handlungen", juridikum 4/96, 21
- *Holzleithner Elisabeth*, Recht Macht Geschlecht. Legal Gender Studies. Eine Einführung (2002)
- *Honegger Claudia*, Aufklärerische Anthropologie und die Neubestimmung der Geschlechter, in *Hessische Landeszentrale für politische Bildung* (hg), Freiheit – Gleichheit – Schwesterlichkeit. Männer und Frauen zur Zeit der Französischen Revolution (1989) 208
- *Honegger Claudia*, Die Ordnung der Geschlechter. Die Wissenschaften vom Menschen und das Weib. 1750-1850 (1991)

- *Hornyik Brigitte*, Sind Männer gleicher? Die Judikatur des Verfassungsgerichtshofes zur Gleichheit von Mann und Frau als Spiegel gesellschaftlicher Wertmaßstäbe und ihrer Veränderung (1919-1993), in *Mesner Maria/Steger-Mauerhofer Hildegard* (hg), Der Tod der Olympe de Gouges. 200 Jahre Kampf um Gleichberechtigung und Grundrechte (1994) 67
- *Jaggar Alison M.*, Differenz und Gleichheit der Geschlechter, in *Rössler Beate* (hg), Quotierung und Gerechtigkeit. Eine moralphilosophische Kontoverse (1993) 193
- *Jagose Annamarie*, Queer Theory. Eine Einführung (2001)
- *Jaksch-Ratajczak Wojciech*, Gibt es in Österreich eine Ehe unter Gleichgeschlechtlichen? EF-Z 2006, 64
- *Janz Ulrike/Kronauer Rita*, Das heterosexistische Patriarchat pflanzt sich fort – Lesben gegen Reproduktions- und Gentechnologien, beiträge zur feministischen theorie und praxis, Nirgendwo und überall. Lesben, Heft 25/26 (1989) 175
- *Jarosch Monika*, Frauenquoten in Österreich: Grundlagen und Diskussion (2001)
- *Jegher Stella*, Gender Mainstreaming. Ein umstrittenes Konzept aus feministischer Perspektive, WIDERSPRUCH 44 Beiträge zu sozialistischer Politik. Feminismus, Gender, Geschlecht (23. Jg/1. Halbjahr 2003) 5
- *Kessler Suzanne J./McKenna Wendy*, Gender. An Ethnomethodological Approach (1978)
- *Knapp Gudrun-Axeli*, „Intersectionality" – ein neues Paradigma feministischer Theorie? Zur transatlantischen Reise von „Race, Class, Gender", Feministische Studien. Kinderlosigkeit 1/2005, 68
- *Knapp Gudrun-Axeli*, Dezentriert und viel riskiert: Anmerkungen zur These vom Bedeutungsverlust der Kategorie Geschlecht, in *Knapp Gudrun-Axeli/Wetterer Angelika* (hg), Soziale Verortung der Geschlechter. Gesellschaftstheorie und feministische Kritik[2] (2002) 15
- *Knapp Gudrun-Axeli*, Gleichheit, Differenz, Dekonstruktion: Vom Nutzen theoretischer Ansätze der Frauen- und Ge-

schlechterforschung für die Praxis, in *Krell Gertraude* (hg), Chancengleichheit durch Personalpolitik[3]. Gleichstellung von Frauen und Männern in Unternehmungen und Verwaltungen. Rechtliche Regelungen – Problemanalysen – Lösungen (2001) 97
- *Kohler-Gehrig Eleonora*, Einführung in das Recht. Technik und Methoden der Rechtsfindung (1997)
- *Koziol Helmut/Welser Rudolf*, Bürgerliches Recht I[13] (2006)
- *Krause Ellen*, Einführung in die politikwissenschaftliche Geschlechterforschung (2003)
- *Krell Gertraude/Mückenberger Ulrich*, Gender Mainstreaming: Chancengleichheit (nicht nur) für Politik und Verwaltung, in *Krell Gertraude* (hg), Chancengleichheit durch Personalpolitik. Gleichstellung von Frauen und Männern in Unternehmen und Verwaltungen. Rechtliche Regelungen – Problemanalysen – Lösungen[3] (2001) 59
- *Kubes-Hofmann Ursula*, Wer war Rosa Mayreder?
- http://www.rmc.ac.at/rmwar.html [16.10.2003]
- *Kucsko-Stadlmayer Gabriele*, Europarechtliche Rahmenbedingungen der Frauenförderung, RZ 1999, 106
- *Künzel Annegret*, Feministische Theorien und Debatten, in *Foljanty Lena/Lembke Ulrike* (hg), Feministische Rechtswissenschaft. Ein Studienbuch (2006) 44f
- *Lange Helene*, Intellektuelle Grenzlinien zwischen Mann und Frau, in *Filser Franz*, Die Frau in der Gesellschaft (1977) 46
- *Lange Helene*, Vorwort, in *Lange Helene/Bäumer Gertrud* (hg), Handbuch der Frauenbewegung. Die Geschichte der Frauenbewegung in den Kulturländern I (1901) V
- *Laqueur Thomas*, Auf den Leib geschrieben. Die Inszenierung der Geschlechter von der Antike bis Freud (1992)
- *Lehnert Gertrud*, Wenn Frauen Männerkleidung tragen. Geschlecht und Maskerade in Literatur und Geschichte (1997)
- *Lerner Gerda*, Zukunft braucht Vergangenheit. Warum Geschichte uns angeht (2002)

- *Leukauf Otto/Steininger Herbert*, Kommentar zum Strafgesetzbuch (1974)
- *Liberia delle donne di Milano*, Wie weibliche Freiheit entsteht. Eine neue politische Praxis (1991)
- *Limbach Jutta*, Engagement und Distanz als Probleme einer feministischen Rechtswissenschaft, in *Gerhard Ute/Limbach Jutta* (hg), Rechtsalltag von Frauen (1988) 169
- *Lorber Judith*, Gender-Paradoxien (1999)
- *Lucke Doris*, Recht ohne Geschlecht? Zu einer Rechtssoziologie der Geschlechterverhältnisse (1996)
- *MacKinnon Catharine*, Auf dem Weg zu einer feministischen Jurisprudenz, STREIT 1-2/93, 4
- *MacKinnon Catharine*, Toward a Feminist Theory of the State (1989)
- *Mahzohl-Wallnig Brigitte*, „… und bin doch nur ein einfältig Mädchen, deren Bestimmung ganz anders ist …". Mädchenerziehung und Weiblichkeitsideologie in der bürgerlichen Gesellschaft, L′Homme – Zeitschrift für feministische Geschichtswissenschaft. Intellektuelle, 2/1991, 7
- *Maihofer Andrea*, Geschlecht als Existenzweise (1995)
- *Martini Karl Anton von*, Lehrbegriff des Naturrechts. Neue, vom Verfasser selbst veranstaltete Übersetzung seines Werkes „De lege naturali positiones" (1799, Neudr. 1970)
- *Matt Eva*, Das Recht auf eine offene Zukunft. Überlegungen zur medizinischen Normalisierung intersexueller Kinder, juridikum 2006, 144
- *Maurer Margarete*, Sexualdimorphismus, Geschlechtskonstruktion und Hirnforschung, in *Pasero Ursula/Gottburgsen Anja* (hg), Wie natürlich ist Geschlecht? Gender und die Konstruktion von Natur und Technik (2002) 65
- *Mayreder Rosa*, Zur Kritik der der Weiblichkeit (1998, erstmals erschienen 1905)
- *Mesquita Sushila*, Queer Politix, Politix 14/2003, 18

- *Metz-Göckel Sigrid*, Gender Mainstreaming und Geschlechterforschung – Gegenläufigkeiten und Übereinstimmungen. Ein Diskussionsbeitrag, Zeitschrift für Frauenforschung und Geschlechterstudien, Heft 2+3/2003, 40
- *Metz-Göckel Sigrid*, Etikettenschwindel oder neuer Schritt im Geschlechter- und Generationenverhältnis? Zur Karriere des Gender Mainstreaming in Politik und Wissenschaft, Zeitschrift für Frauenforschung und Geschlechterstudien, Heft 1+2/2002, 11
- *Mies Maria*, Feministische Forschung, – Wissenschaft – Gewalt – Ethik, in *Mies Maria/Shiva Vandana*, Ökofeminismus. Beiträge zur Praxis und Theorie (1995) 53
- *Mies Maria*, Wer machte uns die Natur zur Feindin? in *Mies Maria/Shiva Vandana*, Ökofeminismus. Beiträge zur Praxis und Theorie (1995) 126
- *Mies Maria/Shiva Vandana*, Einleitung: Warum wir dieses Buch zusammen geschrieben haben, in *Mies Maria/Shiva Vandana*, Ökofeminismus. Beiträge zur Praxis und Theorie (1995) 7
- *Minnich Elizabeth K.*, Von der halben zur ganzen Wahrheit: Einführung in feministisches Denken (1994)
- *Motzko Alma*, Weg der Frauen zu Recht und Geltung (1959)
- *Naderhirn Johanna*, Die Neuregelung der Gleichbehandlung. Ein Überblick über die wesentlichen Punkte, RFG 2004, 186
- *Naderhirn Johanna*, Die geplante Neuregelung des Gleichbehandlungsgesetzes. Einige (Auslegungs-)Probleme des Entwurfs, RdW 2003, 710
- *Nagl-Docekal Herta*, Feministische Philosophie[2] (2001)
- *Nickel Rainer*, Gleichheit und Differenz in der vielfältigen Republik. Plädoyer für ein erweitertes Antidiskriminierungsrecht (1999)
- *Oekinghaus Emma*, Die gesellschaftliche und rechtliche Stellung der deutschen Frau (1925)

- *Ofner Julius*, Der Ur-Entwurf und die Berathungs-Protokolle des Österreichischen Allgemeinen Bürgerlichen Gesetzbuches I (1889, unveränd. Nachdruck 1976)
- *Olsen Frances*, Das Geschlecht des Rechts, Kritische Justiz 1990, 303
- *Olsen Frances*, Statutory Rape: A Feminist Critique of Rights Analysis, in *Bartlett Katharine/Kennedy Rosanne* (ed), Feminist Legal Theory: Readings in Law and Gender (1991) 305
- *Opitz Claudia*, Um-Ordnungen der Geschlechter. Einführung in die Geschlechtergeschichte (2005)
- *Ostner Ilona*, Einleitung: Differenzen – unendlich ungleiche? in *Ostner Ilona/Lichtblau Klaus* (hg), Feministische Vernunftkritik. Ansätze und Traditionen (1992) 7
- *Pesendorfer Christine*, (Un-)Gleichheit der Geschlechter, ecolex 1992, 598
- *Pfarr Heide*, Quoten sind nicht alles, aber ohne Quoten ist nichts, in *Arioli Kathrin* (hg), Quoten und Gleichstellung von Frau und Mann (1996) 3
- *Pirstner Renate*, Europarechtliche Dimensionen, in *Neuhold Brita/Pirstner Renate/Ulrich Silvia*, Menschenrechte – Frauenrechte. Internationale, europarechtliche und innerstaatliche Dimensionen (2003) 165
- *Platt Sabine*, Feministische Rechtswissenschaft zwischen Gleichheit vor dem Gesetz und Differenz der Geschlechter, STREIT 2/94, 56
- *Plett Konstanze*, Intersexualität aus rechtlicher Perspektive, überarbeitetes Manuskript eines Vortrages am 7.3.2001 anlässlich der 45. Jahrestagung der Deutschen Gesellschaft für Endokrinologie im Rahmen des Interdisziplinären Symposiums „Das Unbehagen mit dem Geschlecht: Möglichkeiten und Grenzen medizinischer Entscheidungsfindung bei Intersexualität", www.zerp.uni-bremen.de/deutsch/pdf/plett_intersexualität.pdf, [14.11.2003]
- Pschyrembel Klinisches Wörterbuch, online-Ausgabe, www.pschyrembel.de [12.11.2003]

- *quaestio*, Sexuelle Politiken. Politische Rechte und gesellschaftliche Teilhabe, in *quaestio* (hg), Queering Demokratie [sexuelle politiken] (2000)
- *Raab Heike*, Intersectionality in den Disability Studies – Zur Interdependenz von Disability, Heteronormativität, und Gender, Vortrag gehalten am 31.5.2006 im Rahmen der ZeDIS-Ringvorlesung „Disability Studies" des Zentrums für Disability Studies der Universität Hamburg, http://www.zedis.uni-hamburg.de/wp-content/uploads/2007/01/intersectionality_raab.pdf [11.7.2007]
- *Räther Philipp C.*, Der Schutz gleich- und verschiedengeschlechtlicher Lebensgemeinschaften in Europa (2003)
- *Rich Adrienne*, Zwangsheterosexualität und lesbische Existenz, in *List Elisabeth/Studer Herlinde* (hg), Denkverhältnisse – Feminismus und Kritik (1989) 244
- *Riedmüller Barbara*, Einleitung. Warum Geschlechterpolitik? in *Bothfeld Silke/Gronbach Sigrid/Riedmüller Barbara* (hg), Gender Mainstreaming – eine Innovation in der Gleichstellungspolitik. Zwischenberichte aus der politischen Praxis (2002) 7
- *Rosenberg Ingrid von*, Hoffnung und Horror: Die Französische Revolution in der Sicht Mary Wollstonecrafts und Mary Shelleys, in *Christadler Marieluise* (hg), Freiheit, Gleichheit, Weiblichkeit. Aufklärung, Revolution und die Frauen in Europa (1990) 55
- *Rosenberger Sieglinde Katharina*, Gender Mainstreaming und Gleichstellungspolitik, juridikum 3/2000, 136
- *Rosenberger Sieglinde*, Geschlechter – Gleichheiten – Differenzen. Eine Denk- und Politikbeziehung (1996)
- *Rössler Beate*, Quotierung und Gerechtigkeit: Ein Überblick über die Debatte, in *Rössler Beate* (hg), Quotierung und Gerechtigkeit : Eine moralphilosophische Kontroverse (1993) 7
- *Rousseau Jean-Jacques*, Emil oder über die Erziehung (1796, neue dt. Fassung 1971)

- *Rummel Peter*, Kommentar zum Allgemeinen bürgerlichen Gesetzbuch I² (1990)
- *Sacksofsky Ute*, Die verfassungsrechtliche Beurteilung von Quotenregelungen in Deutschland, in *Arioli Kathrin* (hg), Quoten und Gleichstellung von Frau und Mann (1996) 23
- *Sacksofsky Ute*, Was ist feministische Rechtswissenschaft? ZRP 2001/9, 412
- *Schäffer-Ziegler Sabine*, Reformversuche im österreichischen Sexualstrafrecht, in *Floßmann Ursula* (hg), Fragen zum Geschlechterrecht (2002) 87
- *Scheich Elvira*, Die zwei Geschlechter in der Naturwissenschaft: Ideologie, Objektivität, Verhältnis, in *Verein feministische Wissenschaft/FrauenForum Naturwissenschaften* (hg), Im Widerstreit mit der Objektivität. Frauen in den Naturwissenschaften (1991) 35
- *Scheu Ursula* Wir werden nicht als Mädchen geboren – wir werden dazu gemacht. Zur frühkindlichen Erziehung in unserer Gesellschaft (1984)
- *Schiek Dagmar*, Differenzierte Gerechtigkeit. Diskriminierungsschutz und Vertragsrecht (2000)
- *Schiek Dagmar* et al, Frauengleichstellungsgesetze des Bundes und der Länder. Kommentar für die Praxis zum Frauenfördergesetz für den Bundesdienst und zu den Frauenfördergesetzen, Gleichstellungsgesetzen und Gleichberechtigungsgesetzen der Länder (1996)
- *Schiffbänker Christine*, Weibliche Lebenszusammenhänge im Sozialversicherungsrecht, in *Floßmann Ursula* (hg), Recht, Geschlecht und Gerechtigkeit. Frauenforschung in der Rechtswissenschaft (1997) 406
- *Schissler Hanna*, Natur oder soziales Konstrukt? Zum Verhältnis der Geschlechter zwischen bürgerlichen Emanzipationsbewegungen und industrieller Gesellschaft, in *Christadler Marieluise* (hg), Freiheit, Gleichheit, Weiblichkeit. Aufklärung, Revolution und die Frauen in Europa (1990) 155

- *Schmersahl Katrin*, Medizin und Geschlecht. Zur Konstruktion der Kategorie Geschlecht im medizinischen Diskurs des 19. Jahrhunderts (1998)
- *Schmitz Sigrid*, Geschlechtergrenzen. Geschlechtsentwicklung, Intersex und Transsex im Spannungsfeld zwischen biologischer Determination und kultureller Konstruktion, in *Ebeling Smilla/Schmitz Sigrid* (hg), Geschlechterforschung und Naturwissenschaften. Einführung in ein komplexes Wechselspiel (2006) 33
- *Schmoller Kurt*, Unzureichendes oder überzogenes Sexualstrafrecht? JRP 2001, 64
- *Schmuckli Lisa*, Differenzen und Dissonanzen. Zugänge zu feministischen Erkenntnistheorien in der Postmoderne (1996)
- *Schober Paul*, Projektumsetzung: Der lange Marsch zu gleichen Chancen, in *Baur Christine/Fleischer Eve/Schober Paul*, Gender Mainstreaming in der Arbeitswelt. Grundlagenwissen für Projekte, Unternehmen und Politik (2005) 139
- *Schröter Susanne*, Überschreitungsdiskurse: Grenzverläufe und Grenzverwischungen zwischen den Geschlechtern, Feministische Studien. Nachdenken über …, 1/2003, 7
- *Schunter-Kleemann Susanne*, Gender Mainstreaming und die Ziele der Neuen Frauenbewegung(en) – Uneindeutigkeiten und der Verlust des Politischen, in *Gubitzer Luise/Schunter-Kleemann Susanne* (hg), Gender Mainstreaming – Durchbruch der Frauenpolitik oder deren Ende? (2006) 39
- *Schwarzer Alice*, So fing es an! Die neue Frauenbewegung (1983)
- *Schwind Fritz*, Kommentar zum österreichischen Eherecht[2] (1980)
- *Siegmund-Ulrich Silvia*, Feminismus und Recht in Österreich, in *Dohnal Johanna* (hg), Test the West – Geschlechterdemokratie und Gewalt (1993) 57
- *Siegmund-Ulrich Silvia*, Zur Ambivalenz des gleichen Rechts, ÖZP 1994/2, 151

- *Singer Mona*, Feministische Epistemologie, in *Gehmacher Johanna/Mesner Maria* (hg), Frauen- und Geschlechtergeschichte. Positionen/Perspektiven (2003) 73
- *Soine Stefanie*, Queer als Herausforderung: Lesben zwischen Heterosexismuskritik und Lifestyle, beiträge zur feministischen theorie und praxis, Lesbenleben quer gelesen, 52/99, 9
- *Sokol Bettina*, Feministische Rechtspolitik – rechtliche Diskriminierung und Gleichberechtigungskonzepte, STREIT 1/89, 3
- *Spannbauer Christa*, Das verqueere Begehren. Sind zwei Geschlechter genug? (1999)
- *Sporrer Anna*, Das Fakultativprotokoll zur UN-Konvention zur Beseitigung jeder Form von Diskriminierung der Frau, in *Floßmann Ursula* (hg), Fragen zum Geschlechterrecht (2002) 203
- *Sporrer Anna*, Die Gleichheit von Frauen und Männern, in *Machacek Rudolf/Pahr Willibald P./Stadler Gerhard* (hg), Grund- und Menschenrechte in Österreich. Band 3, 50 Jahre Allgemeine Erklärung der Menschenrechte – Wesen und Werte (1997) 901
- *Stang Dahl Tove*, FrauenRecht. Eine Einführung in feministisches Recht (1992)
- *Stiegler Barbara,* Gender Mainstreaming, Frauenförderung, Diversity oder Antidiskriminierungspolitik – was führt wie zur Chancengleichheit? Zeitschrift für Frauenforschung und Geschlechterstudien, Heft 3/2005, 9
- *Stiegler Barbara*, Wie Gender in den Mainstream kommt. Konzepte, Argumente und Praxisbeispiele zur EU-Strategie des Gender Mainstreaming, in *Bothfeld Silke/Gronbach Sigrid/Riedmüller Barbara* (hg), Gender Mainstreaming – eine Innovation in der Gleichstellungspolitik. Zwischenberichte aus der politischen Praxis (2002) 19
- *Stoehr Irene*, „Organisierte Mütterlichkeit". Zur Politik der deutschen Frauenbewegung um 1900, in *Hausen Karin* (hg),

Frauen suchen ihre Geschichte. Historische Studien zum 19. und 20. Jahrhundert (1983) 221
- *Stolterfoht Kristina*, Recht weiblich – Einblicke aus der Perspektive feministischer Rechtswissenschaft, http://www.forum-recht-online.de/erst/erststolterfoht.htm [6.3.2003]
- *Sturm Elisabeth*, Richtlinienumsetzung im neuen Gleichbehandlungsgesetz und Gleichbehandlungskommissions-/Gleichbehandlungsanwaltschaftsgesetz, DRdA 6/2004, 574
- *Teubner Ulrike/Wetterer Angelika*, Gender-Paradoxien: Soziale Konstruktion transparent gemacht. Eine Einleitung, in *Lorber Judith*, Gender Paradoxien (1999) 9
- *Thun-Hohenstein Christoph/Cede Franz/Hafner Gerhard*, Europarecht. Ein systematischer Überblick mit den Auswirkungen des Vertrages von Nizza[4] (2003)
- *Tondorf Karin*, Gestaltung politischer Prozesse nach dem Prinzip des Gender Mainstreaming, in *Niedersächsisches Ministerium für Frauen, Arbeit und Soziales* (hg), Gender Mainstreaming Informationen und Impulse (2000) 9
- *Ulrich Silvia*, Gender Mainstreaming – Neue Perspektiven durch eine integrative Gleichstellungsstrategie, in *Eisenberger Iris* et al (hg), Norm und Normvorstellung. Festschrift für Bernd-Christian Funk zum 60. Geburtstag (2003) 597
- *Ulrich Silvia*, Innerstaatliche Dimensionen, in *Neuhold Brita/Pirstner Renate/Ulrich Silvia*, Menschenrechte – Frauenrechte. Internationale, europarechtliche und innerstaatliche Dimensionen (2003) 225
- *Ulrich Silvia*, Was schützt der Gleichheitsgrundsatz? juridikum 4/01, 173
- *Ulrich Silvia*, Zur Frage der Zulässigkeit von frauenfördernden Vergabekriterien im öffentlichen Auftragswesen, in *Floßmann Ursula* (hg), Recht, Geschlecht und Gerechtigkeit. Frauenforschung in der Rechtswissenschaft (1997) 94
- *Verschraegen Bea*, Von der Pest zur Equipage. Besprechung des „Rummel"-Kommentars[2], ÖJZ 1995, 862

- *Vogel Ursula*, Gleichheit und Herrschaft in der ehelichen Vertragsgesellschaft – Widersprüche der Aufklärung, in *Gerhard Ute* (hg), Frauen in der Geschichte des Rechts. Von der Frühen Neuzeit bis zur Gegenwart (1997) 265
- *Voykowitsch Brigitte*, Aktionsplattform. Frauenpolitische Perspektiven nach der Weltfrauenkonferenz '95. Schriftenreihe der Bundesministerin für Frauenangelegenheiten Band 1 (1996)
- *Wacke Andreas*, Vom Hermaphroditen zum Transsexuellen. Zur Stellung von Zwittern in der Rechtsgeschichte, in *Eyrich Heinz/Odersky Walter/Säcker Franz Jürgen* (hg), FS Kurt Rebmann (1989) 861
- *Werlhof Claudia von*, Mutter-Los. Frauen im Patriarchat zwischen Angleichung und Dissidenz (1996)
- *Wesely Sabine*, Einführung in Gender Studies, in *Wesely Sabine* (hg) Gender Studies in den Sozial- und Kulturwissenschaften. Einführung und neuere Erkenntnisse aus Forschung und Praxis (2000) 14
- *Wetterer Angelika*, Strategien rhetorischer Modernisierung. Gender Mainstreaming, Managing Diversity und die Professionalisierung der Gender-Expertinnen, Zeitschrift für Frauenforschung und Geschlechterstudien, Heft 3/2002, 129
- *Wolfsgruber Claudia*, Gleichbehandlung und Frauenförderung im Arbeitsleben. Eine rechtshistorisch fundierte Untersuchung (2000)
- *Wollstonecraft Mary*, Eine Verteidigung der Rechte der Frau mit kritischen Bemerkungen über politische und moralische Gegenstände (1899)
- *Young Iris Marion*, Humanismus, Gynozentrismus und feministische Politik, in *List Elisabeth/Studer Herlinde* (hg), Denkverhältnisse – Feminismus und Kritik (1989) 37
- *Zaar Brigitta*, „Weise Mäßigung" und „ungetrübter Blick" – Die bürgerlich-liberale Frauenbewegung im Streben nach politischer Gleichberechtigung, in *Mazohl-Wallnig Brigitte* (hg), Bürgerliche Frauenkultur im 19. Jahrhundert (1995) 233

- *Zeiller Franz von*, Commentar über das allgemeine bürgerliche Gesetzbuch für die gesamten Deutschen Erbländer der Oesterreichischen Monarchie I (1811)
- *Zeiller Franz von*, Jährlicher Beytrag zur Gesetzeskunde und Rechtswissenschaft in den Oesterreichischen Erbstaaten I (1806)
- *Zeyringer Walter/Weitzenböck Johann/Koutny Martin*, Das österreichische Personenstandsrecht^2, 10. Lieferung, Stand 1.7.2003
- *Zippelius Reinhold*, Juristische Methodenlehre^8 (2003)

VIII. Abkürzungsverzeichnis

aA	andere Ansicht
ABGB	Allgemeines bürgerliches Gesetzbuch
ABl	Amtsblatt
Abs	Absatz
AngG	Angestelltengesetz BGBl 1921/292
Anm	Anmerkung
Art	Artikel
AZG	Arbeitszeitgesetz BGBl 1969/461
B-GBG	Bundes-Gleichbehandlungsgesetz BGBl 1993/100
BGBl	Bundesgesetzblatt
B-GlBG	Bundes-Gleichbehandlungsgesetz BGBl I 2004/65
BlgNR	Beilage(-n) zu den stenographischen Protokollen des Nationalrats
B-VG	Bundes-Verfassungsgesetz 1920 idF von 1929
bzw	beziehungsweise
CEDAW	UN-Konvention zur Beseitigung jeder Form der Diskriminierung der Frau (Convention on the elimination of all forms of discrimination against women)
dBGBl	deutsches Bundesgesetzblatt
ed	edited
EG	Europäische Gemeinschaft
EGMR	Europäischer Gerichtshof für Menschenrechte
EGV	Vertrag zur Gründung der Europäischen Gemeinschaften
etc	et cetera

EU	Europäische Union
EuGH	Europäischer Gerichtshof
f	der, die folgende
ff	der, die folgenden
Fn	Fußnote
G	Gesetz
gem	gemäß
GH	Gerichtshof
GlBG	Gleichbehandlungsgesetz BGBl I 2004/66
GleichbG	Gleichbehandlungsgesetz BGBl 1979/108
GP	Gesetzgebungsperiode
GS	Gedenkschrift
hg	herausgegeben
idF	in der Fassung
insb	insbesondere
iSd	im Sinne der/des
iVm	in Verbindung mit
JBl	Juristische Blätter
Jg	Jahrgang
JRP	Journal für Rechtspolitik
KOM	Dokumente der Kommission der Europäischen Gemeinschaften
KrVJ Schr	Kritische Vierteljahresschrift für Gesetzgebung und Rechtswissenschaft
lit	litera
MRG	Mietrechtsgesetz BGBl 1981/520
MRK	Europäische Menschenrechtskonvention BGBl 1958/210
Neudr.	Neudruck
Nr	Nummer

OGH	Oberster Gerichtshof
ÖJZ	Österreichische Juristen-Zeitung
ÖZP	Österreichische Zeitschrift für Politikwissenschaft
PStG	Personenstandsgesetz BGBl 1983/629
RGBl	Reichsgesetzblatt
Rs	Rechtssache
RV	Regierungsvorlage
RZ	Österreichische Richterzeitung
sog	sogenannt(e)
StGB	Strafgesetzbuch BGBl 1974/60
StGG	Staatsgrundgesetz über die allgemeinen Rechte der Staatsbürger RGBl 1867/142
ua	unter anderem
uma	und mehrere andere
UOG	Universitäts-Organisationsgesetz BGBl 1975/285
Usw	und so weiter
Verf	VerfasserInnen
VfGH	Verfassungsgerichtshof
VfSlg	Sammlung der Erkenntnisse und wichtigsten Beschlüsse des Verfassungsgerichtshofes
vgl	vergleiche
VwGH	Verwaltungsgerichtshof
wobl	Wohnrechtliche Blätter
zit	zitiert
ZRP	Zeitschrift für Rechtspolitik

LINZER SCHRIFTEN ZUR FRAUENFORSCHUNG
HERAUSGEGEBEN VON URSULA FLOßMANN
Bisher erschienen – alle Bände A5, broschiert:

Regina Nopp
Frau und Musik
Komponistinnen zur Zeit der Wiener Klassik
Band 1, 137 Seiten, ISBN 3-85320-800-2

Ilse Hackl
Das Recht auf (bezahlte) Arbeit
Die Arbeitsmarktsituation von Frauen in oberösterreichischen Krisenregionen
Band 2, 1997, 256 Seiten, ISBN 3-85320-812-6

Sabine Ziegler
Frauennachtarbeitsverbot in Österreich
Band 3, 1997, 256 Seiten, ISBN 3-85320-831-2

Sonja Tauber
Fristenlösung
Möglichkeiten und Grenzen für eine frauenfreundliche Regelung
Band 4, 1997, 120 Seiten, ISBN 3-85320-880-0

Ursula Floßmann (Hg.)
Recht, Geschlecht und Gerechtigkeit
Frauenforschung in der Rechtswissenschaft
Band 5, 1997, 490 Seiten, ISBN 3-85320-889-4

Andrea Heitz
Zeitsouveränität für ArbeitnehmerInnen
Ein Gestaltungsmerkmal der Arbeitszeit und eine personalwirtschaftliche Herausforderung
Band 6, 1998, 170 Seiten, ISBN 3-85320-927-0

Karin Neuwirth
Die sozialversicherungsrechtlichen Folgen der Ehescheidung
Historische Entwicklung, gegenwärtige Rechtslage und Reformüberlegungen
Band 7, 1998, 271 Seiten, ISBN 3-85320-962-9

Ursula Floßmann • Ilse Hauder (Hg.)
Recht auf Teilzeitarbeit für Eltern
Band 8, 1998, 352 Seiten, ISBN 3-85320-970-X

Karoline Moldaschl
Die weibliche Unterrepräsentanz in Führungspositionen
Das weibliche Selbstkonzept als mögliche Ursache
Band 9, 1999, 178 Seiten, ISBN 3-85487-006-X

Andrea Freisler-Traub • Sabine Indinger
Teilzeitarbeit – Risiko oder Chance?
Gestaltungsoptionen und Rahmenbedingungen in einer frauenspezifischen Betrachtungsweise
Band 10, 1999, 337 Seiten, ISBN 3-85487-007-8

Andrea Freisler-Traub • Cäcilia Innreiter-Moser (Hg.)
„Zerreißproben"
Frauen im Spannungsfeld Gesellschaft – Beruf – Familie
Band 11, 1999, 164 Seiten, ISBN 3-85487-034-5

Ursula Floßmann (Hg.)
Nationalsozialistische Spuren im Recht
Ausgewählte Stolpersteine für ein selbstbestimmtes Frauenleben
Band 12, 1999, 224 Seiten, ISBN 3-85487-070-1

Susanne Pollinger
FrauenVolksBegehren
Hintergründe, Analysen und Erfahrungen einer Aktivistin
Band 13, 1999, 236 Seiten, ISBN 3-85487-071-X

Monika Schöffl
Der Kinderbetreuungsscheck
Das ideale Instrument, Beruf und Familie zu vereinbaren?
Band 14, 2000, 178 Seiten, ISBN 3-85487-141-4

Bacher • Floßmann • Innreiter-Moser • Menschl • Neuwirth (Hg.)
Wahnsinnsweiber?Weiberwahnsinn?Wer braucht Feminismus?
Erweiterte Dokumentation des 6. Linzer AbsolventInnentages
Band 15, 2000, 198 Seiten, ISBN 3-85487-182-1

Claudia Wolfsgruber
Gleichbehandlung und Frauenförderung im Arbeitsleben
Eine rechtshistorisch fundierte Untersuchung
Band 16, 2000, 276 Seiten, ISBN 3-85487-201-1

Ursula Floßmann (Hg.)
Sexualstrafrecht. Beiträge zum historischen und aktuellen Reformprozeß
Band 17, 2000, 278 Seiten, ISBN 3-85487-208-9

Eva-Maria Moser
Strafrechtliche und zivilrechtliche Aspekte der Fristenregelung
Die Entwicklung des Abtreibungsstrafrechts unter besonderer Berücksichtigung des NS-Zeitalters
Band 18, 2001, 142 Seiten, ISBN 3-85487-234-8

Susanne Balthasar
Die Tatbestände der Vergewaltigung und sexuellen Nötigung
Eine rechtsvergleichende Betrachtung des deutschen und österreichischen Rechts mit Schwerpunkt im 20. Jahrhundert
Band 19, 2001, 484 Seiten, ISBN 3-85487-251-8

Elisabeth Greif
Embryopathische Indikation
Entwicklungsgeschichtliche und aktuelle Diskussion
Band 20, 2001, 123 Seiten, ISBN 3-85487-285-2

Karin Mader
Ehebruch als Scheidungstatbestand
Von den Anfängen staatlicher Ehegesetzgebung zum Eherechts-Änderungsgesetz 1999
Band 21, 2002, 230 Seiten, ISBN 3-85487-417-0

Ursula Floßmann (Hg.)
Fragen zum Geschlechterrecht
Band 22, 2002, 266 Seiten, ISBN 3-85487-377-8

Doris Allhutter
Europäische Chancengleichheit von Männern und Frauen im österreichischen Recht
Band 23, 2003, 160 Seiten, ISBN 3-85487-483-9

Ursula Floßmann (Hg.)
Probleme bei der Strafverfolgung von Gewalt in Familien
Empowerment der Opfer durch Sanktionen und Verfahrensrecht
Band 24, 2003, 158 Seiten, ISBN 3-85487-497-9

Elisabeth Greif • Eva Schobesberger
Einführung in die Feministische Rechtswissenschaft
Ziele, Methoden, Theorien
Band 25, 2003, 206 Seiten, ISBN 3-85487-544-4

Ursula Floßmann
Frauenrechtsgeschichte
Ein Leitfaden für den Rechtsunterricht
Band 26, 2004, 312 Seiten, ISBN 3-85487-603-3

Margit Wogowitsch
Das Frauenbild im Nationalsozialismus
Band 27, 2004, 134 Seiten, ISBN 3-85487-650-5

Ursula Floßmann (Hg.)
Universitäre Weiterbildung – Gender studies
Band 28, 2004, 266 Seiten, ISBN 3-85487-683-1

Elisabeth Greif
Doing Trans/Gender. Rechtliche Dimensionen.
Band 29, 2005, 230 Seiten, ISBN 3-85487-832-X

Alice Sadoghi
Offene Rechtsfragen zur Prostitution in entwicklungsgeschichtlicher Perspektive
Band 30, 2005, 192 Seiten, ISBN 3-85847-826-5

Maria Buchmayr
Gender Mainstreaming in Oberösterreichs Regionen
Band 31, 2005, 330 Seiten, ISBN 3-85847-841-9

Doris Wakolbinger
Weibliche Genitalverstümmelung
Band 32, 2005, 136 Seiten, ISBN 3-85487-922-9

Elisabeth Greif (Hg.)
Körper que(e)r denken
Tagungsband des 11. AbsolventInnentages der Johannes Kepler Universität
Band 33, 2006, 150 Seiten, ISBN 978-3-85499-037-6

Christina Keinert
Die Menschenrechte der Frau in der Türkei 2006
Band 34, 2006, 176 Seiten, ISBN 978-3-85499-186-1

Gregor Strobl
Schutz vor Diskriminierungen aufgrund sexueller Ausrichtung
Europäisches Recht und österreichische Rechtsbezüge
Band 35, 2007, 122 Seiten, ISBN 978-3-85499-306-3

TRAUNER VERLAG UNIVERSITÄT
A 4020 Linz, Köglstraße 14, Tel. 0732 77 82 41-0, Fax DW 400
www.trauner.at